Martin Pollack

Ojcobójca

SPRAWA FILIPA HALSMANNA

Przełożył Andrzej Kopacki

wydawnictwo czarne

Wołowiec 2005

Tytuł oryginału niemieckiego
ANKLAGE VATERMORD. DER FALL PHILIPP HALSMANN

Projekt okładki i stron tytułowych AGNIESZKA PASIERSKA
Na okładce wykorzystano autentyczną fotografię z miejsca zdarzenia
(perspektywa w kierunku Breitlahner)

Redakcja JAN CYWIŃSKI
Korekta PIOTR MOCNIAK
Projekt typograficzny ROBERT OLEŚ

Edukacja i kultura

Kultura 2000

Książka została wydana dzięki pomocy finansowej programu Unii Europejskiej Kultura 2000.

The book was published with the support of the Culture 2000 programme of the European Union.

Druk książki został sfinansowany ze środków KulturKontakt, Austria

KULTUR Kontakt AUSTRIA

ISBN 83-89755-23-8

Pamięci Ruth Römer i Richarda Glasera

PROLOG

Jadąc na urlop, Morduch Halsmann miał sen: śnił mu się przyjaciel z Rygi, wielki, krzepki chłop, który pewnego dnia całkiem niespodziewanie umarł. Ten przyjaciel podszedł do niego i Morduch Halsmann już chciał podać mu rękę na powitanie, ale zmarły, przestraszywszy się, powstrzymał go: „Daj spokój, czyżbyś nie wiedział, że nie wolno ci dotykać nieboszczyka?".

Usiedli, żeby porozmawiać. W czasie pogawędki Halsmann zapomniał, że siedzi obok zmarłego, i klepnął go, jak to miał w zwyczaju, po kolanie, aby przypieczętować to, co powiedział. Nieboszczyk wykrzyknął przerażony: „I cóżeś zrobił? Teraz i ty musisz umrzeć!". Możesz zażegnać groźbę śmierci — dodał przyjaciel ze snu Halsmanna — tylko jeśli na nowo wytapetujesz mieszkanie.

Kiedy Morduch Halsmann opowiedział o swoim śnie małżonce, ta roześmiała się i odparła, że teraz muszą chyba naprawdę wytapetować mieszkanie, a mówiąc to, wyglądała na bardzo zadowoloną, bo od dawna już chciała remontu, natomiast mąż stale go odwlekał — z powodu kosztów i nieodłącznych uciążliwości w życiu codziennym. Morduch Halsmann dobrodusznie przyznał jej rację i dodał, że jeśli zdarzy mu się jeszcze kilka takich snów, to bodaj rzeczywiście nie zostanie mu nic innego, jak wezwać tapeciarza.

ROZDZIAŁ PIERWSZY

O początku górskiej wyprawy w tyrolską Dolinę Ziller, potem, kiedy już było po wszystkim, właściwie się nie mówiło. Zawsze tylko, bezustannie, o późniejszych wydarzeniach. Kto co powiedział. I kiedy. Kogo gdzie widziano. W jakim stroju. W jakim nastroju. Co takiego mógł sobie myśleć. Fragmenty wspomnień i spekulacje łączono w coraz to nowe sceny, które jednak nigdy nie tworzyły przekonującego obrazu całości ani nie odsłaniały całej prawdy. Wciąż pozostawały jakieś znaki zapytania.

O pierwszych godzinach wyprawy wiemy tylko tyle, że Morduch Halsmann i jego syn Filip wsiedli w Jenbach do pierwszego pociągu, wyruszającego o siódmej rano w głąb Doliny Ziller. Przy śniadaniu w zajeździe Złota Gwiazda, gdzie nocowali, Morduch Halsmann szorstkim słowem przynaglał syna, aby się spieszył, bo jeszcze nie zdążą na pociąg. Kelnerce, która wniosła śniadanie, utkwiły w pamięci grubiańskie maniery ojca w stosunku do już dorosłego syna. Nie zrobiło to na niej dobrego wrażenia. Żal jej było młodzieńca. W pociągu nikt nie zwrócił na nich uwagi.

W Mayrhofen, na końcowej stacji kolejki zillerskiej, Halsmannowie wysiedli i ruszyli w kierunku Ginzling, miejscowości oznaczonej w ich przewodniku. Z dworca poszli przez wieś i dalej między chłopskimi domami w stronę mostu nad jasnozieloną rzeką Ziller, następnie drugim brzegiem do zajazdu, za którym skręcili w wąską dróżkę wiodącą do Doliny Zemm, odnogi Doliny Ziller. Po trzech godzinach dotarli do Ginzling: niewielkiej grupy domów nad potokiem Zemm, z wystającą spiczastą wieżą kościoła, pokrytą czerwonym dachem. Za wioską zbocza po obu stronach strugi, obrośniętej gęstą olszyną, stawały się coraz bardziej strome. Na łąkach tkwiły brązowe bydlęta, kozy, a gdzieniegdzie też konie, jasnokasztanowate haflingery, które spoglądały za wędrowcami. Wczesnym popołudniem obaj mężczyźni przybyli do schroniska Breitlahner, gdzie zatrzymali się na odpoczynek. Była sobota, 8 września 1928 roku.

Alpejskie schronisko Breitlahner, usytuowane w rozwidleniu doliny, gdzie łączą się dwa potoki — Zamser wpada do Zemm — było raczej hotelem niż schroniskiem. To potężny, rozległy budynek w drewnie, dwupiętrowy, na podmurówce, z przestronną, oszkloną werandą i czterdziestoma pokojami dla gości. Już wtedy, jak odnotowano w ówczesnym anonsie, miał „własne światło elektryczne", piekarnię, a nawet wytwórnię wody sodowej. Właściciel, Wilhelm Eder, posiadał opodal alpejskie gospodarstwo, które zaopatrywało Breitlahner w mleko, masło i ser. W obszernej izbie przesiadywali razem goście, letnicy i uprawiający wspinaczkę turyści oraz miejscowi chłopi, myśliwi i pasterze, a czasami zjawiał się też książę Franz Josef Auersperg ze swoją świtą. Książę miał w Dolinie Ziller wielki rewir myśliwski i tutejsi bardzo go lubili, bo urządzając dla swoich gości wielkie łowy z nagonką, zatrudniał jako pomocników mężczyzn z Ginzling i dobrze ich wynagradzał. Poza tym wielką część dziczyzny rozdawał miejscowym myśliwym, naganiaczom lub potrzebującym, których nie było stać na mięso. Dla siebie zatrzymywał tylko trofea i skóry.

Za schroniskiem wędrowcy przeszli zadaszonym drewnianym mostem na drugą stronę potoku Zemm i zaczęli się wspinać ciasnymi serpentynami stromo pod górę. Około szóstej wieczorem dotarli do gospody Pod Różą Alpejską. Ponieważ zapadał zmrok, a byli w drodze od samego rana, postanowili tu przenocować. Gospodarz, Josef Geisler, zwrócił uwagę, że Morduch Halsmann zażądał dla siebie i towarzysza, którego przedstawił jako swego syna, dwóch pokojów jednoosobowych. Kiedy go objaśniono, że wszystkie pokoje jednoosobowe są zajęte i może dostać tylko dwuosobowy, upierał się, że chce osobne pokoje, po czym, nie bacząc na koszty, wziął dwa dwuosobowe, co wprawiło Josefa Geislera, jak później przyznał, w osłupienie, bo idący w góry turyści są zazwyczaj oszczędni i dwa razy obrócą w palcach każdy grosz, zanim go wydadzą.

Pod Różą Alpejską panował w tę sobotę ożywiony ruch; oprócz turystów wyruszających stąd na dalsze wyprawy było też sporo letników z Mayrhofen i Ginzling, którzy wybrali drogę do tego schroniska, opisywaną we wszystkich przewodnikach jako łatwa i bezpieczna, ponieważ chcieli podziwiać stąd wspaniały widok na lodowce Waxeck i Horn. W izbie grano w karty, popijano i bawiono się wesoło, a Morduch Halsmann szybko zawarł znajomość z ludźmi przy swoim stole; niektórzy z nich opisywali go później jako osobę towarzyską i interesującą, inni znowu uważali, że się naprzykrzał. Józefina Gehwolf z Monachium przedsięwzięła tej soboty, w święto Narodzin Najświętszej Marii Panny, wraz ze studentem chemii, Maksem Schmidem z Norymbergi, wyprawę na Schönbichlerhorn i zeszła tak zwanym szlakiem berlińskim do Doliny Zemm, aby zatrzymać się Pod Różą. Zapamiętała Morducha Halsmanna jako starszego jegomościa o okrągławej twarzy, z początkami łysiny, w złotych cienkich okularach, zza których błyskały wesołe oczy. Mówił dużo i głośno, z wyraźnym akcentem zdradzającym obcokrajowca, chętnie też dowcipkował; może nawet nieco zbyt śmiało, ale w końcu siedziało się w chacie, w kompanii wędrowców, toteż nie brała mu tego za złe. Syn natomiast, w uderzającym przeciwieństwie do ojca, odzywał się monosylabami, a przez swój wygląd zewnętrzny wydawał się jeszcze bardziej obcy niż tamten: falujące czarne włosy, zaczesane do góry, rzadki wąsik, okulary w czarnej, rogowej oprawie.

Z rozmowy wynikło, że Morduch Halsmann jest dentystą w Rydze, a jego syn studiuje elektrotechnikę w Dreźnie. Oznajmili, że chcą następnego dnia „zrobić Schwarzenstein" i to bez przewodnika, bo trasa została opisana w ich książce jako łatwa i całkowicie bezpieczna. Józefina Gehwolf radziła wziąć pod rozwagę, że na wielu lodowcach o tej porze roku występują zdradzieckie pęknięcia i szczeliny, toteż jej zdaniem byłoby wskazane zaufać komuś obeznanemu z terenem, zwłaszcza że Halsmannowie, jak sami powiedzieli, nie mają właściwie wysokogórskiego doświadczenia i tylko bardzo skromny sprzęt wspinaczkowy. Nie wzięli ani raków, ani czekanów, jedynie zwykłe laski. W ten sposób łatwo o nieszczęście nawet na prostej, zdawałoby się, trasie, powiedziała Józefina Gehwolf. Starszy Halsmann przyznał jej rację i w ślad za jej radą wyraził gotowość wzięcia przewodnika bez względu na koszty. Dorzucił, szczerząc zęby, że jego syn być może wcale by się nie zmartwił, gdyby on, ojciec, runął w dół, bo przecież tylko na to czeka, żeby przejąć spadek, wszelako on tej przysługi nie zamierza mu wyświadczyć. Pani Gehwolf i jej towarzysz potraktowali tę uwagę jako żart i roześmieli się z obowiązku, natomiast Filip milczał i nawet się nie skrzywił. Na Józefinie Gehwolf sprawił wrażenie człowieka skrytego i ponurego. Tego samego wieczoru Halsmannowie poznali jeszcze innego turystę z Monachium, który wędrował samotnie i okazał gotowość wspinania się z nimi jutro na Schwarzenstein: 3369 metrów. W ten sposób mogli podzielić koszty przewodnika górskiego i zapłacić mniej. Taksa przewodnika od pobliskiej Chaty Berlińskiej na Schwarzenstein i z powrotem była stała i według oficjalnego cennika wynosiła dwadzieścia szylingów.

Nazajutrz wczesnym rankiem Halsmannowie oraz ich nowy znajomy, monachijski inżynier elektryk Josef Weil, wyruszyli w towarzystwie przewodnika Franza Steindla do Chaty Berlińskiej, gdzie Steindl przekazał ich koledze, Maksowi Pfisterowi z Jochbergu, ponieważ sam miał umówioną inną wyprawę. Max Pfister szedł już jakiś czas ze swoimi podopiecznymi, kiedy Morduch Halsmann spytał go mimochodem, czy nie mógłby on obniżyć trochę swojej taryfy. Pfister stanowczo odmówił. Powiedział, że jeśli nie są skłonni zapłacić oficjalnej ceny, musi na miejscu zawrócić. Halsmann natychmiast wycofał swoją prośbę i kontynuowali wspinaczkę, już jej nie przerywając. Pfister wystawił zresztą Halsmannom dobre świadectwo: szli pewnie, bez zawrotów głowy i tylko na lodowcu mieli pewne problemy, ponieważ ich buty turystyczne były wprawdzie nowe, ale nie nadawały się na lód. Żadnych niesnasek między ojcem i synem Pfister jakoby nie zauważył. Morduch Halsmann miał dobry humor, pozdrawiał napotykanych turystów głośnym „Szczęść Boże!" i zaraz nawiązywał pogawędkę. Również na Schwarzensteinie gwarzył i żartował podniecony z innymi wędrowcami, zwracając się zwłaszcza do dwóch młodych sióstr, które w towarzystwie Johanna Bauera, księgowego z tartaku w Mayrhofen, osiągnęły szczyt zaraz po grupie Pfistera. Halsmann okazywał wielkie zainteresowanie alpinistycznym sprzętem Tyrolczyków, którzy mieli ze sobą czekany, raki i okulary przeciwśnieżne. Szczególnie okulary go zaintrygowały. Są bardzo praktyczne, powiedział do syna, i że też muszą sobie takie sprawić przed następną wyprawą. „Ależ to jakaś bzdura", odparł Filip lekceważąco. Czekany są na tych wysokościach bezwzględnie przydatne, powiedział Johann Bauer, a Marianna Oberforcher, jedna z sióstr, ostrzegła ich, że niesprawny sprzęt łatwo może narazić turystę na niebezpieczeństwo. „Góry nie wybaczają błędów", powiedziała. Zupełnie jakby czekał na to hasło, Morduch Halsmann powtórzył swoje słowa z poprzedniego dnia: że jego syn tylko na to czeka, aby ojciec runął w dół. I tym razem wszyscy poczytali tę uwagę za żart i roześmieli się. Filip przyjął to ze spokojem i powiedział ironicznie: „Widzą państwo, jak źle mój ojciec myśli o mnie?!". Kiedy potem dopytywano Johanna Bauera w tej sprawie, przypomniał on sobie nagle swoje wrażenie, że nieznajomy mógł jednak traktować ową wypowiedź poważnie. „W każdym razie wydała mi się doprawdy niezwykła".

Zanim niewielka grupa zaczęła schodzić, Morduch Halsmann poprosił przewodnika, żeby ten poświadczył mu własnym podpisem w notesie zdobycie trzytysięcznika, o czym Pfister zrazu nie chciał słyszeć. Burknął tylko, że tu, w górach, nie ma takiego zwyczaju, tego rodzaju poświadczenia wydaje się tylko w stacjach górskich. Halsmann jednak nie ustępował, mówił, że bez tego przyjaciele w rodzinnej Rydze nigdy mu nie uwierzą w zdobycie trzytysięcznika, wykpią go jako łgarza, w końcu więc Pfister skrobnął kilka słów w podsuniętym mu notesie. Tubylcy obserwowali tę scenę, chichocząc z rozbawienia. Filip Halsmann powiedział potem, że Tyrolczycy natrząsali się z nich, bo rozpoznali w nich Żydów.

W drodze powrotnej ze Schwarzensteina Morduch i Filip Halsmannowie zboczyli z trasy w stronę Schwarzsee. Był gorący wrześniowy dzień, więc zaryzykowali kąpiel w krystalicznej, lodowatej wodzie i podczas gdy ojciec jeszcze się pluskał w górskim jeziorze, Filip wyciągnął z plecaka aparat fotograficzny i pstryknął mu kilka zdjęć: pokazują Morducha Halsmanna najpierw w wodzie, potem na brzegu, śmiejącego się swawolnie jak dziecko. Nad Schwarzsee Halsmannowie znów spotkali znajomych z Róży Alpejskiej, Józefinę Gehwolf i Maksa Schmida. Józefina Gehwolf przypomniała sobie później uwagę starego Halsmanna, jakoby syn namawiał go, by popłynął na drugi brzeg jeziora. Dodała nie bez kokieterii, że starszy pan powiedział jej to może tylko dla przechwałki. Zresztą według zeznań syna Morduch Halsmann nie umiał pływać.

Znad jeziora Halsmannowie poszli z powrotem do Chaty Berlińskiej. Filip zauważył przed nią dwóch młodych mężczyzn, którzy siedzieli w słońcu i pili piwo. Z ich rozmowy wywnioskował, że są Włochami. Mieli na sobie czarne swetry, wziął ich więc za faszystów lub dezerterów, którzy przekroczyli granicę włoską (w istocie pobliska stacja górska Schwarzenstein znajdowała się już na terytorium Włoch). Z Chaty Berlińskiej Halsmannowie pomaszerowali znów do gospody Pod Różą Alpejską, gdzie przenocowali w tych samych pokojach co poprzednio.

W poniedziałek 10 września bladym świtem wyruszyli znów w towarzystwie monachijskiego turysty Josefa Weila na Schönbichlerhorn, który również ma nieco ponad trzy tysiące metrów wysokości. Podczas uciążliwej wspinaczki stromym zboczem, po blokach skalnych pokrytych plamami śniegu, Morduch Halsmann wciąż się skarżył, że nie wie, co się z nim dzieje, ale dziś idzie mu się dużo gorzej niż wczoraj. O dziesiątej osiągnęli wierzchołek, gdzie wiał lodowaty wiatr. Josef Weil jako wytrawny alpinista był ubrany odpowiednio do niskich temperatur panujących na dużej wysokości i dziwił się niedostatecznemu wyposażeniu obu towarzyszy, którzy trzęśli się z zimna. Morduch miał wprawdzie sweter, ale już nie wiatrówkę, a Filip był w samej tylko koszuli pod cienkim gumowym płaszczem. Nie zabrali nawet prowiantu. Zostali więc na górze krótko, akurat tyle czasu, by Filip zdążył wpisać do książki wejść na szczyt uwagę: „Przydałoby się centralne ogrzewanie", po czym zeszli drugą stroną Schönbichlerhornu w kierunku Doliny Zamser. Josef Weil został na wierzchołku dłużej, by podziwiać panoramę. Ojciec schodził, już się nie skarżąc, i oznajmił, że jeszcze tego samego dnia chce pomaszerować do Mayrhofen, aby złapać pociąg do Jenbach, gdzie w zajeździe Złota Gwiazda czeka jego małżonka. Filip nie był zachwycony tym planem i oświadczył, że jest zbyt zmęczony, by od razu iść do Mayrhofen; przenocuje gdziekolwiek, najlepiej w schronisku Breitlahner, i dołączy do nich nazajutrz. Ojciec wyraził zgodę i żeby oszczędzić matce niepotrzebnego niepokoju, Filip wpisał do jego notesu zdanie: „Jestem zupełnie zdrów, pozdrawiam Cię".

Doszedłszy do wąskiego siodła pod Schönbichlerhornem, spotkali grupę niemieckich turystów, którym rzucili się w oczy, bo wyglądali, jak się wyraził dr Wilhelm Geilenkirchen, syndyk z Bonn, „całkiem niealpinistycznie". Kiedy oddalili się poza zasięg słuchu, boński prawnik powiedział do swoich towarzyszy, że „stary" (Morduch Halsmann skończył właśnie czterdziesty dziewiąty rok życia) na odległość śmierdzi groszem.

Co wywołało w nim takie wrażenie, nie umiał już później powiedzieć. Żadnych nieporozumień między obydwoma wędrowcami Niemcy nie zauważyli.

To samo potwierdzili Alfons Hörhager i Anna Gruber, gospodarz i kelnerka w schronisku Furtschagl, dokąd Halsmannowie dotarli jakieś półtorej godziny po zejściu ze szczytu. Mówili ze sobą niewiele i to w obcym języku, powiedziała Anna Gruber, mimo to wydawali się w dobrej komitywie, ba, młodszy wręcz wzruszająco troszczył się o samopoczucie starszego. Kiedy Anna Gruber chciała podać zupę przed sznyclem po wiedeńsku, tamten poprosił, by ją zabrała i postawiła jeszcze na ogniu; niech przyniesie zupę, kiedy ojciec skończy sznycel, bo zawsze jada zupy po daniu głównym. Czegoś podobnego tyrolska dziewczyna jeszcze nie widziała i napomknęła coś o tym Alfonsowi Hörhagerowi, który tylko wzruszył ramionami. Jako gospodarz schroniska widział i przeżył niejedno. Nic ponadto nie zwróciło uwagi Anny Gruber. Obaj przybysze jedli pospiesznie, gdyż najwyraźniej chcieli zaraz iść dalej; zapłacili austriackimi pieniędzmi, obcej waluty kelnerka u nich nie widziała.

Po jedzeniu Halsmannowie natychmiast ruszyli w drogę. Przed schroniskiem Furtschagl jeszcze raz spotkali Alfonsa Hörhagera, który akurat siodłał jucznego konia, żeby się udać do Breitlahner, skąd chciał przywieźć chleb i inne artykuły spożywcze. Morduch Halsmann zakładał właśnie niewielki plecak z płótna w zielono-szare pasy, który dotychczas nosił Filip, i kazał synowi zdjąć płaszcz oraz koszulę; Filip powinien wystawić na działanie słońca dokuczliwy trądzik pokrywający od pewnego czasu jego tułów — tak radził drezdeński lekarz. Lekki płaszcz gumowy Filip przewiesił przez ramię; w jednej ręce miał aparat fotograficzny, w drugiej laskę. Koszulę wolał zdjąć dopiero zniknąwszy z pola widzenia ludzi, którzy grzali się w słońcu przed schroniskiem Furtschagl.

Opodal górskiego szałasu zobaczył obu mężczyzn pasterz, który przez jakiś czas szedł za nimi. Ojciec i syn rozmawiali w podnieceniu. Filip opowiadał później, że mówili o drodze, jaka ich jeszcze czeka, i że chciał namówić ojca do pozostania z nim w Breitlahner, bo lękał się, czy wyczerpujący marsz do Mayrhofen nie nadweręży zanadto ojcowskich sił.

Morduch Halsmann — wbrew wrażeniu, jakie usiłował sprawiać — bynajmniej nie był tęgiego zdrowia i podczas urlopu miewał już chwile słabości, które bardzo martwiły rodzinę. Jednak wszelkie napomnienia, aby się oszczędzał i uważał na zdrowie, były gadaniem do wiatru. Tym razem również nie dał się przekabacić. Pastuszek nie rozumiał, o czym obaj mężczyźni mówią, tylko tyle, że rozmawiają głośno w obcym języku; zauważył też, że młodszy gwałtownie wymachuje przy tym ramionami. Kiedy starszy stanął u źródła, aby łyknąć wody, chłopak ośmielił się podejść i zaproponował im kupno granatów — kamieni, które uzbierał. Młodszy mężczyzna odmówił energicznym ruchem głowy, nie mówiąc ani słowa. Patrzył tylko, jak wspominał potem pastuszek, złym okiem.

Idąc dalej, Morduch Halsmann sprawdził, ile jeszcze mają austriackiej gotówki. Pięćdziesiąt szylingów, dwa banknoty dwudziestoszylingowe i jedną dziesiątkę.

To starczy dla dwóch, powiedział do Filipa. Po drodze napotkali kilku wędrowców; kiedy zbliżali się oni z przeciwka, młodszy mężczyzna szybko narzucał swój gumowy płaszcz. Najwyraźniej uważał pokazywanie obcym odkrytego torsu za niestosowność. Filip był śmiertelnie zmęczony; apatycznie i obojętnie dreptał za ojcem, który wciąż nadawał ostre tempo, chcąc zdążyć w Mayrhofen na ostatni pociąg do Jenbach. Krótko po drugiej doszli do Chaty Dominika. Stąd do Breitlahner zostało jeszcze półtorej godziny marszu.

Na tarasie przed domem siedzieli goście, którzy spostrzegli, że młodszy z wędrowców na ich widok szybko owinął się płaszczem. Niektórzy zwrócili uwagę, że starszy niósł plecak, co wydało im się nieprzyzwoite: krzepki młody człowiek każe starszemu towarzyszowi dźwigać plecak? Wśród gości na tarasie byli też turyści Karl Nettermann i Max Schneider, którzy widzieli Halsmannów już w Chacie Berlińskiej i przed nimi odbyli wyprawę na Schönbichlerhorn.

„Patrz — powiedział Schneider do Nettermanna — to ci dwaj Żydzi z Chaty Berlińskiej".

ROZDZIAŁ DRUGI

Marianna Hofer akurat zbierała jagody opodal hali Wesendle, kiedy dopadł do niej Filip Halsmann. Z początku nie rozumiała, czego chce ten obcy: bełkotał coś bez tchu w nieznanym jej języku, wreszcie chwycił ją mocno za ramię. Na nagim do pasa ciele miał tylko rozpięty płaszcz przeciwdeszczowy. W końcu pojęła: jego ojciec runął w dół. Potrzebował pomocy. Lekarza. Nie ma tu żadnego mężczyzny? Najwyraźniej nie spodziewał się po młodej kobiecie, że może ona skutecznie pomóc. Marianna Hofer była pasterką na hali Wesendle i nieraz już miała do czynienia z wypadkami w górach. Spytała, czy ofiara żyje. Tego młody człowiek nie wiedział na pewno, ale utrzymywał, że tamten dawał jeszcze oznaki życia, kiedy go zostawiał, żeby sprowadzić pomoc.

Marianna Hofer zawiadomiła najpierw swojego brata, pasterza Aloisa Riederera, który nieco dalej w głębi doliny ciął drewno. Filip Halsmann przynaglał ją, żeby biegła do Breitlahner po lekarza. Sam czym prędzej ruszył z Riedererem z powrotem na miejsce wypadku.

Mniej więcej kwadrans po tym, jak Morduch i Filip Halsmannowie minęli Chatę Dominika, opuściły ją też dwie młode kobiety: Maria Rauch i Maria Ossana, które pracowały w Chacie Berlińskiej jako kelnerki i tam też widziały obu Halsmannów. One również skierowały się w stronę Breitlahner. Dziesięć minut później ich śladem poszła nieznana para, a po jakimś czasie także Karl Nettermann i Max Schneider. Szeroka mniej więcej na metr droga dla zwierząt jucznych z Chaty Dominika do Breitlahner, biegnąca nad potokiem Zamser, była tego dnia bardzo uczęszczana.

Żandarmi z Mayrhofen usiłowali później ustalić tożsamość nieznanej pary, którą kilka osób widziało 10 września 1928 roku na drodze wiodącej z Chaty Dominika. Przetrząsali książki gości w zajazdach i schroniskach, i rzeczywiście odkryli nazwiska kilku par, które, jak się początkowo wydawało, mogły wchodzić w rachubę, ale po wnikliwym wywiadzie jednak je wykluczono — ostatecznie wszelkie poszukiwania utknęły w martwym punkcie.

Maria Rauch i Maria Ossana mniej więcej po kwadransie marszu dostrzegły na płyciźnie w potoku nieruchome ciało mężczyzny, które leżało pod kątem prostym do łożyska strugi, z głową już prawie na brzegu i ramionami tuż przy tułowiu. Głowa i górna część ciała znajdowały się w małej zatoczce, jaką tworzył tu potok, golenie kołysały się w omywającym je nurcie. Mimo że droga biegła około piętnastu metrów nad potokiem, kobiety widziały wyraźnie głębokie rany na głowie. W śledztwie Maria Ossana stanowczo zeznała, że twarz denata leżała w wodzie i wystawała z niej tylko potylica. Maria Rauch nie potrafiła tego potwierdzić z całą pewnością. Po ubraniu rozpoznały starszego wędrowca, którego widziały wraz z jego towarzyszem najpierw w Chacie Berlińskiej, a potem przed Chatą Dominika; młodego nigdzie nie było widać. To wydało im się trochę niesamowite i przyspieszyły kroku. Kilka minut później nadbiegli z przeciwka Alois Riederer i Filip Halsmann, którzy minęli je bez słowa.

Alois Riederer dotarł na miejsce wypadku przed Filipem Halsmannem. Zeznał potem, że znalazł ciało ułożone raczej równolegle do brzegu. Na brzuchu. Ramiona szeroko rozciągnięte, jak na krzyżu. Głowa była w połowie pod wodą. Jeśli nie zabił się od samego upadku, to musiał się utopić, pomyślał pasterz, schodząc pospiesznie zboczem po żwirze i płaskich skałkach do potoku. Na lewo i prawo od miejsca upadku stromizna była gęsto porośnięta olszyną, brzozami i krzakami, które musiałyby zatrzymać spadającego. Tylko na osuwisku nad ciałem ofiary świeciła goła ziemia.

Ile czasu upłynęło od niesamowitego odkrycia dokonanego przez obie kobiety, do chwili, gdy Riederer znalazł się przy ciele człowieka w potoku? Kilka minut. Trzy? Pięć? Nigdy nie ustalono tego zbyt precyzyjnie. Zresztą funkcjonariusze nie dokładali nadzwyczajnych starań, by tę kwestię wyjaśnić, gdyż prawdopodobnie nie uważali jej za ważną.

Kiedy Riederer dotarł do Morducha Halsmanna, stwierdził, że ten nie żyje. Na potylicy widniały przerażające rany, a twarz leżała w płytkiej wodzie na białej chuście — później okazało się, że to koszula Filipa, na której ułożył on głowę ojca. Nieboszczyk miał na plecach niewielki plecak, a na rzemieniu wokół szyi lornetkę. Riederer uniósł jego głowę: również twarz była umazana krwią, mimo że leżała w potoku. Spokojna woda wokół ciała zaczerwieniła się, przypuszczalnie od krwi. Pasterz zdjął zmarłemu plecak i lornetkę.

Filip Halsmann znalazł się na miejscu niedługo później. Przebyte trudy i zdenerwowanie wyczerpały go i doprowadziły do kresu sił. Zapytał, czy ojciec jeszcze żyje. Riederer zaprzeczył. Razem wyciągnęli zwłoki z wody, tak że zostały w niej tylko stopy do kostek. Kiedy Riederer wspiął się znów na górę, wypchnął nogą jedną z kamiennych płyt, które leżały ułożone w luźne warstwy na krawędzi zbocza, tworząc niski murek jako zabezpieczenie drogi przed osuwiskami. Pasterz pobiegł do Chaty Dominika, skąd chciał sprowadzić pomoc i nosze; syn został przy martwym ojcu. Filip zeznał potem do protokołu, że nigdy przedtem nie widział zwłok, zatem nie był nawet w stanie spojrzeć w ich stronę.

Po drodze do Chaty Riederer spotkał Maksa Schneidera i Karla Nettermanna, których zawiadomił o wypadku. Nettermann oznajmił, że bezwzględnie muszą to zobaczyć, pobiegli więc do owego miejsca, gdzie najpierw ujrzeli tylko zwłoki przy potoku. Po chwili zauważyli Filipa, który siedział bez ruchu na kamieniu obok zmarłego, podpierając brodę dłońmi. Zawołali do niego, żeby wszedł na górę.

Na prośbę Karla Nettermanna Halsmann opowiedział mu przebieg wypadku. Nazajutrz Nettermann zeznał na posterunku żandarmerii, że Filip powiedział, jakoby szedł za ojcem, który nagle, wydając cichy okrzyk, runął plecami w dół stromego zbocza do potoku.

Schneider podał do protokołu inną wersję. Jemu syn nieszczęśnika opowiedział, że szedł kilka metrów przed ojcem i nagle usłyszał cichy krzyk, a odwróciwszy się, zdołał jeszcze zobaczyć, jak ojciec spada właśnie z drogi plecami w dół. Obaj świadkowie zgodnie zeznali, że Filip Halsmann był bardzo zdenerwowany, mówił łamaną niemczyzną i co chwila wykrzykiwał „Bosze, Bosze!", czego nie rozumieli.

Kiedy Nettermann spytał go, w którym miejscu ojciec spadł, Filip rozejrzał się badawczo i znajdując kamień, który Riederer wykopał z murku ochronnego, wskazał to właśnie miejsce. Tam się to stało. Zaczął błagać obu mężczyzn, by wydostali zwłoki ojca. Nettermann zszedł w dół, aby za pomocą swojej liny wspinaczkowej wyciągnąć ciało na drogę. Na małej łasze przy zwłokach zobaczył otwarty portfel i jakieś papiery z rozmazanym od wilgoci pismem. Pieniędzy nie widział. Schował papiery do portfela, a portfel do niewielkiego plecaka, który leżał obok ciała. Nettermann stwierdził, że plecak był wręcz przesiąknięty krwią, która wydała mu się całkiem „galaretowata". Wyniósł plecak na drogę i chciał właśnie rozpocząć wyciąganie zwłok na linie, aby całkiem wydobyć je z wody, kiedy przyszło mu do głowy, że może lepiej nie ruszać ich z miejsca przed przybyciem funkcjonariuszy. Powiedział więc do Filipa, że zwłoki są dla niego za ciężkie. Tymczasem wrócił Riederer z Chaty Dominika — bez noszy, bo ich tam nie było. Max Schneider nazwał to skandalem, który trzeba podać do prasy. Filip wciąż powtarzał, że musi zawiadomić matkę, i w końcu ruszył w towarzystwie Riederera do Breitlahner, gdzie był najbliższy telefon, czynny jednak tylko do szóstej wieczorem. Nettermann i Schneider zostali przy zmarłym.

Gospodarz Chaty Dominika, Josef Eder, wiedział o wypadku od Riederera. Kiedy Riederer zażądał noszy, Eder spytał, do czego są potrzebne. Pewien jegomość spadł z drogi i trzeba go zabrać, objaśnił Riederer, ponieważ jest martwy. W imię Boga Ojca, wykrzyknął Eder, jakże się to mogło stać, czyżby go szlag trafił? On tego nie wie, odparł Riederer, może tylko powiedzieć, że nieszczęśnik ma całkiem rozbitą głowę. To już chyba będzie lepiej, oznajmił Eder, jeśli on sam zobaczy. I mimo że gospodarz Chaty po złamaniu nogi wskutek upadku wciąż jeszcze chodził o dwóch laskach, ruszył natychmiast na miejsce wypadku. Do towarzystwa wziął owczarka, sukę Hedi, o której Eder powiadał, że jest skrzyżowaniem wilka i owczarka. Mimo to żona wysłała za nim kelnerkę, Annę Wiedner, gdyż uznała, że wystarczy jednego nieszczęścia, w końcu jej mąż nadal ma nogę w gipsie.

Kiedy Eder dotarł na miejsce, natychmiast wyraził wątpliwość co do wersji nieszczęśliwego wypadku. W tym miejscu nie sposób spaść, zapewniał. Jego powątpiewanie zapewne brało się w niemałej mierze stąd, że jako gospodarz Chaty Dominika ponosił odpowiedzialność za stan drogi dla zwierząt jucznych, ten zaś ewidentnie nie był najlepszy. Kiedy latem 1928 roku zaczęto wytyczać nową drogę z Chaty Dominika do kotliny Friesenberg, gdzie miało stanąć nowe schronisko, podniosły się żądania, aby przy tej okazji doprowadzić do porządku także drogę z Chaty do Breitlahner, ta bowiem znajduje się, jak napisano w lokalnej gazecie zaledwie kilka dni przed wypadkiem, „w stanie wołającym o pomstę do nieba". Droga stanowi „wręcz niebezpieczeństwo dla życia piechurów". W istocie dwa tygodnie wcześniej, niedaleko miejsca, gdzie stracił życie Morduch Halsmann, pewien myśliwy, gość księcia Auersperga, zboczył na swoim wierzchowcu z wąskiej dróżki: w ostatniej chwili jeździec zdołał zeskoczyć i ocalał, ale koń runął w rwący nurt i zginął na miejscu. W dniu wypadku rumak wciąż jeszcze leżał w wodzie potoku Wild, choć już bez głowy — jeden z myśliwych odciął ją na rozkaz zarządcy lasów książęcych, bo wystawała ze strumienia i podobno jej wybałuszone ślepia stanowiły okrutny widok. Dlaczego pozbawione głowy ścierwo miało stanowić obraz znacznie bardziej pocieszny — nie wyjaśniono.

Eder kazał sobie pokazać przypuszczalne miejsce upadku i zbadał zbocze, nie mógł jednak znaleźć żadnych śladów, jakie musiałoby pozostawić spadające ciało. Nie było też widać na kamieniach pokrywających zbocze żadnej krwi. On tej zagadki nie umie rozwiązać, powiedział Eder do Nettermanna, który zwrócił uwagę gospodarza na osobliwe zachowanie jego psa: podniecona Hedi węszyła z podkulonym ogonem wokół miejsca przy drodze. Kiedy Eder odciągnął psa i pogrzebał laską w trawie, odkrył bryzgi krwi, a kiedy rozorał ziemię, ukazało się jej jeszcze więcej. Ponadto ziemia była tam całkiem zdeptana, z wieloma odciskami butów, zupełnie jakby ktoś próbował zasypać kałużę krwi. Pod murkiem ochronnym krzaki olszynowe były spryskane krwią do wysokości kolan.

Josef Eder zwracając się do Nettermanna jako pierwszy wyraził podejrzenie, że nie wypadek się tu zdarzył, lecz krwawa zbrodnia: „Hola! To coś zupełnie innego niż upadek z drogi w dół. Czyżby go postrzelił? Może znajdziemy jeszcze rewolwer!".

Trzej mężczyźni, wspomagani przez sukę, podjęli dalsze poszukiwania. Znaleźli krwawą smugę w trawie, prowadzącą od zadeptanego miejsca do krawędzi zbocza.

To wyglądało tak, jakby ktoś ciągnął tamtędy zarżniętą świnię, powiedział Eder na pierwszym przesłuchaniu do sędziego śledczego Wilhelma Kasperera, który określił gospodarza jako osobę nad wyraz rozmowną i pełną temperamentu — w związku z tym darował też sobie dokładne notatki z jego wypowiedzi. Jednak drastyczne porównanie z zaszlachtowaną świnią, które Eder powtórzył potem przed sądem, Kasperer ujął w protokole.

Po usilnych poszukiwaniach Eder znalazł pod kępką trawy zakrwawiony kamień wielkości dłoni, do którego przylepiło się coś, co uznali, on i pomocnicy, za włosy. Obok w trawie można było dostrzec białe drobiny. Odpryski kości? Cząsteczki mózgu? Późniejsi krytycy wytykali trzem detektywom amatorom, że szperając tam, być może przeoczyli lub wręcz zniszczyli ważne ślady.

Potem, wróciwszy do Chaty, Eder miał w nieco odmiennej wersji opowiedzieć rodzinie i przyjaciołom o znalezisku w postaci krwawego kamienia. Brzmiało to tak, że nie on odkrył kamień, lecz suka Hedi, która zgodnie z psim zwyczajem nie chciała odstąpić znaleziska i niemal ugryzła swego pana, kiedy je przemocą odbierał. Być może Eder zaczął powątpiewać, czy żandarmi dobrze przyjmą udział psa w akcji, i dlatego sam mienił się znalazcą? W każdym razie wiele lat po tym zdarzeniu nieznani sprawcy otruli sukę. Pewnego dnia nagle zniknęła i dopiero po długich poszukiwaniach znaleziono ją martwą, z pianą na pysku, obok jakiejś szopy.

W drodze do Breitlahner Filip spotkał grupę z noszami: byli to zaalarmowani przez Mariannę Hofer mężczyźni, myśliwi i naganiacze, którzy po łowach z księciem Auerspergiem zawitali w Breitlahner. Tworzyli małą ekspedycję, która wyruszyła z alpejskiego schroniska na miejsce wypadku, a byli w niej: pasterz Alois Riederer i jego siostra Marianna Hofer, siedmiu naganiaczy, lekarz, dr Rajmund Rainer, uczestniczący w polowaniu księcia, oraz gospodarz schroniska Furtschagl, Alfons Hörhager. Kiedy Filip zobaczył nosze, zapytał mężczyzn, czy to dla jego ojca. Przytaknęli. Przychodzą za późno, powiedział, przyłączył się jednak do ekipy ratowniczej i poszedł z nią z powrotem na miejsce wypadku.

Tam tymczasem komendę przejął Josef Eder. Polecił przykryć zwłoki gałęziami i paprocią, i zabronił mówić Halsmannowi cokolwiek o krwawym śladzie oraz o kamieniu. Jeśli będzie chciał dostać się do zwłok ojca, trzeba mu w tym przeszkodzić, mówiąc, że zabronił człowiek o dwóch laskach. Gdyby pytał, kim jest ów człowiek, należy oznajmić, że to tajemnica.

Halsmann nalegał, żeby wynieść zwłoki na drogę, jednak Eder odmówił. „Zakazuję. Tyrolskim zwyczajem zwłoki muszą pozostać na miejscu dopóty, dopóki nie zjawi się ekipa dochodzeniowa".

Kim właściwie jest Eder, że może tego zakazać, dopytywał zaskoczony Filip.

„Tajna służba. Dowie się pan, kim jestem, kiedy przyjdzie pora", odparł gospodarz, który przekonująco grał rolę tajniaka z policji górskiej.

Czyżby go podejrzewał o zepchnięcie ojca z drogi, oburzył się Filip. Nie może tkwić tu bez końca, musi zawiadomić matkę, która czeka w Jenbach na ich powrót. Eder chciał się pozbyć Halsmanna z miejsca wypadku, które dawno już uznał za miejsce zbrodni, nalegał więc, by ten poszedł do Breitlahner. Tamtejszy telefon jest czynny tylko do szóstej, potem telefonistka w Mayrhofen kończy dyżur, niech więc się Halsmann pospieszy. Eder polecił dwóm naganiaczom, aby śledzili „rzekomego syna" i zatrzymali go w schronisku. Poza tym niech powiadomią żandarmerię. Jednemu z opiekunów przekazał usmarowany krwią plecak.

Sędzia śledczy pytał później świadków, czy zauważyli u młodego Halsmanna ślady krwi. Żaden ich nie widział, mimo że dokładnie go zlustrowali. Karl Nettermann pamiętał, że Filip miał na sobie tylko płaszcz, którym się stale owijał, gdyż być może było mu zimno.

Do tej pory na miejscu wypadku krzątali się wyłącznie dyletanci. Syn zmarłego Filip Halsmann, pasterz Alois Riederer, obaj turyści: Karl Nettermann, palacz na lokomotywie z Mürzzuschlag, i Max Schneider, pomocnik księgarski z Lipska, gospodarz Chaty Dominika Josef Eder i wreszcie jego suka Hedi. Dr Rajmund Rainer, lekarz okręgowy z Fügen w Dolinie Ziller, zapalony myśliwy i alpinista, był pierwszym ekspertem. Kiedy zobaczył krwawą smugę, orzekł, że to „coś doprawdy pociesznego". Następnie nakazał ostrożnie przykryć krwawe ślady kocami. Po krótkich oględzinach ekspedycja wróciła do Breitlahner. Zwłoki zostały nad potokiem, pod strażą pasterza Riederera.

Mimo że Dolina Zamser była prawdziwym odludziem — nawet do odległej o dwie godziny marszu wsi Ginzling autobus pocztowy jeździł dopiero od 1930 roku, przedtem zaś wąską szutrową drogę dało się pokonać tylko na motocyklu — to jednak wieść o nieszczęściu rozeszła się błyskawicznie. Przez następne dni cała Dolina Ziller mówiła o śmiertelnym upadku do potoku Zamser, chociaż tragiczne wydarzenia w górach nie należały do rzadkości. Była to jednak tragedia lokalna, która nie wzbudziła aż takiej sensacji, jak choćby straszliwy wypadek we Włoszech, o którym 10 września 1928 roku donosiły pod wielkimi nagłówkami wszystkie tyrolskie gazety: podczas wyścigu Grand Prix na torze Monza uwielbiany kierowca włoski, Emilio Materassi, przy szybkości około dwustu kilometrów na godzinę, na prostej bezpośrednio przed trybuną stracił panowanie nad swoim samochodem wyścigowym marki Talbot, wyleciał z toru i wbił się w tłum widzów. Maszyna wręcz wycięła krwawą przesiekę w gęstej ciżbie. Było wielu rannych i dwadzieścia siedem ofiar śmiertelnych, wśród nich również kierowca nieszczęsnego automobilu.

Około siedemnastej ekspedycja dotarła z powrotem do schroniska Breitlahner, gdzie Filip Halsmann został przeszukany przez komisarza kryminalnego z Monachium, obecnego tam przypadkiem w roli urlopowicza. Halsmann musiał opróżnić kieszenie, w których jednak nie znajdowało się nic, co mogłoby służyć jako broń. W lewej zewnętrznej kieszeni szarobrązowego płaszcza przeciwdeszczowego, który Filip niezmiennie miał na gołym ciele — jego jedyna koszula została przy zmarłym — był mały, zawinięty w papier kawałek mydła, dwie szarobrązowe skarpety męskie, dwie podwiązki do skarpet i kawałek sznurowadła; w prawej kieszeni zewnętrznej — dwie białe chusteczki, jedna z nich używana. Niemiecki policjant kryminalny przebadał podejrzanego i jego odzież także na okoliczność śladów krwi, żadnych takich jednak nie znalazł. Po czynnościach sprawdzających uścisnął Filipowi dłoń.

Zakrwawiony plecak został przekazany na przechowanie gospodarzowi w Breitlahner, Wilhelmowi Ederowi, czyli bratu Josefa Edera z Chaty Dominika; Wilhelm odniósł go do pokoju telefonicznego. Ledwie rzuciwszy okiem, odkrył na plecaku wielką plamę zaschniętej już krwi. Również żona Wilhelma, Rosa, dokładnie obejrzała tę krew na plecaku. Gdyby plama była jeszcze wilgotna, powiedziała później, nigdy nie pozwoliłaby mężczyznom odstawić plecaka do pokoju.

O 17.30 Wilhelm Eder zawiadomił telefonicznie posterunek żandarmerii w Mayrhofen. Fakt, że tamtejsza żandarmeria dysponowała własnym łączem telefonicznym, bynajmniej nie był taki oczywisty. Spośród stu dziewięciu posterunków żandarmerii istniejących w 1928 roku w Tyrolu tylko czterdzieści jeden miało telefony. W pierwszym meldunku przekazano informację, że mężczyzna narodowości rosyjskiej spadł z drogi w miejscu, które nie uchodzi za niebezpieczne, i poniósł śmierć. Zdaniem przypadkiem obecnego w Breitlahner lekarza, doktora Rajmunda Rainera z Fügen, nie można wykluczyć, że doszło do zbrodni, a zatem, jak twierdzi lekarz, który bodaj najlepiej potrafi to ocenić, „wolno zakładać niezbędność powołania komisji sądowej". Wypadek zgłosił syn ofiary, który zresztą wchodzi w rachubę jako sprawca.

Żandarmi polecili gospodarzowi zadbać o to, aby nie ruszano zwłok z miejsca, oraz zatrzymać podejrzanego do czasu przybycia funkcjonariuszy.

Po przeszukaniu dokonanym przez monachijskiego policjanta kryminalnego zaprowadzono Filipa Halsmanna do sali głównej, gdzie przy wspólnym stole siedzieli myśliwi Auersperga oraz ich pomocnicy. Sala była wyłożona drewnem limbowym, na ścianach wisiały poroża saren i kozic, a wypchany świstak tkwił na udekorowanej suchym mchem desce jak na tronie i z góry spoglądał brązowymi szklanymi oczkami na gości. Filip, wciąż jeszcze w gumowym płaszczu na gołym ciele, został poproszony do podochoconego towarzystwa, ono zaś miało go przypilnować. Jak później opowiadał, nie wolno mu było odejść od stołu, traktowano go po grubiańsku, a od czasu do czasu besztano bez powodu. Tak spędził bite pięć godzin w zadymionej, głośnej izbie, w otoczeniu ludzi cuchnących tytoniem i alkoholem, w dodatku mówiących w dialekcie, z którego nie rozumiał ani słowa. Około dwudziestej trzeciej zjawili się wreszcie żandarmi z Mayrhofen: inspektor rewirowy Franz Eicher, komendant posterunku, inspektor rewirowy Johann Weiler oraz inspektor rejonowy August Feistmantel. Poszli z Filipem Halsmannem do pokoju obok, gdzie najpierw spisali jego personalia. Filip Halsmann, urodzony w Rydze, Łotwa, student Wydziału Mechanicznego Wyższej Szkoły Technicznej w Dreźnie, legitymuje się ważnym paszportem łotewskim. Zmarły jest jego ojcem, Morduch Max Halsmann, dentysta z Rygi. Następnie inspektor rewirowy Weiler dokonał przeszukania. Ani na ciele, ani na ubraniu badanego nie znalazł śladów krwi. Jeden z funkcjonariuszy odebrał mu aparat fotograficzny.

Podczas tego pierwszego przesłuchania Filip podał do protokołu następujący opis wydarzeń:

„Aż do Chaty Dominika szedłem za swoim ojcem, a potem przed nim. Mniej więcej kwadrans od Chaty Dominika na drodze w kierunku Breitlahner ok. godz. 14.30 wydarzył się wypadek. Byłem ok. 5 do 12 metrów z przodu, kiedy usłyszałem krótki okrzyk ojca. Kiedy obejrzałem się za nim, zobaczyłem, jak akurat pada na plecy przez drogę, i wnet leżał na dole w potoku. Natychmiast wróciłem do miejsca, gdzie spadł, czy też jeszcze kilka kroków dalej, po czym zszedłem ukośnie do potoku, gdzie leżał ojciec. Byłem tam już 2 do 5 minut później. Ojciec leżał na brzuchu z twarzą w wodzie. Miał w głowie pełno dziur, z których ciekła krew. Na plecach miał jeszcze mój plecak i moją koszulę przeciągniętą między szelkami. Koszula i plecak były całe we krwi. Kiedy uniosłem jego głowę i nieco odwróciłem na bok, zauważyłem, że ojciec jeszcze oddycha i porusza palcami. Spróbowałem co sił wyciągnąć go z wody na tyle, żeby przynajmniej się nie zadławił. Głowę mogłem nieco odwrócić i wydobyć z wody; całego ciała nie wyciągnąłem na brzeg, bo było dla mnie za ciężkie".

Komendant posterunku Eicher zażądał, aby Halsmann porównał odległość, jaka dzieliła go od upadającego ojca, z długością pokoju, w którym odbywało się przesłuchanie (pokój mierzył cztery i pół metra). Podejrzany powiedział, że odległość wynosiła pewnie nieco więcej niż długość pokoju.

Kiedy Eicher spytał go, czy ojciec miał przy sobie większą sumę pieniędzy, Filip odparł, że w ukrytej kieszonce w spodniach miał około tysiąca marek niemieckich, poza tym sakiewkę z pięćdziesięcioma szylingami w plecaku. Eicher pokazał mu plecak, w którym istotnie znajdowała się czarna sakiewka, ale pusta. Filip powiedział, że pięćdziesiąt szylingów musi tam jednak być. Eicherowi zrobiło się nieprzyjemnie z powodu pustej sakiewki, bo nie mógł się oprzeć obawie, że na któregoś z miejscowych pomocników albo wręcz na funkcjonariusza padnie podejrzenie o kradzież pieniędzy. Ostatecznie komendant chciał jeszcze wiedzieć, czy zmarły był ubezpieczony. Tego Filip nie wiedział. Później okazało się, że ojciec nie zawarł umowy o ubezpieczeniu na życie.

W sumie zeznania Filipa Halsmanna bardzo go obciążały, ponieważ nie mając wiedzy o śladach wskazujących na zbrodnię uparcie trwał przy wersji, że zdarzył się wypadek. Po zakończeniu przesłuchania został aresztowany „w związku z poważnym podejrzeniem o dokonanie morderstwa na swoim ojcu nazwiskiem Morduch (Max) Halsmann, dentyście z Rygi", a następnie umieszczono go w pokoju numer 30 na drugim piętrze schroniska, z oknem północnym i widokiem na szopę. Inspektor rewirowy Weiler został odkomenderowany, aby jako strażnik spędził noc w tym samym pokoju. Weiler powiedział później, że Halsmann zachowywał się w sposób stosunkowo zrównoważony. Biadał tylko ciągle, cóż to za okropne nieszczęście, i mówił też, że nie było tam żadnej osoby trzeciej. Opinia Weilera o sprawie nie interesowała go, za to tym większą ciekawość miał dla jego wyposażenia: chciał obejrzeć kajdanki żandarma, prosił też, żeby pokazać mu zawartość torby patrolowej. Podejrzany spał spokojnie.

Późnym popołudniem 10 września żandarm Otto Moser zszedł ze szczytu Hochfeiler i dotarł do schroniska Furtschagl, gdzie wysłaniec zawiadomił go o wypadku. Moser, funkcjonariusz specjalnie wyszkolony do służby w górach, mający urzędowe prawo do tytułu „żandarma wysokogórskiego", odbył właśnie czternastogodzinną wyprawę służbową i padał z nóg.

Wczesnym rankiem następnego dnia pospiesznie wyruszył w dolinę. Po drodze spotkał dwunastoletniego pastuszka z hali Schlegeis, Aloisa Grausa, który opowiedział mu o spotkaniu z dwoma obcymi: jeden z nich miał później wypadek. Chłopak szedł za nimi, nie ośmielił się jednak podejść bliżej, bo mężczyźni głośno się kłócili. Zwłaszcza ten młodszy gwałtownie wymachiwał rękami. Pastuszek powiedział, że się go bał.

Schronisko alpejskie Breitlahner

Chata Dominika

Morduch i Filip Halsmannowie
(w: „Innsbrucker Nachrichten", 18 września 1929 r.)

Funkcjonariusze Eicher i Feistmantel poszli rano 11 września z Breitlahner na miejsce zbrodni (teraz nikt już nie mówił o miejscu wypadku). Zwłoki leżały, tak jak je pozostawiono, na brzuchu, nakryte paprocią, stopy do kostek w wodzie. Ciało było ubrane w koszulę w fioletowe prążki, z miękkim, białym wykładanym kołnierzem, krótkie białe kalesony, pumpy w kratkę, pończochy w fioletowe paski, szare skarpety, brązowe buty górskie i brązowy pulower.

W płóciennym woreczku zaszytym w spodniach żandarmi znaleźli kwotę 1060 marek niemieckich oraz paszport na nazwisko Morduch Halsmann, dentysta z Rygi, a w kieszeni spodni małą brązową sakiewkę z sumą w wysokości 2,80 szylingów. Na potylicy z prawej strony zmarły miał głęboki otwór wielkości jaja kurzego, a na czole, dwa centymetry nad nasadą nosą, długą na siedem centymetrów i szeroką na dwa centymetry, ziejącą ranę. W przypadku obu ran kość czaszki została przebita. Na ciemieniu funkcjonariusze zauważyli dalsze niewielkie rany. Innych części ciała nie badali, gdyż w tym celu musieliby obnażyć zwłoki. Chcieli pozostawić to komisji sądowej, która była już w drodze do Doliny Ziller.

W raporcie dowództwa posterunku żandarmerii Mayrhofen dla Sądu Krajowego w Innsbrucku z 13 września 1928 roku zanotowano pierwsze wrażenia:

„Wskazane przez podejrzanego miejsce upadku samo w sobie bynajmniej nie jest niebezpieczne. Długość zbocza do miejsca, gdzie leżały zwłoki, wynosi 14 m, kąt nachylenia najwyżej 45–50 stopni, można bowiem bez trudu wchodzić na górę i schodzić w dół. Podłoże jest piaszczyste z niewieloma większymi i mniejszymi kamieniami. (...) Na drodze, 7 m od domniemanego miejsca upadku, znaleziono ślady krwi, a obok drogi w trawie nieco większy niż pięść zakrwawiony kamień. Zarazem stwierdzono, że od tego miejsca przez 4 m wzdłuż drogi w kierunku miejsca upadku ciągnie się ślad w rodzaju smugi. Trzeba zakładać, że smuga powstała w wyniku wleczenia, ponieważ trawa na odcinku 4 m była tam zgnieciona, jak gdyby wskutek wleczenia tamtędy ciężkiego ciała. Na całej długości smugi stwierdzono w trawie i na okolicznych krzakach ślady krwi. Na końcu smugi teren dość stromo opada i tam znaleziono na zboczu większe ślady krwi. Odległość między tym miejscem a wskazanym przez podejrzanego miejscem upadku wynosi 3 m. Biorąc pod uwagę punkt wyjścia na drodze, gdzie znaleziono ślady krwi i gdzie przypuszczalnie Halsmann zatłukł ojca, wydaje się niemożliwe, że Halsmann ojciec sam runął w dół; musiał zostać przedtem zawleczony do owego miejsca i zrzucony. Trzeba podkreślić, iż rzeczywiste miejsce runięcia jest oddalone od tego, które podaje podejrzany, o 3 m. Oprócz śladów krwi przy drodze stwierdzono też drobiny ciała, które zabezpieczono. Patrz szkic. Te drobiny przekazano komisji sądowej, podobnie jak zakrwawiony kamień. W miejscu wskazanym przez podejrzanego jako miejsce upadku nie stwierdzono śladów krwi".

Okoliczność, że funkcjonariusze już w tym pierwszym raporcie określili syna jako przypuszczalnego sprawcę, nie mogła pozostać bez wpływu na dochodzenie prowadzone przez sędziego śledczego, który zrazu w ogóle nie brał pod uwagę innego przebiegu zdarzeń.

Funkcjonariusz Moser, który nadszedłszy od strony Chaty Dominika dołączył do kolegów, podejmował w miejscu wypadku liczne próby rzutu kamieniem, by ustalić, czy zmarły, wciąż jeszcze leżący na dole przy potoku, mógł paść ofiarą takiego trafienia. Ponieważ jednak teren nad drogą był gęsto zarośnięty, a zbocze poniżej nieszczególnie strome, Moser doszedł do wniosku, że należy wykluczyć trafienie kamieniem jako przyczynę wypadku. Zrobił kilka notatek, po czym udał się do schroniska Breitlahner, gdzie rozmawiał z podejrzanym. Moser podał później do protokołu, że Halsmann bardzo się martwił o matkę i ciągle wołał „moja biedna matka", natomiast o ojcu nie bąknął ani słowa.

ROZDZIAŁ TRZECI

25 czerwca 1928 roku w niemieckojęzycznej „Rigaer Zeitung" ukazała się lakoniczna informacja:

„W okresie lata nie przyjmuję. M. Halsmann, stomatolog".

Notki o tym brzmieniu wydrukowały też inne gazety łotewskiej stolicy — bez adresu i ściślejszego określenia, jak długo gabinet będzie nieczynny. Pacjenci Halsmanna nie dziwili się, wiedzieli bowiem, że dentysta każdego lata wybiera się wraz z rodziną w daleką podróż i na ten czas zamyka praktykę. Kiedy Filip w 1924 roku zdał maturę z najlepszym wynikiem w klasie, dumny ojciec zabrał go w kilkutygodniową podróż po całej Europie, wiodącą aż na Sycylię. Ita Halsmann nieraz ostrzegała małżonka, że jego częste i długie nieobecności jeszcze zniechęcą wszystkich pacjentów, przez co cała rodzina skończy w przytułku, ale on tylko się śmiał i nazywał to niepoprawnym czarnowidztwem. I miał rację. Gdy wracał do domu, jego poczekalnia wnet była tak samo pełna jak przed wyjazdem. Halsmann uchodził za jednego z najlepszych dentystów w Rydze i większość pacjentów pozostawała mu wierna.

Rodzina zajmowała komfortowe mieszkanie czynszowe w reprezentacyjnym gmachu z okresu założycielskiego przy Kalku iela (Kalkstraße), wzniesionym na przełomie wieków przez znanego architekta ryskiego, Wilhelma Bokslaffa. W tym samym budynku prowadził swą praktykę Halsmann. Odkąd dzieci opuściły dom — Filip studiował w Wyższej Szkole Technicznej w Dreźnie, a jego o dwa lata młodsza siostra Ljuba projektowanie mody w paryskiej Szkole Rzemiosł Artystycznych — Halsmann coraz częściej rozmawiał z żoną o pomyśle wyjazdu z Łotwy i przeprowadzki do Niemiec, najlepiej do Berlina, gdzie w okresie inflacji nabył kamienicę czynszową. Chciałby później mieszkać blisko dzieci, które po zakończeniu studiów zapewne nie wrócą na Łotwę, lecz zostaną gdzieś na Zachodzie — mówił do żony, która nic nie chciała słyszeć o tych planach. Dobrze się czuła w Rydze, gdzie rodzina Halsmannów miała wielu krewnych i przyjaciół, i cieszyła się powszechnym szacunkiem. Myśl o zamianie swojskiego otoczenia na obcą, hektyczną metropolię, gdzie pani Halsmann nie znała żywej duszy, napawała ją lękiem. Do tego dochodziła obawa, że jej mężowi może się nie udać ponowne otwarcie na obczyźnie dobrze prosperującej praktyki dentystycznej. Próbował on, na ile mógł, rozwiać te opory, przypominając w takich chwilach o swoim majątku ziemskim, który sam w sobie stanowił pewną gwarancję bezpieczeństwa.

Od wybuchu wielkiej inflacji, która po pierwszej wojnie światowej niemal wszędzie w Europie skutkowała załamaniem gospodarczym i bezradnością, Halsmann za nic miał banki i oszczędności; wolał inwestować swoje pieniądze w grunty. Oprócz domu w Berlinie posiadał kamienicę czynszową w Zurychu, trzy drewniane domy letniskowe w Jurmali, kąpielisku nadbałtyckim niedaleko Rygi, gdzie wyższe sfery łotewskie spędzały wakacje (toteż domy łatwo było wynająć), wreszcie dom w Palestynie, należący jednak do niego tylko na papierze — tak naprawdę Halsmann służył jedynie jako figurant dla osłony bliskiego krewnego z Moskwy, który musiał się obawiać, że status właściciela domu (w dodatku zagranicznego) może narazić go w Związku Sowieckim na poważne kłopoty, być może nawet z więzieniem włącznie.

W domu przy Kalku iela Halsmannowie mieszkali drzwi w drzwi z rodziną kupca Karla Schubita. Obie rodziny bardzo się przyjaźniły i często spędzały wspólnie święta, mimo że Schubitowie byli luterańskimi Niemcami, a Halsmannowie rosyjskimi Żydami. Schubit miał swój sklep w tym samym budynku, w lokalu z wejściem od ulicy, i Halsmann co najmniej raz dziennie zaglądał do niego, aby pogadać albo opowiedzieć nowy dowcip, który właśnie usłyszał od pacjenta. Halsmann uwielbiał dowcipy, zwłaszcza te przeznaczone dla męskich uszu, i zawsze znał jakieś nowiny, toteż Schubit i inni znajomi nazywali go żartobliwie „Gazetą".

Służąc w armii rosyjskiej — nadbałtycka prowincja Inflanty z centrum w Rydze pozostawała do 1918 roku częścią państwa rosyjskiego — Halsmann przyswoił sobie nienaturalnie prostą postawę. Kiedy szedł, tak bardzo wypinał pierś, że jego tułów wręcz przechylał się do tyłu, przez co, jak sądził Halsmann, jego sylwetka nabiera wojskowej sprężystości i sportowego wyglądu. Jednocześnie był dość korpulentny, dychawiczny i w ogóle nie cieszył się najlepszą formą fizyczną.

„Roił sobie, że jest sportowcem, ale miał słabe serce i inne przypadłości zdrowotne", zeznawał potem Karl Schubit. „Kiedyś zimą poszedł na wycieczkę i po trzech godzinach wrócił całkiem siny na twarzy i śmiertelnie wycieńczony".

Także siostra Halsmanna, Dora Grekpec, mieszkająca w Rydze aptekarka, często upominała brata, aby się nie forsował fizycznie. Dziadek i babcia, ojciec i starszy brat poumierali na zawał serca, to rodzinna skłonność, i Morduch musi bacznie unikać wszelkich niepotrzebnych wysiłków. Kiedy wczesnym latem 1928 roku opowiedział jej o planie dłuższej podróży w Alpy i zamiarze podejmowania tam poważnych wypraw górskich, była oburzona i zaklinała go: „Nie pakuj się w żadne góry, jesteś chory!".

O tym, że dentysta nie jest tak zdrowy i krzepki, jak chętnie utrzymywał wobec swego otoczenia, wiedziała też Emma Thiemann, Łotyszka wiary protestanckiej, będąca od 1919 roku na służbie u rodziny Halsmannów. „Starszy pan często miewał bóle głowy", opowiadała. „Musiałam co wieczór szykować mu miskę z zimną wodą i ręczniki na kompresy".

Tym więcej radości przysparzało życie rodzinne Halsmannów, którego zazdrościli im wszyscy krewni i przyjaciele. Filip i Ljuba byli posłuszni, uprzejmi i pilni, słowem: wzorowo wychowani, tak że wiele matek kazało własnemu potomstwu brać przykład z dzieci Halsmannów, zwłaszcza z Filipa. Taki syn to czysty skarb, dobrodziejstwo, rozpływały się znajome niewiasty i zasypywały matkę komplementami. Ita Halsmann, z domu Grintuch, przed ślubem w 1905 roku pracowała jako nauczycielka i kierowała w Rydze własną szkołą, która miała świetną renomę. W oczach całego miasta Ita uchodziła za wybitnego pedagoga. Nie było więc nic niezwykłego w tym, że swoje dzieci w wieku sztubackim uczyła sama w domu, tak jak czyniono często w kręgach zamożnego mieszczaństwa. W przeciwieństwie do męża była osobą cichą, skromną i powściągliwą. Mimo że małżonek nierzadko nalegał, aby pozwoliła sobie na więcej: na kupno nowych sukien, butów, kapeluszy, na rozrywkę poza domem, z przyjaciółkami, ona wolała być z rodziną, nią się zajmować lub poczytać książkę. Wszyscy traktowali Halsmannów jako wzorcową rodzinę — pokój i łaska boska nie opuszczają tego domu, mawiał, przytaczając rosyjski zwrot, nauczyciel Salomon Sudarski, bliski przyjaciel Halsmannów, ilekroć bywał gościem przy Kalku iela.

Filip wrodził się w matkę: był dzieckiem cichym i poważnym. Jako dziewięciolatek poszedł do ryskiego gimnazjum, gdzie nauczano pięciu języków: rosyjskiego, niemieckiego, łotewskiego, francuskiego i łaciny. Był to rok 1915; pierwsza wojna światowa, która miała wyrwać prowincje nadbałtyckie z kontemplacyjnego bytowania na skraju wielkiego cesarstwa rosyjskiego i cisnąć w wir burzliwych wydarzeń oraz głębokich przemian, trwała właśnie od roku.

W 1915 roku wojska niemieckie stacjonowały w Kurlandii, niedaleko Rygi. W mieście aż kipiało, codziennie odbywały się zebrania i demonstracje, konserwatywni Niemcy bałtyccy marzyli o „niemieckiej przyszłości", która wydawała im się bliska na wyciągnięcie ręki, narodowe ugrupowania łotewskie szykowały się do walki o autonomię, a potem pełną niepodległość niewielkiego kraju, natomiast duża część łotewskiej warstwy robotniczej z entuzjazmem przyłączała się do bolszewików (strzelcy łotewscy tworzyli doborową jednostkę wojsk rewolucji październikowej, darzoną zaufaniem przez Trockiego i Lenina). Oddziały niemieckie i rosyjskie przez dwa lata tkwiły naprzeciw siebie wzdłuż frontu nad Dźwiną, aż we wrześniu 1917 roku Niemcy natarli przez rzekę i zajęli Rygę.

Gwałtowne zmiany sytuacji odczuł również młody Filip. Po wkroczeniu wojsk niemieckich obowiązkowa niemczyzna jako przedmiot nauczania zastąpiła rosyjski, co początkowo przysparzało mu pewnych trudności, ponieważ w domu rodziców mówiło się tylko po rosyjsku. Filip miał wtedy jedenaście lat. W listopadzie 1918 roku Łotwa ogłosiła niepodległość, jednak już wkrótce władzę przejęli bolszewicy i ustanowili łotewską republikę sowiecką, która przetrwała do lata 1919 roku, ustępując dopiero pod presją oddziałów łotewskich i brytyjskich okrętów wojennych w ryskim porcie. Filip chodził do gimnazjum w okresie zamętu, pod znakiem działań wojennych, oblężenia, demonstracji, falowych ucieczek, braku żywności; oto weszły wojska niemieckie, trwała rewolucja październikowa, ogłoszono niepodległość

Łotwy, zajęła ją Armia Czerwona, w latach 1918–20 toczyła się wojna wyzwoleńcza przeciw bolszewikom, ale potem też przeciw Niemcom, a na dodatek nie brakowało specyficznych lęków i obaw szerzących się wśród ludności żydowskiej, podsycanych przez wieści o pogromach w Rosji i na Ukrainie, które jak zwykle towarzyszyły niepokojom. Mimo to Filip wspominał później szczęśliwy, wypełniony lekturami i nauką okres szkolny, wspólne wieczory teatralne i wędrówki. Inni uczniowie go lubili, mimo że prawie zawsze był prymusem, co napawało rodziców dumą. Zwłaszcza ojciec nie pomijał żadnej okazji, by przed przyjaciółmi i znajomymi chełpić się postępami syna — nawet wtedy, gdy Filip od dawna już studiował w Niemczech. „Zawsze miał przy sobie listy od syna i każdemu je czytał, nie bacząc, czy ktoś chciał słuchać, czy też nie", opowiadał Karl Schubit. Pewnego razu Morduch Halsmann pokazał mu wielkie radio, które Filip gimnazjalista dla niego zbudował. Chłopak miał zdolności techniczne, był majsterkowiczem, najchętniej jednak czytał, pod tym względem również wdając się w matkę. Sam się nauczył czytać w wieku pięciu lat i połykał wszystko, co wpadło mu w ręce. Najwyraźniej była to cecha rodzinna. Filip lubił opowiadać o kuzynie, który mając siedem lat, przekopał się przez leksykon Meyera od pierwszego do ostatniego tomu i jeszcze całe lata później potrafił zacytować stamtąd długie pasaże, co wywarło na Filipie niezatarte wrażenie. Na szczęście w Rydze było wiele bibliotek, gdzie Filip mógł się zaopatrywać w literaturę. Jako młokos pochłaniał przede wszystkim autorów rosyjskich: Tołstoja, Dostojewskiego, Kuprina,

Gogola i Czechowa; potem zachłysnął się Skandynawami i przez jakiś czas miał zajęcie, bo czytał jeden dramat Ibsena dziennie.

Jako piętnastolatek Filip odkrył na rodzinnym strychu stary aparat fotograficzny z celownikiem, kupiony kiedyś przez ojca, ale nigdy tak naprawdę nie używany. Filip nabył za swoje kieszonkowe książkę o fotografii, tuzin szklanych płytek i zaczął fotografować. Najpierw pozowali mu siostra, przyjaciele i przyjaciółki. Fotografował głównie twarze. W łazience mieszkania rodziców wywoływał pod czerwoną żarówką pierwsze zdjęcia: „To była jedna z najwspanialszych chwil mojego życia — wspominał później. — Szeroko rozwartymi oczyma obserwowałem w matowym czerwonym świetle cud: jak z wolna na mlecznej powierzchni mojej płytki wyłaniają się ciemne zarysy... Tworzyły pierwszy fotograficzny obraz, jaki zrobiłem".

Ze względu na swój wyciszony, powściągliwy sposób bycia Filip — u boku uderzająco wesołkowatego, często drażniąco hałaśliwego ojca — na wielu ludziach sprawiał wrażenie raczej jego młodszego brata niż syna. Trudno by wyobrazić sobie większe przeciwieństwo, ale może właśnie dlatego rozwinęła się między nimi szczególnie ścisła, koleżeńska więź, którą rzadko coś zakłócało. Filip, przez rodziców i siostrę nazywany pieszczotliwym zdrobnieniem Filja, usiłował zawsze dogadzać ojcu, nawet jeśli czasem nie podzielał jego opinii. Nigdy nie tracił panowania nad sobą i starał się w miarę możności nie okazywać uczuć, przez co niektórzy uważali go przy pierwszym spotkaniu za osobę wręcz chłodną. Nawet we własnym dzienniku oceniał siebie z bezwzględną surowością.

„Daję słowo honoru, że nie wpadnę w gniew! Filja Halsmann, Ryga, 4 marca 1923. Nie dotrzymałem go: 8 III, 11 III, 14 III, 21 III, 26 III, 28 III, 1 i 3 IV 1923.

8 III 1923. Nie zatrzymuj się nigdy przed witrynami i nic nie oglądaj. To tylko budzi pragnienia, których nie możesz zaspokoić, a poza tym jest nieobyczajne. Nigdy nie dotykaj ran innych ludzi. Wstawaj wcześnie! Kiedy się obudzisz, nie wyleguj się w łóżku. Nigdy nie mów bez namysłu, nie działaj bez namysłu. Zanim kogoś obrazisz, zastanów się nad skutkami".

Nieubłagany, siedemnastoletni racjonalista. Takim też widział najchętniej sam siebie. Wszystko powinno podlegać władzy rozumu i logicznemu wyjaśnieniu — w żargonie coraz modniejszego wówczas nurtu psychologii, który go fascynował, Filip chętnie określał siebie jako „typ logicystyczny". Czasami żałował, że mając osiemnaście lat, zdecydował się studiować technikę, zamiast pójść za radą ojca i wybrać medycynę. Jednak Morduch Halsmann bez sprzeciwu przyjął decyzję Filipa i nalegał tylko na studia zagraniczne. Wydawało mu się, że wykształcenie zdobyte w Rydze to nie dość dla jego syna, mimo że tamtejsza politechnika cieszyła się świetną marką (na Łotwie z dumą podkreślano, że założona w 1862 roku uczelnia była najstarszą wyższą szkołą techniczną w całym państwie rosyjskim). Kiedy dwa lata później Filip nagle wyraził życzenie przejścia na medycynę, ojciec nie chciał już o tym słyszeć. Filip okazał więc posłuszeństwo, nie sarkał, lecz został na

Wydziale Mechanicznym Wyższej Szkoły Technicznej w Dreźnie. Studiował pilnie, w porę składał wszystkie egzaminy, nie palił i nie pił, bez problemów utrzymywał się ze studenckiej pensji, która z ojcowskiej inicjatywy regularnie rosła, i co najmniej raz w tygodniu pisał list do domu. Prawdziwa radość, taki syn.

Również w kwestiach wyznaniowych nie dochodziło do konfliktów w rodzinie. Halsmannowie należeli do wyższej warstwy zasymilowanych Żydów ryskich i byli mocno zakorzenieni w kulturze rosyjskiej, toteż rodzice nie przykładali wielkiej wagi do religijnego wychowania dzieci i nie wysłali Filipa do szkoły żydowskiej, choć istniało w Rydze kilka takich szkół. Obchodzili wielkie żydowskie święta, jak Rosz Haszana, czyli Nowy Rok, Chanuka czy Pesach, ale raczej ze względu na tradycję niż z powodu głębokiej wiary; poza tym raczej nie bywali w synagodze, nie prowadzili też koszernej kuchni — to zresztą nie bardzo było możliwe, bo jako pomoc domowa i kucharka pracowała u nich Łotyszka wyznania chrześcijańskiego. „Mój ojciec i ja nie przywiązujemy żadnej wagi do spraw rytualnych", powiedział Filip żandarmom w Dolinie Ziller, kiedy pytali go o dom rodzinny. Nie oznaczało to jednak, że wypierał się swojego żydostwa. Kiedy pewnego razu został wyproszony z zebrania studenckiego, usłyszawszy od przywódcy grupy volkistowskiej: „Żydzi nie mają tu czego szukać!", nie chciał puścić tej obelgi płazem. Aby nie wszczynać awantury na gruncie akademickim, co nie dałoby się pogodzić z nienaganną poprawnością jego postawy, zaczekał, aż spotka tego, który go obraził — a był to przewodniczący

Związku Studentów Niemieckich w Dreźnie — następnego dnia w stołówce. Ukłonił mu się uprzejmie i zapytał: „Czy zechce pan wyjść na chwilę ze mną?". Za drzwiami wymierzył niemieckiemu studentowi dwa siarczyste policzki.

W Dreźnie Filip założył z przyjaciółmi o tych samych przekonaniach klub dyskusyjny, Stowarzyszenie Studentów Żydowskich, które początkowo miało służyć doskonaleniu ich niemczyzny. Organizowali wykłady, dyskusje i kursy, rezygnując jednak z wszelkiego zaangażowania politycznego. To w pełni odpowiadało nastawieniu Filipa. Większość aktywnej politycznie młodzieży żydowskiej na Łotwie wahała się w owych latach między komunizmem a syjonizmem — Filip gwałtownie odrzucał komunizm („miałem z tym złe doświadczenia", powiedział później) i okazywał żywą sympatię dla syjonizmu, nie angażując się jednak aktywnie. Był dumny ze swojej żydowskości, ale nie do tego stopnia, by igrać z myślą o wychodźstwie do Palestyny. Niewątpliwie Filip już w Rydze zetknął się z antysemityzmem, który od lat osiemdziesiątych XIX wieku rozlewał się z Rosji na prowincje nadbałtyckie carstwa, gdzie jednak nie padał na podobnie przyjazny grunt jak w Rosji, na Ukrainie czy w Polsce.

Także na niepodległej Łotwie wpływ partii i organizacji antysemickich aż do lat trzydziestych, do zwycięstwa narodowych socjalistów w Niemczech, pozostawał raczej skromny. Istniała wszelako oficjalna dyskryminacja Żydów, zwłaszcza w służbie państwowej: w 1925 roku na prawie sześć tysięcy urzędników przypadało zaledwie dwudziestu jeden Żydów, a wśród 4 tys. 316 policjantów znalazł się tylko jeden wyznania żydowskiego. Łotwa liczyła wtedy dziewięćdziesiąt pięć tysięcy Żydów, czyli nieco ponad pięć procent całej populacji. Większość Żydów mieszkała w Rydze — w 1925 roku niespełna czterdzieści tysięcy, a więc dwanaście procent wszystkich mieszkańców. Nie tworzyli jednak zamkniętej wspólnoty, lecz dzielili się, zależnie od pochodzenia i przynależności społecznej, religijnej bądź politycznej, na rozmaite grupy, które mówiły po żydowsku, niemiecku lub rosyjsku. Na początku lat osiemdziesiątych XIX wieku jeszcze prawie połowa Żydów ryskich używała niemczyzny. W kolejnych latach przybywało coraz więcej Żydów z Rosji, przede wszystkim z terenów białoruskich, głównie chasydzi, którzy mówili o sobie *raisysze jidn* i posługiwali się na co dzień językiem jidysz. Nie chadzali do synagog oświeconych obywateli żydowskich, lecz modlili się w *raisysze minjanim*, jak nazywali swoje bożnice, których około 1928 roku było już dwadzieścia siedem, podczas gdy jeszcze w 1905 — siedem.

Oświeceni Żydzi ryscy patrzyli na ten rozwój sytuacji z troską, gdyż ich zdaniem napływ chasydów, którzy wyraźnie różnili się od reszty ludności nie tylko językiem, lecz także ubiorem i obyczajami, sprzyjał antysemityzmowi.

Również w żydowskim życiu politycznym istniały różne nurty. Jeszcze od czasów caratu utrzymywał pewne wpływy radykalnie lewicowy Bund (w 1925 roku jedną czwartą robotników przemysłowych stanowili Żydzi). Najwięcej zwolenników wśród ludności żydowskiej w Rydze miały jednak partie religijne, takie jak ortodoksyjna

Agudas Jisroel pod przywództwem Mordechaja Dubina oraz Misrachi o orientacji syjonistycznej, z Mordechajem Nurokiem na czele. Niereligijne kręgi mieszczańskie, do których zaliczali się Halsmannowie, ciążyły raczej w stronę żydowskiej Partii Narodowo-Demokratycznej, której wpływ polityczny był jednak nikły.

W gospodarce łotewskiej Żydzi odgrywali ważną rolę jako przemysłowcy, bankierzy i kupcy, którzy organizowali eksport produkcji rolnej i rozkwitającego przemysłu drzewnego oraz odzieżowego. Mieli też znaczący udział w wolnych zawodach: o ile wśród adwokatów przeważali Niemcy, o tyle najbardziej znani lekarze i dentyści byli pochodzenia żydowskiego (na przykład Morduch Halsmann). Organizacje żydowskie utrzymywały w Rydze dwa swoje szpitale, Bikkur Holim i Linec Hacedek, obydwa cieszące się dobrą sławą. Istniały żydowskie kluby sportowe, które występowały pod wspólną nazwą Makkabi, żydowskie kółka dyskusyjne i stowarzyszenia, jak choćby Towarzystwo Żydów z Wyższym Wykształceniem, do którego należał też dentysta Halsmann. Luźne zrzeszenie lekarzy, aptekarzy, adwokatów i przedstawicieli innych wolnych zawodów miało swoją siedzibę w domu przy Kalku iela 10, zaledwie kilka kroków od mieszkania Halsmannów. Tu dyskutowało się o aktualnych kwestiach politycznych, ale też o wydarzeniach kulturalnych, które akurat absorbowały Rygę.

W lutym 1928 roku wyświetlano w Rydze film *Tragedia w Alpach* z Lucie Doraine i Fritzem Kortnerem w rolach głównych. Kortner był w Rydze niesłychanie popularny. W maju 1928 roku słynny niemiecki aktor gościł w ryskiej Operze Narodowej ze sztuką *Patriota* Alfreda Neumanna. Morduch Halsmann kilka razy obejrzał *Tragedię w Alpach* — uwielbiał chodzić do kina, dzielił tę miłość z synem, a filmy o górach, które akurat wchodziły w modę, fascynowały go szczególnie. Nic więc dziwnego, że nie przegapił też zajmującego obrazu *Amor na nartach* z Harrym Liedtkem i Christą Tordy oraz „zdjęciami z wysokich gór bawarskich", który pokazywano w Rydze w maju 1928 roku. Być może te właśnie dramatyczne obrazy filmowe świata alpejskiego obudziły w dentyście, uważającym się za wysportowanego młodzieńca, pragnienie podjęcia wysokogórskiej próby — w niemałej mierze po to, by alpinistycznymi wyczynami zaimponować ryskim przyjaciołom. Podczas swoich europejskich podróży tylko raz dotąd wspiął się na górę — na Pilatusa, „podmiejski" szczyt niedaleko Lucerny, nie będący nadzwyczajnym wyzwaniem wysokogórskim. Zdarzyło się to w 1912 roku. Urlop w 1928 roku Morduch Halsmann chciał wykorzystać do nadrobienia zaległości i osiągnięcia prawdziwego wspinaczkowego sukcesu.

ROZDZIAŁ CZWARTY

We wtorek, 11 września, funkcjonariusz żandarmerii w Jenbach przyszedł do zajazdu Złota Gwiazda i poinformował przebywającą tam panią Halsmann, że wydarzył się wypadek. Tuż przedtem dostała widokówkę z Doliny Ziller; mąż pisał, żeby się nie denerwowała, jeśli przyjadą z Filipem kilka dni później, niż planowali; niech wypoczywa. Żandarm, który przekazał wieść o nieszczęściu, nie potrafił powiedzieć, co dokładnie się wydarzyło. Ale był bardzo uprzejmy, odprowadził panią Halsmann do pociągu i ponieważ nie miała pieniędzy (wszystkie wziął ze sobą jej mąż), wykupił dla niej bilet do Mayrhofen. Ita Halsmann była całkiem rozstrojona — ze strachu i emocji. Także w wagonie znalazł się przy niej jegomość, który się nią zajął i towarzyszył jej w Mayrhofen do posterunku żandarmerii, gdzie usłyszała o śmiertelnym wypadku męża. Kiedy spytała o syna, urzędnik powiedział: „O synu nie umiemy pani nic powiedzieć, być może również runął w dół". Na pytanie, jak mogłaby najszybciej dotrzeć do syna i zmarłego męża, urzędnik odparł: „Dziś nie może pani udać się dalej, już za późno, żeby wyruszyć do Ginzling. Zawiadomimy panią".

W ten sam wtorek o wpół do piątej po południu komisja sądowa z Innsbrucku kierowana przez sędziego śledczego, doktora Wilhelma Kasperera, przybyła na miejsce zdarzenia w Dolinie Zamser. Sędziemu towarzyszyli protokolant, dwóch lekarzy sądowych i kilku funkcjonariuszy z komendy krajowej żandarmerii w Innsbrucku, którzy natychmiast wzięli się do roboty. Już kiedy wspinali się tu z Breitlahner, zaczęła się ulewa i zapadł zmrok. Przy wizji lokalnej był obecny także Filip Halsmann, prawie cały czas stał jednak kilka metrów z boku, pod okiem funkcjonariusza. Żandarmi sfotografowali zwłoki i miejsce zdarzenia oraz sporządzili dokładny szkic sytuacyjny.

Odnaleźli kamień wykopany z murku ochronnego przez pasterza Riederera. Miejsce to oznaczono na szkicu jako punkt piąty. Stąd prosta linia wskazywała kierunek spadania — do zwłok (punkt drugi). Zbadano ślady krwi przy drodze i miejsce znalezienia małego odprysku kości (punkt ósmy), a następnie postawiono tam nosze, aby deszcz nie zmył wszystkich śladów. Zabezpieczono materiały dowodowe: zakrwawiony kamień, znaleziony przez psa Edera, inne kamienie z plamami krwi. Wreszcie sędzia śledczy zapytał Filipa Halsmanna o przebieg zdarzenia. Pytany opowiedział, że w drodze z Chaty Dominika szedł prawie cały czas za ojcem. Niedaleko od miejsca wypadku ojciec zatrzymał się, aby oddać mocz, i kazał mu iść przodem, mówiąc, że go dogoni. Niedługo później Filip usłyszał krótki, cichy okrzyk bólu, jakby to ojciec krzyczał, więc mimowolnie odwrócił się i spojrzał. Zobaczył ojca w pewnej odległości, jak prawym bokiem (od strony potoku) przechyla się do tyłu, jednak z miejsca, gdzie stał, nie mógł dojrzeć samego zbocza, które opada do strumienia. Niezwłocznie zawrócił i pobiegł na miejsce upadku, skąd zobaczył ojca — już w potoku.

Sędzia śledczy poprosił Halsmanna o dokładne określenie miejsca, z którego widział padającego ojca. Pytany początkowo nie mógł się zdecydować. Może tu, może tam. Kiedy dr Kasperer zwrócił mu uwagę, że na drodze jest tylko jeden taki punkt, z którego widać miejsce upadku, ale nie widać zbocza pod nim, Halsmann poszedł krok za krokiem z powrotem i zatrzymał się w miejscu, gdzie odkryto zagrzebaną krew. W tej chwili stały tam nosze. Nikt Halsmannowi nie powiedział nic o śladach krwi, które teraz znajdowały się pod nimi.

„To musiało być tutaj".

Te słowa ujęto w protokole.

Miejsce, które wskazał Halsmann, było oddalone o jakieś siedem metrów od punktu piątego, gdzie rzekomo widział upadającego ojca. Filip później stale przywoływał ten obraz, który najwyraźniej go nie opuszczał: „Migawka z przechylonym do tyłu ojcem była jakby utrwalona na płycie fotograficznej. Mówiąc «utrwalona», mam na myśli nie to, że była wyraźna, lecz — nieporuszona, zatrzymana w ruchu. Wydaje mi się też, że obraz, który widziałem, był nieprawdopodobnie mały".

Funkcjonariusze szukali też pięćdziesięciu szylingów, które według zeznań syna Morduch Halsmann miał w sakiewce schodząc od schroniska Furtschagl, ale pieniądze zniknęły. Kiedy żandarmi ostrożnie unieśli zwłoki, aby je odtransportować, jeden z nich powiedział: „Uwaga, brak jeszcze pięćdziesięciu szylingów!". Również złotych okularów, które zmarły nosił stale, nie sposób było odnaleźć. Dopiero dużo później okazało się, że zmarły rzekomo miał przy sobie jeszcze pokaźną sumę we frankach szwajcarskich. W pierwszych dniach nie było o niej mowy.

Po przepytaniu odprowadzono Filipa z powrotem do Breitlahner. Pozostawiono go w niewiedzy, co właściwie mu się zarzuca. Nie dowiedział się nic o krwawych śladach ani o kamieniu znalezionym przy drodze, nic również o krwawej smudze w trawie ani o zbryzganych krwią krzakach.

Następnego ranka dwaj lekarze z Instytutu Medycyny Sądowej w Innsbrucku, dr Erich Fritz i dr Josef Vonbun, rozpoczęli obdukcję zwłok, które w późnych godzinach wieczornych dnia poprzedniego zostały dostarczone do Breitlahner. Sekcja odbywała się w szopie obok schroniska; wejście do niej zostało częściowo zabite żerdziami, ponieważ tuż obok biegła droga do Chaty Dominika i nie chciano, aby przypadkiem zdążający tędy wędrowcy mogli zaobserwować lekarzy podczas ich krwawej czynności. Jednak wskutek tego środka zaradczego w prymitywnym pomieszczeniu panował półmrok. Zwłoki ułożono na prowizorycznie skleconym stole. Z pokoju numer 30 widać było szopę, ale zamknięty na górze Filip nie wiedział, co się tam dzieje. Później mówiono, że z góry można było dojrzeć nogi zmarłego i syn obojętnie patrzył z okna, jak kroją jego ojca. Filip zaprzeczał temu z całą energią i utrzymywał, że nic nie wiedział o tym fakcie ani niczego nie widział. Trzygodzinną obdukcję przeprowadzał dr Fritz, asystował mu dr Vonbun. Sędzia śledczy dr Wilhelm Kasperer brał udział w procedurze jako obserwator, prawie cały czas obecny był także gospodarz Breitlahner, Wilhelm Eder, co budziło później pewne zdziwienie, bo jako osoba z zewnątrz nie miał tam czego szukać.

Dokonując sekcji, eksperci odkryli na głowie ofiary liczne rany, w tym szeroko rozwartą ranę na czole, wnikającą w głąb czaszki, sześć skupionych blisko siebie ran w okolicy małżowiny lewego ucha, ze zmiażdżeniem kości czaszkowej włącznie, i wielką, sięgającą do mózgu ranę na prawej kości potylicznej. Ponadto liczne obrażenia i otarcia skóry na całej głowie. Poza tym nie stwierdzili na ciele śladów przemocy, na rękach również nie. Pęcherz denata był prawie pusty, co zdawało się potwierdzać zeznanie Filipa, że tuż przed śmiercią ojciec się zatrzymał, aby załatwić potrzebę naturalną.

Charakter i układ ran pozwalały zakładać, jak zanotowali lekarze w pierwszym raporcie z obdukcji, że Halsmann stracił życie od wielu silnych uderzeń, co najmniej siedemnastu, ale prawdopodobnie było ich dużo więcej. W niektórych miejscach kość czaszki została dosłownie roztłuczona w wyniku szybko następujących po sobie, energicznych ciosów; wskazywał na nie również stan skóry na głowie. Lekarze przyjęli, że czyn został popełniony przy użyciu więcej niż jednego narzędzia: znaleziony na miejscu zbrodni kamień z pewnością był jednym z nich. Uważali jednak, że raczej nie wchodził w rachubę jako narzędzie, którym zadano straszliwą ranę na czole (później miało dojść do roztrząsań w kwestii, czy obaj lekarze wymieniali w tamtej chwili ostre narzędzie, na przykład w rodzaju czekana). W każdym razie dla ekspertów nie ulegało wątpliwości, że tak poważnych obrażeń głowy niepodobna wytłumaczyć runięciem z rzeczonego miejsca w dół; zresztą przy takim upadku musiałyby powstać przynajmniej otarcia naskórka na całym ciele. Sprawca musiał zadawać ofierze ciosy jak opętany, jednym lub kilkoma kamieniami, to znaczy z najmniejszej odległości. Czy w takim razie nie musiałby opryskać krwią samego siebie, własnej odzieży? Na krzakach w pobliżu miejsca zbrodni znaleziono bez liku bryzgów krwi, na wysokości od sześćdziesięciu do osiemdziesięciu centymetrów, jakby ktoś otrząsał pędzel malarski — według opisu owych śladów podanego przez gospodarza Chaty Dominika. Filip Halsmann był owego dnia przeważnie rozebrany do pasa, jedynie w narzuconym na goły tułów płaszczu gumowym, poza tym miał na sobie jasnoszare wełniane spodnie. Niemiecki komisarz kryminalny, przebywający przypadkiem w Breitlahner jako urlopowicz, a także jeden lub kilku żandarmów szukało u Halsmanna śladów krwi, ale żadnych nie znaleźli.

Sędzia śledczy dr Kasperer zaniedbał rekwizycji szarych spodni Filipa do wnikliwego zbadania. Ale nie omieszkał czynić aresztowanemu ciężkich zarzutów: „Wie pan, Halsmann, że pański ojciec nie żyje, a zdaniem lekarzy to pan jest winien jego śmierci, bo zostawił go pan leżącego w wodzie?".

Filip Halsmann był zrozpaczony i chciał się bronić. Przecież próbował tylko najszybciej jak można sprowadzić pomoc, tego doprawdy niepodobna mu teraz wyrzucać.

Po obdukcji wydano zwłoki, aby mógł się odbyć pogrzeb, i odtransportowano je do Ginzling. Lekarz Rajmund Rainer opowiadał później, że zapytał Filipa Halsmanna, czy chce zamówić trumnę dla zmarłego. To niepotrzebne, odparł podobno syn, wystarczy zwykły worek. Ta uwaga, doskonale pasująca, jak się wydawało, do obrazu prymitywnego uczuciowo ojcobójcy, rozeszła się lotem błyskawicy — o tym, że u Żydów wschodnioeuropejskich zwyczajowo nie chowa się zwłok w trumnie, lecz w uszytej z białego płótna, workowatej szacie zwanej *tachrichim*, w Tyrolu nie wiedziano. Syn, który zakatowanemu ojcu chce zamiast przyzwoitej trumny zafundować nędzny worek — to musiało naturalną koleją rzeczy wywołać w arcykatolickim Tyrolu zgrozę i oburzenie. Kiedy Filip Halsmann znalazł wreszcie okazję, by objaśnić religijną przyczynę „worka", było już za późno. Szkody nie dało się naprawić. Nawet w urzędowych protokołach odbijały się niektóre uprzedzenia. I tak komendant posterunku żandarmerii w Mayrhofen, Franz Eicher, pisał w raporcie dla prokuratury w Innsbrucku o płatności za transport zwłok zamordowanego z miejsca zbrodni do Breitlahner, a następnie do Ginzling:

„W celu uregulowania tej sprawy 11 września 1928 roku w godzinach wieczornych zaprowadziłem Halsmanna do kuchni w Breitlaner (sic!), aby dać mu sposobność do osobistych uzgodnień w kwestii kosztów z przebywającymi tam robotnikami. Było to pięciu ludzi i żądali 40 s na głowę. Ta suma okazała się dla Halsmanna o wiele za wysoka i targował się z nimi bez końca, aby odjąć każdemu po 10 s".

Komendant Eicher pilnował, żeby z morderstwa wynikło jak najmniej kosztów dla urzędu. Na szczęście zmarły miał przy sobie sporą sumę 1060 marek niemieckich. Z tego Eicher wymienił w Breitlahner trzysta dwadzieścia marek, za co otrzymał pięćset dwadzieścia osiem szylingów na pokrycie kosztów transportu. Resztę oddał 13 września wdowie, która zatrzymała się w Mayrhofen w zajeździe Stary Pocztylion. Przedłożył jej dokładne rozliczenie poniesionych wydatków:

Dla Pani Idy Halsmann
w Mayrhofen (Stary Pocztylion)

Pieniądze znalezione przy zmarłych (sic!) . . . . . 1060 RM
Wymieniono 320 RM otrzymując . . . . 528 S

Wydano:
Synowi Filipowi Halsmannowi . . . . 100 S
Za transport zwłok do Ginzling
włącznie z materiałem pakowym i trumną . . . . . . 387 S

Suma wydatków: 487 S

Pozostało 740 RM i 41 S

Posterunek żandarmerii w Mayrhofen, 13 września 1928

W drugim zestawieniu Eicher wyliczył jeszcze szczegółowiej koszty transportu zwłok:

Wydatki w związku z transportem zwłok
Halsmanna w Breitlahner

Myśliwemu Lottersbergerowi za próby transportu, ośmiu ludzi	40 S
Josefowi Mariacherowi za transport zwłok do Ginzling, pięciu ludzi	200 S
Aloisowi Riedererowi za pomoc i pilnowanie zwłok nocną porą	40 S
Gospodarzowi Ederowi za rozmowy telefoniczne	7 S
Ernstowi Kreidlowi za pomoc w powiadomieniu	20 S
Maksowi Schneiderowi za pomoc	10 S
Karlowi Nettermannowi za pomoc	10 S
Gospodarzowi Ederowi za dwa koce i worek do zaszycia obdukowanych zwłok	20 S
Stolarzowi Klausnerowi za trumnę	30 S
Pani Hofer za pomoc w powiadomieniu	10 S
Aresztowanemu	100 S
Suma	487 S

Podpis: Eicher

Wszystkich opłacono z kieszeni zmarłego: ludzi, którzy sprowadzili pomoc, pasterza Riederera pilnującego zwłok w ciągu nocy, jego siostrę, która pobiegła do Breitlahner szukać pomocników, noszowych, nawet turystów Karla

Nettermanna i Maksa Schneidera — ci bądź co bądź próbowali wyciągnąć ciało z wody. Również rozmowy telefoniczne prowadzone w celu wezwania żandarmów, a potem komisji sądowej wpisano wdowie do rachunku. Samemu aresztowanemu wypłacono wielkodusznie sto szylingów, zapewne pod naciskiem gospodarza Breitlahner — ostatecznie Filip musiał pokryć koszt wiktu i noclegu z 10 na 11 września (cena pokoju w Breitlahner wynosiła w 1928 roku od półtora do dwóch szylingów; czy Halsmann otrzymał zniżkę w związku z tym, że jednak musiał dzielić pokój numer 30 ze strażnikiem — nie wiadomo). Następne dwa dni spędził w areszcie w Zell nad Zillerem.

W Ginzling powstał problem. Gdzie po obdukcji umieścić zwłoki, które następnego dnia miał zabrać zakład pogrzebowy Markart ze Schwazu, aby przewieźć je do Innsbrucku? Zazwyczaj zmarli leżeli na katafalku w kościele, również nierzadkie w Dolinie Ziller ofiary wypadków górskich. Jednak tymczasem wszyscy już wiedzieli, że zmarły jest Żydem, toteż katolicki proboszcz odmówił mu miejsca w świątyni. Po przepychankach w końcu złożono Morducha Halsmanna w Kaplicy Serca Jezusowego nad cmentarzem w Ginzling, znajdującej się do dziś w majątku rodziny Klausnerów — notabene uczyniono to wbrew protestom Marii Klausner, która wraz z mężem Josefem kazała wznieść tę kaplicę w roku 1912. Żydowskie zwłoki w katolickiej kaplicy! Do dziś można w Ginzling usłyszeć o tym skandalu. Wnuk Marii Klausner pamięta wielką plamę krwi, jaka podobno została na kaplicznej posadzce z desek. Nieraz nakazywano służącym zszorowanie za pomocą ryżowych szczot i ługu brązowawej zmazy z podłogi — wszystko na darmo. „Kilka lat temu położyliśmy wreszcie nową posadzkę", opowiada Wilhelm Klausner.

Kiedy 12 września Ita Halsmann dotarła w końcu do Ginzling, zaprowadzono ją do kaplicy, gdzie leżał jej mąż. Trumna była zamknięta. Poprosiła, aby podniesiono wieko, chciała się bowiem pożegnać z mężem, ale tego jej odmówiono.

Nie bez poważnego powodu, gdyż medycy sądowi, dr Fritz i dr Vonbun, podczas obdukcji odcięli głowę i fachowo ją zabezpieczyli — z całą przezornością, co poświadczył później ich szef, kierownik Instytutu Medycyny Sądowej w Innsbrucku, profesor Karl Meixner. Głowa zamordowanego miała jeszcze nieraz odegrać ważną rolę.

13 września 1928 roku o godzinie piętnastej żandarmi z posterunku w Mayrhofen dostarczyli Filipa Halsmanna z aresztu w Zell nad Zillerem do celi więziennej przy Sądzie Krajowym w Innsbrucku. Więzienie to znajdowało się tuż obok budynku sądu przy Schmerlingstraße, toteż nazywano je potocznie „Halą Schmerlińską". Wraz z nowym lokatorem aresztu śledczego przekazano administracji więziennej zakrwawiony szarozielony, niemal nowy plecak, w którym znajdowały się wszystkie przedmioty znalezione przy denacie, wśród nich lornetka polowa marki Busch, 6x, nr 141636, podłużny zegarek z mosiądzu, z czarnym paskiem („zegarek chodzi"), okucia do laski, sztuk siedemnaście („ozdoby lasek spacerowych"), trzy naświetlone, ale niewywołane filmy,

utensylia toaletowe, wizytówki na nazwisko Morduch Halsmann, notatnik w czerwonej oprawie („mocno przemoczony i wymagający osuszenia"), karty widokowe z Doliny Ziller oraz liczne inne drobiazgi, które nie wydawały się niezwykłe, może z wyjątkiem małego wycinka z ogłoszeniem matrymonialnym — nie wiemy jednak, czy chodziło o anons zamieszczony przez damę czy dżentelmena ani też, dlaczego Morduch Halsmann nosił go w swoim portfelu.

Filip Halsmann w chwili przybycia do izby zatrzymań miał oprócz tego, w co był ubrany, tylko najpotrzebniejsze przedmioty osobistego użytku. Przybory do mycia i golenia, parę skarpet, pudełko maści cynkowej, buteleczkę spirytusu do skóry i trochę waty — przeciw trądzikowi na ciele. Nic więcej nie wziął ze sobą, udając się na kilkudniową wyprawę w głąb Doliny Ziller. Ze stu szylingów, które dostał w Breitlahner, zostało mu jeszcze 75,54; oddał je wraz ze srebrnym zegarkiem do depozytu.

Sędzia śledczy dr Kasperer zażądał od administracji aresztu śledczego, aby ze względu na poważne niebezpieczeństwo mataczenia trzymać więźnia w ścisłej separacji, co też się stało. Filipowi Halsmannowi nie wolno było przez pierwsze czternaście dni niczego pisać ani wypożyczać książek z biblioteki więziennej, nie pozwolono mu nawet uczestniczyć w codziennym spacerze dookoła więziennego dziedzińca. Raz strażnik sądowy przyniósł mu papier do celi, aby pokazać, jak się klei z niego torebki, ale wkrótce się rozmyślił, przyszedł znowu i zabrał wszystko. Objaśnił to jednym zdaniem: „Sędzia śledczy nie pozwala".

ROZDZIAŁ PIĄTY

Sprawa ryskiego dentysty, uśmierconego w tak tragicznych okolicznościach w Dolinie Zamser, niebawem nabrała rozgłosu, który przekroczył granice Tyrolu i Austrii, spełniała bowiem wszelkie wymogi, aby podbechtać żądzę sensacji u publiczności: mord w głębi Doliny Ziller, na tle malowniczych szczytów i lodowców, znanych z wakacji, widokówek, a od paru lat także z filmu. W 1928 roku Luis Trenker nakręcił epos górski *Walka o Matterhorn*, w tym samym roku powstał też sensacyjny obraz *Białe piekło pod Piz Palü*. W literaturze popularnej alpejskie dramaty dawno już zdobyły sobie stałe miejsce. Śmierć w górach dobrze się sprzedawała, ponieważ każde wydarzenie w wysokogórskiej scenerii wręcz musiało przykuwać uwagę. W przypadku tragedii nad potokiem Zamser wszystko w dodatku wskazywało na ojcobójstwo.

Jeszcze podczas prac komisji sądowej w Dolinie Ziller w gazetach ukazały się pierwsze sprawozdania. „Ojciec zamordowany w górach?", „Wypadek czy ojcobójstwo?", „Strącił ojca w przepaść?", „Ofiara wypadku czy mordercy?", „Tajemnicza śmierć w Dolinie Ziller" — tak brzmiały nagłówki, a w tekście pod tytułem „Ojcobójstwo w Dolinie Ziller: oszustwo ubezpieczeniowe?" po raz pierwszy wymieniono konkretny motyw czynu: „Wszystko przemawia za tym, że chodzi o morderstwo z powodu ubezpieczenia", napisała wiedeńska „Neue Freie Presse" 13 września. Tego samego dnia „Berliner Nachtausgabe" informowała wielkimi literami na pierwszej stronie: „Straszliwa tragedia rodzinna w Dolinie Ziller. Młody student aresztowany pod zarzutem ojcobójstwa".

Jak podano w relacji, sędzia śledczy jest zdania, „że chodzi o próbę oszustwa ubezpieczeniowego. Młody Halsmann zabił swojego ojca, wysoko ubezpieczonego na życie w pewnym zagranicznym towarzystwie, aby wraz z matką wejść w posiadanie sumy z polisy".

Oszustwo ubezpieczeniowe jako motyw morderstwa nie było rzadkością. A wyprawa wysokogórska samowtór wydawała się wręcz idealną okazją do takiego czynu. Gazety przypomniały o „zabójstwie małżonki w Alpach Karynckich", które właśnie w tym czasie rozpatrywał sąd przysięgłych w Dreźnie. Latem 1926 roku pochodzący z Drezna fabrykant Friedrich Louis Treiber przedsięwziął wraz z żoną wyprawę górską w okolice Großglocknera. W drodze na Goldzechhörnl kobieta pośliznęła się i spadła, ponosząc śmierć. Tak w każdym razie zeznał jej mąż, który był jedynym świadkiem. Kiedy wyszło na jaw, że fabrykant ubezpieczył swoją żonę na życie, zawierając umowę, która opiewała na trzydzieści tysięcy dolarów i obejmowała — na jego wyraźne życzenie — również wypadki podczas uprawiania sportu, został obwiniony o strącenie małżonki w przepaść. Mimo że Treiber wikłał się w zeznaniach, popadał w liczne sprzeczności i musiał przyznać, że zdradzał żonę z młodą przyjaciółką, którą chciał poślubić po śmierci małżonki, trzeba było po czterodniowym przewodzie sądowym zwolnić go z braku dowodów. Sąd przysięgłych — napisano w uzasadnieniu wyroku — nie może całkowicie wykluczyć, że kobieta jednak padła ofiarą wypadku.

Sędzia śledczy odkrył niebawem, że wysokie ubezpieczenie na życie ryskiego dentysty, opisywane w pierwszych dniach przez gazety, istniało jedynie w fantazji żurnalistów: Morduch Max Halsmann w ogóle nie był ubezpieczony. Mimo to gazety niewzruszenie trwały przy wersji ojcobójstwa, opierając się przy tym głównie na zeznaniach obwinionego, który powtarzał z uporem, że w krytycznej chwili znajdował się sam z ojcem na drodze dla zwierząt jucznych w Dolinie Zamser. Jeśli tak było naprawdę, to właściwie tylko on wchodził w rachubę jako sprawca. W obliczu tej całkiem jasnej sytuacji okoliczność, że rodzina Halsmannów była „mojżeszowa", jak skwapliwie doniosły niektóre gazety, nie odgrywała początkowo szczególnej roli.

Istniał także powód całkiem pragmatyczny, dla którego tak ochoczo dawano w Tyrolu wiarę, że Filip jest winien: kraj tyrolski żył z ruchu turystycznego. Lato 1928 roku należało do udanych sezonów, również dla Doliny Ziller, która odnotowała silny przyrost liczby gości; w samym tylko Mayrhofen w latach 1925–28 potroiła się liczba noclegów. To bardzo cieszyło. Śmiertelny upadek turysty na uchodzącym za bezpieczny, wielce uczęszczanym szlaku stanowił w tym stanie rzeczy okoliczność co najmniej niedobrą, ponieważ musiał oddziaływać na przyjezdnych odstraszająco — tym gorszą, jeśli się okazywało, że turysta padł ofiarą nie wypadku, lecz morderstwa. W takim razie było szczególnie ważne, aby niezwłocznie pojmać sprawcę. Nieznany morderca, który hasa sobie swobodnie w cudownym górskim pejzażu i w każdej chwili może rozwalić kamieniem czaszkę kolejnego beztroskiego wędrowca, oznaczałby dla tyrolskiego ruchu turystycznego katastrofę.

Jak szybko dobre imię raju urlopowego może doznać uszczerbku wskutek tajemniczej śmierci turysty, pokazał wypadek, który wydarzył się wczesnym latem 1928 roku. W czerwcu znaleziono w Tösens, w dolinie górnego Innu, przy ścieżce, w miejscu z pozoru całkiem niewinnym, zwłoki turysty, adwokata ze Szwecji. Ponieważ w portfelu denata nie było pieniędzy, żandarmeria najpierw wyraziła podejrzenie, że Szwed padł ofiarą mordu rabunkowego. Sprawa trafiła do nagłówków również w prasie zagranicznej, zwłaszcza szwedzkiej.

„Cóż za piękna reklama kraju tyrolskiego w pełni sezonu turystycznego. Dla naszej zazdrosnej konkurencji, «przyjaciół» w Szwajcarii i Górnej Bawarii, takie doniesienia to woda na młyn — zostaną bez skrupułów wykorzystane przeciwko nam. Wielkie czołówki szwajcarskich gazet już krzyczą o niebezpiecznym Tyrolu: znów mord na obcokrajowcu!", pisał „Tiroler Wastl" 18 lipca 1928 roku.

Zagadkowa śmierć szwedzkiego adwokata doczekała się ostatecznie banalnego wyjaśnienia. Dokładne śledztwo i obdukcja zwłok wykazały, że Szwed najpewniej podczas samotnej wycieczki górskiej zszedł z drogi i spadł. Po wnikliwym sprawdzeniu znaleziono też gotówkę, którą przezorny turysta zaszył w swojej garderobie. Ale góry już nie wydawały się szczególnie bezpieczne; w końcu odludzie wabiło nie tylko turystów, lecz także wszelkiego rodzaju męty. Mimo to najwidoczniej nie wszystkie wątpliwości co do wersji wypadku zostały bez reszty rozwiane, ponieważ szef Instytutu Medycyny Sądowej w Innsbrucku, profesor Karl Meixner, którego wezwano do obdukcji, odciął — jak doniosła jedna z gazet — głowę denata, aby poddać ją dalszym badaniom w Innsbrucku.

W sprawie Halsmanna eksperci byli zgodni. Dentysta z Rygi został zamordowany — to wydawało się pewne. A domniemany sprawca siedział w areszcie. Jednak uparcie nie przyznawał się do winy i niezmiennie utrzymywał, że jego ojciec padł ofiarą wypadku. Szykowano się więc do procesu poszlakowego, którego również prasa zagraniczna wyczekiwała z rosnącym napięciem. Pewna gazeta berlińska podała nawet, że na wniosek prokuratury odbędzie się on w miejscu, gdzie dokonano mordu. A więc proces przed ławą przysięgłych w wysokich górach, w otoczeniu natury, z widokiem na majestatyczny pejzaż lodowcowy.

„Szkoda że Krajowy Urząd Komunikacji wie o tym równie mało jak sąd; kiedy dowiedzą się Amerykanie, wynajmą całe parowce, byle tylko nie przegapić sensacji", napisał „Tiroler Anzeiger" 22 września 1928 roku.

Takie relacje, od a do z wyssane z palca, przynoszą tylko szkodę wizerunkowi całego kraju, pisała dalej gazeta z Innsbrucku i wzywała tyrolski rząd krajowy, aby pogadał poważnie z tymi zagranicznymi korespondentami — tymi „sępami od sensacji" — co rozpuszczają po świecie podobne wieści, albo też, jeśli sądzą, iż żadną miarą bez sensacji nie mogą żyć, żeby po prostu przeszkodził im w tych praktykach.

Tymczasem jednak sprawy nie zaszły tak daleko. Jeszcze trwały przygotowania do procesu Filipa Halsmanna, jeszcze na polecenie sędziego śledczego prowadzono kolejne czynności dochodzeniowe. Półtora tygodnia po zdarzeniu funkcjonariusze żandarmerii z Innsbrucku i Mayrhofen ponownie udali się na miejsce zbrodni, jeszcze raz obfotografowali je ze wszystkich stron i sporządzili nowy szkic, na który nanieśli dokładne odległości i czasy ich pokonywania: a zatem z Chaty Dominika do miejsca zbrodni droga wynosiła 1,1 kilometra; w szybkim tempie można ją było przejść w ciągu dwudziestu minut. Odnaleziono nowych świadków i dzięki temu zdołano ustalić tożsamość tajemniczego nieznajomego z czarną spiczastą bródką, który w dniu zdarzenia był widziany w kilku miejscach między Schönbichlerhornem a Breitlahner i który rzekomo zachowywał się w sposób nad wyraz podejrzany. Najwidoczniej chodziło o osobę monachijczyka, Josefa Weila, który 10 września wszedł z Halsmannami na Schönbichlerhorn, a potem został jeszcze sam na szczycie, by dłużej podziwiać panoramę. Następnie jednak Weil jakby zapadł się pod ziemię, mimo że wzywano go przez prasę, aby niezwłocznie zameldował się na policji. To wydawało się bardzo podejrzane. Tymczasem na prośbę władz tyrolskich policja kryminalna w Dreźnie przepytała kolegów Filipa Halsmanna ze studiów oraz jego znajomych na temat osobistej sytuacji obwinionego i jego stosunków z ojcem.

W Sądzie Krajowym w Innsbrucku sędzia śledczy nadal wnikliwie przesłuchiwał Filipa. Dr Kasperer jeszcze nie porzucił nadziei, że wydobędzie od studenta przyznanie się do winy. Kazał opisywać sobie ze szczegółami odbytą latem 1928 roku podróż rodziny Halsmannów, która dla ojca skończyła się tak tragicznie. Rodzice wyruszyli z Rygi w końcu czerwca. W owym czasie Filip jeszcze przebywał w Dreźnie, natomiast jego siostra Ljuba czekała już w Chamonix. Pojechała w góry za radą swego paryskiego lekarza, ponieważ odkrył on podczas badania symptomy choroby płuc, z której Ljuba miała się wyleczyć w zdrowym górskim powietrzu. Filip po zakończeniu semestru udał się z Drezna do Interlaken, gdzie spotkał rodziców i Ljubę. Interlaken było dla nich za drogie, kwaterowali więc we wsi Bönigen. Tam Filip rozstał się z rodzicami i wyjechał na tydzień do Gaienhofen, małej miejscowości nad Jeziorem Bodeńskim, aby odwiedzić dziewczynę, którą poznał w Dreźnie. Znajoma nazywała się Ruth Römer, miała dwadzieścia lat, pochodziła z Zittau w Saksonii i spędzała kilka letnich tygodni u starszej o cztery lata siostry Lenory, która mieszkała tam z mężem, też przybyłym z Zittau artystą malarzem, Walterem Waentigiem. Waentig nabył w Gaienhofen dom należący kiedyś do Hermanna Hessego. W tym domu, nazywanym do dziś „domem Hessego", Filip został nawet podczas swego tygodniowego pobytu sportretowany przez Waentiga.

Filip Halsmann. Portret autorstwa Waltera Waentiga, 1928

KUPON NR. 3

Der Götz von Berlichingen

Eine lustige Streitschrift gegen Alle

mit der Beilage „Der kreuzfidele Rätsellöser"

VII. Jahr — Nr. 51 Wien, 21. Dezember 1928 Preis: 30 Groschen

INNSBRUCKER PASSIONSSPIELE

(Zum Halsmann-Prozeß)

Chor der Pharisäer: „Der Jude wird verbrannt!"

Sprawozdanie z procesu Halsmanna (Karta tytułowa: „Der Götz von Berlichingen. Eine lustige Streitschrift gegen Alle" [Götz von Berlichingen. Wesoła rozprawka ze wszystkimi] Wiedeń, 21 grudnia 1928)

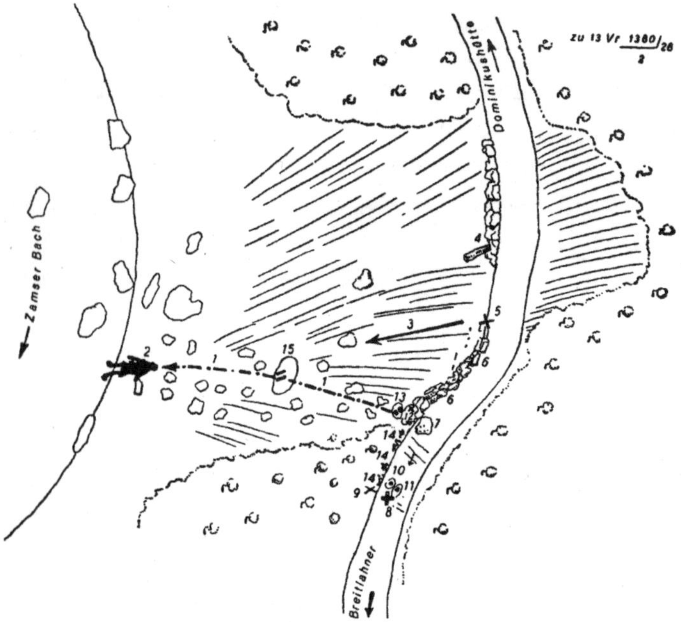

Szkic sytuacyjny do wizji lokalnej 11 września 1928 r.
(w: *Schriften der Österreichischen Liga für Menschenrechte*, 1931)

Po wizycie w Gaienhofen Filip pojechał nad jezioro Vierwaldstätter, dokąd tymczasem udali się też rodzice i Ljuba. Usiłował namówić ojca na kupno portretu, na którym uwiecznił go Waentig; ojciec wprawdzie nie odmówił wprost, ale odłożył zakup do urodzin, zdanego egzaminu czy podobnej okazji. Oczywiście potem i tak miało do niego nie dojść.

Morduch Halsmann nigdy długo nie wytrzymywał w jednym miejscu, podczas urlopu lubił podejmować możliwie wiele działań, oglądać, co się da, i mimo że inni członkowie rodziny czasem protestowali przeciw tej niezmordowanej aktywności, zawsze stawiał na swoim. Znad jeziora Vierwaldstätter rodzina pojechała do Lugano.

Ilekroć nadarzała się okazja, Morduch Halsmann wyruszał w góry, czasami z całą rodziną, to znów tylko z Filipem. Wydawał się literalnie opętany przez góry. Po wyczerpującej wędrówce doznał w Lugano kryzysu fizycznego, szybko jednak wydobrzał. Przestrogi ze strony rodziny, napomnienia, aby w przyszłości darował sobie wyczerpujące wyprawy w wyższe partie gór, i tym razem puścił mimo uszu. W Lugano Halsmannowie poznali wiedeńskiego pisarza, Ferdinanda Mayera-Eschenbachera, który rozmawiał z Morduchem Halsmannem o wyprawach i radził mu jechać w Dolomity albo do Doliny Ziller; tamtejsze góry są piękniejsze i wyższe niż gdziekolwiek. Dentysta natychmiast się do tego zapalił, chciał bezwarunkowo jechać i tu, i tu. Najpierw jednak rodzina zawitała do Mediolanu, gdzie Ljuba się pożegnała, musiała bowiem wracać do Paryża; zbliżał się początek jej zajęć.

Halsmannowie postanowili więc we trójkę przejść Dolomity, znów maszerując w forsownym tempie, regularnie gnając, jak powiedział Filip sędziemu śledczemu. Wszystko pokonywali pieszo i zazwyczaj od wczesnego ranka do zmierzchu byli na nogach, z krótką zaledwie przerwą na obiad. Matka Filipa i on sam czuli się okropnie zmęczeni, tylko ojciec nie dawał nic po sobie poznać, chciał bowiem uchodzić za energicznego młodzieńca. 7 września dotarli do Jenbach, gdzie zatrzymali się w zajeździe Złota Gwiazda. Kolejnym punktem programu była Dolina Ziller, by tak rzec: ukoronowanie podróży. Tym razem jednak Ita Halsmann zastrajkowała; skarżyła się, że jest zbyt wycieńczona i musi odpocząć. Wielkodusznie pozwolono jej zostać w Jenbach, Filipowi jednak nie pomogły żadne wykręty, ostatecznie nie chciał też przecież, aby ojciec szedł w góry sam. I tak nieszczęście zaczęło się wypełniać.

Kiedy wyszło na jaw, że obwiniony podczas podróży z rodzicami zrobił wypad nad Jezioro Bodeńskie, aby odwiedzić dziewczynę, wyłonił się, jak sądzono, nowy motyw niepojętego czynu. Może kryła się za tym historia męsko-damska? „Okoliczność miłosna w sprawie Halsmanna", donosiła „Rigaer Rundschau", wykazująca wielkie zainteresowanie całym przypadkiem — już choćby z powodu pochodzenia rzekomego sprawcy i ofiary, która cieszyła się w Rydze wielka estymą. Czerpiąc z suchych faktów przekazywanych opinii publicznej przez sędziego śledczego, gazeta z dużą dozą fantazji skonstruowała krwawą tragedię, w której chodziło o niespełnioną miłość i zranioną dumę męską. Filip — jak utrzymywano — miał związek z młodą dziewczyną, musiał go jednak na żądanie ojca zerwać, toteż podczas dalszej podróży był straszliwie przygnębiony i rozdrażniony. Do tego doszły wyczerpujące wyprawy, do których zmuszał go żądny poklasku ojciec. Sprawiły, że czara w końcu się przepełniła. „Filip Halsmann tak bardzo opadł z sił, że nie mógł już iść dalej. Ojciec naigrawał się ze słabowitego syna. To doprowadziło młodego Halsmanna do takiego szału, że porwał kamień i rzucił się na ojca. Max Halsmann upadł, syn zadał mu jeszcze kilka ciosów. Wtedy dopiero przyszedł do siebie i uświadomił sobie zgrozę własnego czynu" („Rigaer Rundschau", 27 września 1928).

W rozmowach z sędzią śledczym Filip zupełnie inaczej opisywał swój stosunek do dziewczyny: jako niewinną przyjaźń, niewiele więcej niż znajomość, od czego w każdym razie bardzo jeszcze daleko do związku miłosnego. Poznał Ruth Römer w Dreźnie, gdzie uczęszczała do szkoły tańca Mary Wigman, pionierki tańca ekspresjonistycznego.

Dziewczyna urodziła się w saksońskim Zittau, gdzie jej ojciec, potomek starego rodu przedsiębiorców, prowadził zakład farbowania czerwienią turecką. Filip wiedział tylko, że chodzi o wielką firmę, która farbuje tekstylia. Oprócz tego ojciec Ruth miał jeszcze inne zakłady, w tym przędzalnię. Jednak macierzystym przedsiębiorstwem była farbiarnia, a od owej czerwieni tureckiej wzięła nazwę cała dzielnica, Czerwonka. Tam, na Czerwonce, stała willa rodziny Römerów. Wielcy mieszczanie z dziada pradziada. Również matka Ruth pochodziła z rodziny miejscowych przedsiębiorców. Ruth utraciła ojca już w wieku piętnastu lat i dorastała bardzo samodzielnie, jak na swoje dwadzieścia lat była zdumiewająco niezależna i dojrzała. Ojciec nigdy nie starał się udaremnić jego przyjaźni z Ruth, powiedział Filip, bo niby dlaczego? Bo Römerowie nie byli Żydami? To dla Halsmannów nie odgrywało żadnej roli. Ojciec dał mu nawet wtedy, oprócz środków na podróż do Gaienhofen, jeszcze dodatkowe pieniądze na jakiś prezent dla Ruth. Wszystko to jednak Filip mógł przedstawić tylko sędziemu śledczemu, nadal bowiem siedział w osobnej celi aresztu, całkowicie odizolowany od świata zewnętrznego.

Podczas przesłuchań Filip niezłomnie trwał przy wersji sugerującej wypadek — również wtedy, gdy po raz pierwszy został skonfrontowany z faktem, że na górze, przy drodze dla zwierząt jucznych, skąd jakoby spadł ojciec, znaleziono zakrwawiony kamień i liczne ślady krwi.

„Rozumiem wagę obciążających mnie poszlak, zaręczam jednak ponownie, że jestem niewinny. Skąd rzeczony kamień z krwią i włosami ludzkimi wziął się tam, gdzie go znaleziono, jak powstała smuga, czym wytłumaczyć ślady krwi na końcu smugi i aż do miejsca znalezienia zwłok — wszystko to dla mnie niepojęte. Kwestionuję trafność odnośnych ustaleń. Chciałbym w związku z tym wskazać tylko na jedno: że przesiąknięty krwią plecak, który, jak mogłem zobaczyć jeszcze w Breitlahner, aż ociekał krwią, został przyniesiony na drogę" (przesłuchanie z 24 września 1928).

W tym kontekście Filip Halsmann nadmienił też, że cierpi na chroniczne krwawienia z nosa. Jednym tchem oznajmił: „Ale tego dnia nie krwawiłem".

Sędzia śledczy uznał wyjaśnienia obwinionego, w których starał się on uzasadnić swoją niewinność, za „domek z kart". Nie widział zatem powodu, by objąć dochodzeniem innego lub może wręcz kilku innych nieznanych sprawców. I tak pozostawało dosyć kwestii otwartych, na przykład: jakim przedmiotem zadano dentyście głęboką ranę na czole. Dr Kasperer wydał wysokogórskiemu żandarmowi, Ottonowi Moserowi, polecenie, aby ten raz jeszcze poszukał w miejscu zbrodni stosownego narzędzia, choćby czekana. Moser wziął do towarzystwa gospodarza Chaty Dominika, Josefa Edera, który znał okolicę jak własną kieszeń. Nie znaleźli wprawdzie broni, ale bądź co bądź — przepadłe pięćdziesiąt szylingów, które według zeznań syna Morduch Halsmann miał przy sobie. Pieniądze, dwa banknoty dwudziestoszylingowe i jeden dziesięcioszylingowy, leżały na skalnej płycie, przyciśnięte kamieniami wielkości pięści, niedaleko miejsca, gdzie znajdowały się zwłoki. Banknoty były w zastanawiająco dobrym stanie, a po bliższych oględzinach odkryto na jednym z nich cętki krwi. Jak pieniądze się tam znalazły? Czy przeoczono je podczas pierwszych poszukiwań 11 i 12 września? Biorąc pod uwagę miejsce znaleziska, trudno było w to uwierzyć. Obszukano ten teren starannie i kilka razy sfotografowano. Dokładne okoliczności odkrycia pieniędzy inspektor rejonowy zapisał w swoim notatniku, który własnoręcznie pospinał z papieru brulionowego, „państwo bowiem nie wyposaża nas w notatniki na potrzeby służby zewnętrznej".

Dr Kasperer nie przywiązywał szczególnej wagi do niespodziewanego pojawienia się pięćdziesięciu szylingów. Kiedy w związku z tym rozmawiał z Filipem o gotówce, którą zabrał na wyprawę ojciec, dowiedział się, że zmarły powinien też mieć przy sobie większą sumę franków szwajcarskich. Potwierdziła to indagowana na tę okoliczność pani Halsmann. Z całą pewnością pamiętała, że małżonek posiadał marki niemieckie i franki szwajcarskie. Przed wyruszeniem do Doliny Ziller wspomniał jeszcze, że chce zostawić jej w Jenbach franki szwajcarskie, czemu jednak ona się sprzeciwiła. Marki znaleziono przy zmarłym, natomiast franków — nie. Dr Kasperer obiecał, że wnikliwiej przepyta wdowę oraz jej córkę w sprawie franków, które zniknęły. Jednak tego nie uczynił.

Później sędzia śledczy nie potrafił już przypomnieć sobie tej przypadkowej wymiany zdań z panią Halsmann. Ona jednak umiała wskazać świadka rozmowy, przedsiębiorcę z Innsbrucku, Richarda Glasera, który wzruszająco troszczył się o nieszczęśliwą rodzinę. Ten pochodzący z Moraw czterdziestojednoletni kupiec od 1914 roku mieszkał w Innsbrucku, gdzie uprawiał handel paszą i zbożem, co zapewniało jemu i jego rodzinie względny dobrobyt.

O sprawie Halsmanna Richard Glaser dowiedział się z gazety; przedtem nie znał rodziny z Rygi. Nie wahał się jednak ani chwili z ofertą pomocy dla wdowy, która nie znała w Innsbrucku żywej duszy i wydawała się całkiem zagubiona. Glaser należał do małej gminy żydowskiej w Innsbrucku, w której nazywano go, ze względu na jego uczynność, „ojcem wdów i sierot". Miał też opinię fanatyka sprawiedliwości, który z nieprzejednaniem zwalcza wszelką krzywdę. W skromnym mieszkaniu Glaserów przy Schulstraße 9 panie Ita i Ljuba Halsmann mogły się zawsze podzielić swoimi troskami. Kiedy wdowa i jej córka przychodziły do rodziny Glaserów, pan domu prowadził je do pięknie urządzonej jadalni, z której korzystano tylko przyjmując gości, i tam rozprawiali często godzinami o tym, jak najlepiej można by wesprzeć Filipa. Potem Glaser wynajął nawet w Innsbrucku umeblowany pokój, który bezpłatnie oddał obu kobietom do dyspozycji na czas ich pobytów. Podobnie jak pani Halsmann i jej córka, Richard Glaser od początku był przekonany o niewinności Filipa. Handlarz zbożem okazał się nie tylko niezastąpionym przyjacielem i doradcą rodziny, lecz także działał jako detektyw amator i na własną rękę szukał wskazówek, które mogłyby się przyczynić do wyjaśnienia sprawy i odciążyć Filipa. Tak więc zdeponował pod kamieniem na świeżym powietrzu pięćdziesiąt szylingów — dwa banknoty dwudziesto- i jeden dziesięcioszylingowy — i zostawił je tam na czternaście dni. Wyglądały potem na dużo bardziej zniszczone niż tamte, znalezione poniewczasie na miejscu zbrodni, władze jednak zlekceważyły wynik tej próby; w końcu Glaser nie był osobą o urzędowych uprawnieniach. Kupiec z Innsbrucku stał się szczególnie ważny dla Filipa Halsmanna, któremu okazywał ojcowskie wsparcie jako przyjaciel i doradca. Skoro tylko uzyskał zgodę sędziego śledczego, odwiedzał więźnia tak często, jak tylko mógł, aby pytać go, jakie ma życzenia, i dodawać mu otuchy.

„Pana Gl. widuję często. Jestem pełen podziwu dla niego, to wprost niewiarygodne, jak troszczy się o wszystko i o wszystkim myśli" (Filip Halsmann z aresztu śledczego do Ruth Römer, 3 kwietnia 1929).

To zaangażowanie wymagało nie tylko wielkiego serca, lecz także wiele odwagi, bo w Innsbrucku bynajmniej nie było rzeczą oczywistą, że żydowski przedsiębiorca otwarcie okazuje solidarność z aresztowanym studentem i jego rodziną. W obliczu głęboko zakorzenionego antysemityzmu wiązało się to z pewnym ryzykiem; w końcu Glaser jako handlarz produktami rolnymi był uzależniony od chłopskiej klienteli.

W Tyrolu zawsze żyło niewielu Żydów, około 1928 roku dokładnie pięciuset, z których większość mieszkała w Innsbrucku. W stolicy prowincji istniała od 1890 roku izraelicka gmina wyznaniowa, podległa rabinatowi Tyrolu i Vorarlbergu, którego siedziba w 1914 roku została przeniesiona z Hohenems w Vorarlbergu do Innsbrucku. Jednak mimo niewielkiej liczby Żydów, którzy nie odgrywali większej roli gospodarczej, Tyrolczycy w ogromnej większości uchodzili za zatwardziałych antysemitów. Od pierwszej wojny światowej nienawiść do Żydów kierowała się przede wszystkim przeciwko tak zwanym Żydom wschodnim, których propaganda antysemicka odsądzała od czci jako sprawców wszelkich wyobrażalnych katastrof i wszelkiego zła, jakie w tych gorzkich latach nawiedziły całą Austrię i świętą ziemię tyrolską w szczególności: począwszy od klęski w wojnie światowej i rozpadu monarchii habsburskiej, a skończywszy na klęsce głodu i zamęcie politycznym lat powojennych. W listopadzie 1919 roku czołowi politycy konserwatywni, chrześcijańsko-społeczni i wielkoniemieccy w Innsbrucku powołali do życia „Tyrolski Związek Antysemitów", który pod hasłem „Tyrol dla Tyrolczyków!" podjął walkę ze „zjednoczonym żydostwem" i postawił przed sobą zadanie „użycia wszelkich środków w celu zamknięcia przed Żydami dostępu do naszego kraju". Przywódca Tyrolskiego Związku Chłopskiego i późniejszy austriacki minister rolnictwa, Andreas Thaler, antysemita pierwszej godziny, wydał z okazji założenia organizacji antysemitów odezwę, której tytuł wyrażał program: „Żydzi, precz z Tyrolu".

Mówi się tam między innymi: „Ty niewdzięczny, zuchwały, toczący narody robaku, ty chcesz nas, Tyrolczyków, całkowicie zniewolić i nad nami panować!? To nie uda wam się nigdy! Naród ostrzega was i żąda, byście wynieśli się z Tyrolu! Żydowski intruzie, opuść ziemię tyrolską i to szybko! Jeśli chcemy zaprowadzić porządek w naszej biednej ojczyźnie, żyd, niszczący wszelki aryjski ład i obyczaj, obcy tej ziemi i tej krwi, żyd, przechrzta czy nie, musi iść precz!" („Tiroler Bauernzeitung", 28 listopada 1919).

Definiując, kto winien uchodzić za Żyda, tyrolscy fanatycy rasy posunęli się nawet dalej niż narodowi socjaliści w późniejszych „norymberskich ustawach rasowych", według których Żydem jest ten, „kto pochodzi od co najmniej trojga pełnożydowskich w sensie rasowym rodziców swoich rodziców". W Tyrolu uznawano za Żydów wszystkich, „którzy w trzech ostatnich pokoleniach mieli choćby jednego przodka Żyda". Pod względem politycznym Związek Antysemitów nie miał jednak większego znaczenia, zapewne w niemałej mierze z powodu niewielkiej liczby żyjących w Tyrolu Żydów. Mimo to członkowie związku w pierwszych latach powojennych niezmordowanie tropili po gminach tyrolskich przyjezdnych Żydów, a nawet turystów żydowskiego pochodzenia, i denuncjowali ich w urzędzie imigracyjnym rządu krajowego, ten zaś istotnie w wielu wypadkach dawał posłuch wezwaniu i wydalał obcych Żydów z kraju. Jako jeden z tych denuncjatorów widnieje w aktach lekarz okręgowy z Fügen, dr Rajmund Rainer, który wkrótce po śmierci Halsmanna przybył na miejsce wypadku w Dolinie Zamser i wyraził podejrzenie, że nie chodzi tu o wypadek, lecz o morderstwo. W lutym 1920 roku Związek Antysemitów napisał do urzędu imigracyjnego tyrolskiego rządu krajowego w Innsbrucku, „że w Dolinie Ziller ludzie (dr Rainer!) dziwią się pobytowi Żydówki Birnstiel Klem. i Związek Antysemitów prosi o wyjaśnienia".

Pochodząca z Berlina Klementyna Birnstiel, która przebywała w Mayrhofen na kuracji, została potem rzeczywiście zobowiązana przez władze do niezwłocznego wyjazdu z kraju tyrolskiego.

W roku założenia Związku Antysemitów odbyły się też w Innsbrucku pierwsze zloty tamtejszych narodowych socjalistów, którzy zorganizowali się w kilka lokalnych grup. Najpierw była to niewielka, nic nie znacząca gromada pomyleńców, których nikt nie traktował poważnie. Nic tu nie mógł zmienić występ Adolfa Hitlera we wrześniu 1920 roku, przemawiającego podczas wiecu wyborczego w wielkiej hali miejskiej w Innsbrucku „głównie do pustych krzeseł", jak złośliwie odnotowała gazeta socjaldemokratyczna. W 1923 roku Partia Narodowosocjalistyczna zdobyła wprawdzie w Innsbrucku jeden mandat, a w 1925 roku nawet drugi, jednak nadal nie miała wpływu politycznego. Ponadto narodowi socjaliści w Tyrolu, tak jak i w całej Austrii, rozpadli się na dwie zaciekle walczące ze sobą grupy: NSDAP, która spoglądała w stronę Monachium i z dumą mieniła się „ruchem Hitlera" — po to, by różnić się od drugiej NSDAP, zwanej też od nazwiska swego bardziej umiarkowanego przywódcy, Karla Schulza, „grupą Schulza". Obie organizacje pozostawały tymczasem ugrupowaniami marginalnymi, które rzucały się w oczy przede wszystkim przez swoją wściekłą nienawiść do Żydów i bijatyki z przeciwnikami politycznymi.

4 grudnia 1928 roku zwolennicy „ruchu Hitlera" sprowokowali w Innsbrucku bitwę, pierwszy raz dostając się w ten sposób do nagłówków prasy lokalnej. „Poważni Badacze Biblii" urządzili w wielkiej hali miejskiej odczyt, na który przybyła też bojówka młodych stronników Hitlera. Kiedy prelegent, dystyngowany, starszy jegomość z Monachium, po raz pierwszy wymienił „Jehowę", „chłopcy-swastykowcy", jak nazywała nazistów prasa socjaldemokratyczna, ryknęli rozwścieczeni: „Wolnomularze! Żydzi!", po czym zaintonowali na całe gardła hymn niemiecki. Gdy porządkowi chcieli wyprzeć z sali awanturników, doszło do dzikiej bójki, którą zdołała zakończyć dopiero policja. „Było łamanie krzeseł, plamy i kałuże krwi", donosiła następnego dnia „Volks-Zeitung", konstatując z zadowoleniem, że większość rannych musieli opłakiwać jednak chłopcy-swastykowcy.

Antysemityzm stanowił też coraz większy problem w środowisku alpinistów. Już przed pierwszą wojną światową odbywały się w organizacjach i stowarzyszeniach alpejskich, także w wielkim Niemieckim i Austriackim Związku Alpejskim (NiAZA), gorące dyskusje nad wprowadzeniem paragrafu aryjskiego. Wśród rzeczników alpejskiego antysemityzmu, którzy najchętniej wygnaliby wszystkich Żydów z „niemieckich" gór, było uderzająco wielu Austriaków, często już w 1928 roku dumnie obnoszących swastykę obok szarotki. Żywili przekonanie, że tylko aryjscy alpiniści mogą odczuwać prawdziwą miłość do gór, których czystości nie wolno hańbić „libańsko-tyrolskim płaskostopcom", jak z szyderstwem nazywali alpinistów żydowskich. W 1920 roku pierwsza sekcja NiAZA wprowadziła paragraf aryjski — dotyczący tymczasem tylko jej członków. Wykluczeni, bynajmniej nie wyłącznie Żydzi, w odruchu protestu powołali własną sekcję, „Kraj Naddunajski", która wkrótce stała się przytuliskiem dla alpinistów mieszczańsko-demokratycznych (socjaldemokraci od dawna posiadali własną organizację alpinistyczną „Przyjaciele Natury"). W 1924 roku sekcja Kraj Naddunajski została wykluczona z NiAZA, która licząc sobie czterysta sekcji i prawie dwieście tysięcy członków, była zdecydowanie największym i najbardziej wpływowym związkiem alpejskim w Niemczech i Austrii.

W Niemczech sytuacja rozwijała się podobnie. W 1925 roku żydowscy alpiniści w Berlinie powołali do życia „Niemiecki Związek Alpejski Berlin", nie należący do NiAZA. Latem 1928 roku ten związek oraz sekcja Kraj Naddunajski rozpoczęły w głębi Doliny Ziller, w odległości dwóch godzin marszu od Chaty Dominika, wspólną budowę schroniska Friesenberg. Volkistowscy alpiniści podjęli ostrą polemikę z tym przedsięwzięciem.

Propaganda antysemicka nie ograniczała się do alpejskiego życia związkowego, lecz rozniosła się po samych górach. W niektórych związkowych schroniskach umieszczono widoczne z daleka swastyki lub tablice z napisem: „Żydom i członkom sekcji Kraj Naddunajski wstęp wzbroniony!"; żydowscy turyści wciąż się skarżyli, że są napastowani na szlakach. Naziści przy każdej okazji zaświadczali, jakoby góry należały do nich: w czerwcu 1928 roku w noc sobótkową, na zboczu łańcucha północnego, pod Sattelspitze, zapłonął potężny ogień świętojański w formie swastyki, widoczny z każdego miejsca w Innsbrucku.

ROZDZIAŁ SZÓSTY

W czwartek, 13 grudnia 1928 roku, o wpół do dziewiątej rano, przed sądem przysięgłych w Innsbrucku rozpoczął się proces przeciwko Filipowi Halsmannowi. Miasto tonęło tego dnia w śniegu. Sypał całą noc, rano ustał, ale niskie, ołowianoszare chmury kazały oczekiwać dalszych opadów. Na ulicy Marii Teresy i przy fosie zamkowej grupki mężczyzn zaczęły usuwać z chodnika i z jezdni masy śniegu, z których usypywali w dwudziesto-, trzydziestometrowych odstępach wielkie stożkowe kopce. Natomiast w przecznicach śnieg zalegał niemal nietknięty. Przemykały tylko pojedyncze automobile i zaprzęgi. Przed gmachem sądu przy Schmerlingstraße stał pękaty ogonek ludzi, którzy czekali, aż zostaną wpuszczeni do środka. Wejścia strzegli dwaj strażnicy miejscy w pikielhaubach i z szablami, w które policję Innsbrucku wyposażono, korzystając z niemieckiego wzoru, w 1921 roku. Spodziewając się naporu publiczności, sąd postanowił wydawać karty wstępu, które dawno zostały rozchwytane. Przyjezdni z daleka próbowali nabyć karty przed budynkiem i oferowali za nie wysokie sumy. Obaj strażnicy przytupywali w miejscu dla rozgrzewki i udawali, że nie widzą zabronionego handlu.

Także w słabo oświetlonym korytarzu gmachu sądu widać było uderzająco wielu porządkowych, policjantów i żandarmów. Na drzwiach sali rozpraw wisiała tablica, na której ktoś namazał niewprawną ręką: „Wstęp tylko dla pracowników Sądowych!". Ludzie jednak, którzy wreszcie dostali się do środka, nie baczyli na ów napis ani na jego wątpliwą ortografię, lecz sunęli i parli do owej położonej na parterze niewielkiej sali, gdzie miał się odbywać proces. Panował w niej półmrok. Przy ścianie bocznej, po prawej stronie, pod wysokimi oknami stały dwa rzędy ław dla dwunastu przysięgłych i dwóch zastępców. Przysięgli, sami mężczyźni, przywdziali stroje niedzielne, wyszywane marynarki z rogowymi guzikami, białe koszule, czyste, uprasowane spodnie, krawaty. Zasiadło w tych ławach trzech kupców, chłop, właściciel tartaku, posiadacz ziemski, oberżysta, fotograf, mistrz malarski, kapelusznik, ekspedytor i urzędnik bankowy. Przy stole sędziowskim zajęli miejsca przewodniczący, prezes Sądu Krajowego Anton Larcher, i jako ławnicy dwaj radcy Wyższego Sądu Krajowego. Urząd oskarżycielski reprezentował prokurator, Siegfried Hohenleitner, szczupły, mocno opalony mężczyzna z wąsem, o energicznych ruchach sportowca. W birecie na bakier wyglądał trochę jak żołnierz. Był zapalonym alpinistą, od lat gimnazjalnych członkiem klubu alpinistów w Innsbrucku Szarotka oraz Akademickiego Klubu Alpejskiego, dla którego napisał niejeden przewodnik po trasach narciarskich i turystycznych, a drogę z Chaty

Dominika do Breitlahner znał z wielu wypraw. Znał też jak nikt czyhające w górach niebezpieczeństwa.

Nad stołem sędziowskim wisiał portret cesarza Franciszka Józefa, nadnaturalnej wielkości, ukazujący całą postać — pozostałość z czasów, kiedy orzekano tu jeszcze w imieniu Jego Wysokości Cesarza. Po tak zwanym przewrocie władze zarządziły przesłonięcie wizerunku monarchy, aby nie obrażał uczuć republikańskich, które teraz miały zadomowić się również w tutejszym Sądzie Krajowym, jednak z biegiem lat zasłona się pobrudziła, wyglądała coraz gorzej, w końcu więc postanowiono znów odsłonić starego kajzera. Na pomysł usunięcia obrazu z sali najwyraźniej nikt nie wpadł, co skłoniło redaktora socjaldemokratycznej „Volks-Zeitung", który relacjonował proces Halsmanna, do złośliwego kuksańca wymierzonego w sądownictwo Innsbrucku: „Figura służy prawdopodobnie tylko jednemu celowi: pokazać ludności, że władzę sądowniczą sprawują tu sędziowie cesarscy".

Wszelako pierwszego dnia procesu nikt nie zwracał uwagi na łagodnie spoglądającego z góry cesarza, wszyscy bowiem skupiali się na oskarżonym, który punktualnie o wpół do dziewiątej został wprowadzony na salę. Miał na sobie garnitur opisywany później przez niektórych jako brązowy, przez innych jako szary, do tego czarny krawat i żałobną przepaskę na lewym ramieniu. Publiczność i przysięgli ciekawie mierzyli go wzrokiem — więc tak wygląda ojcobójca. Przyjezdny rysownik sądowy zabrał się do dzieła. Reporter chrześcijańskiego „Tiroler Anzeiger" dostrzegał, jak mu się wydawało, w twarzy dwudziestodwuletniego studenta pewien rys, „który ma w sobie coś niemal zwierzęcego i nadaje mu, o czym on sam pewnie wie, nieokrzesany wygląd. Wydęte, spęczniałe wargi, nad którymi kiełkuje rachityczny czarny wąsik, nie przydają mu w każdym razie urody, jeśli nawet postawność i czarne włosy mogłyby dopraszać się jakiejś sympatii".

Wśród publiczności wyróżniało się wielu dobrze ubranych jegomościów, członków miejscowej inteligencji, profesorów uniwersyteckich i prawników, których przywiodły zainteresowania zawodowe; chodziło w końcu o proces poszlakowy w sprawie morderstwa. Chcieli też oni jednak zobaczyć i podziwiać w akcji słynnego wiedeńskiego adwokata, Richarda Preßburgera, który podjął się obrony Halsmanna. Jako zastępca wspierał go adwokat z Innsbrucku, Lehndorff. Sześćdziesięciosześcioletniego Preßburgera, właściciela kancelarii w najlepszym punkcie Wiednia, przy Kärtnerring, poprzedzała wyśmienita sława obrońcy w sprawach karnych, który w licznych, z pozoru beznadziejnych procesach o morderstwo zdołał osiągnąć wyroki uniewinniające jego mandantów. Jedną z najbardziej znanych takich spraw był proces służącej Franciszki Pruschy, która w 1924 roku została oskarżona o morderstwo rabunkowe na swojej przyjaciółce. Pięćdziesięcioczteroletnią Czeszkę z Wiednia obwiniono o uduszenie — za pomocą knota do świecy — zaprzyjaźnionej wdowy po woźnym pocztowym: kobiety wzięły się za łby, zabiegając o względy młodzieńca, który podnajmował lokum u wdowy. W pierwszym procesie uznano posługaczkę za winną i skazano. Z więzienia zwróciła się ona do słynnego obrońcy, który istotnie doprowadził do rewizji wyroku i wreszcie, po drugim procesie w październiku 1925 roku, do uniewinnienia.

Sprawę Pruschy podchwycili nawet austriaccy anarchiści, którzy napiętnowali proces przeciw wywodzącej się z niskiego stanu Czeszce z Wiednia jako modelowy przykład barbarzyństwa państwowego wymiaru sprawiedliwości — wszak chodzi w nim, jak utrzymywali, tylko i wyłącznie o spisek wymierzony w proletariat. Wkrótce po uwolnieniu Pruschy anarchista Pierre Ramus, o prawdziwym nazwisku Rudolf Grossmann, przemawiając w hali ludowej ratusza wiedeńskiego przeciwko niesprawiedliwemu sądownictwu państwowemu, przedstawił swoim słuchaczom Franciszkę Pruschę jako „żeńskiego Dreyfusa republiki austriackiej" — w roli, do której pani Pruscha, powszechnie opisywana jako osoba niesympatyczna, prymitywna i chciwa, nadawała się zapewne jak najgorzej.

Przeciw Franciszce Pruschy toczył się proces poszlakowy, w którym prokurator argumentował, że nikt inny oprócz oskarżonej nie wchodzi w rachubę jako sprawca morderstwa; tylko ona miała okazję je popełnić. Podobnie brzmiało oskarżenie przeciw Halsmannowi.

W procesie Filipa Halsmanna najpierw zostaje odczytany akt oskarżenia. Prokurator Hohenleitner zebrał wszystkie poszlaki, jakie mogłyby rzucić choćby najlżejszy cień na obwinionego, jednak ewentualnego motywu ojcobójstwa nie znalazł; wydaje się też, że naprawdę takiego motywu nie ma. Już samo to budzi sensację. Ojcobójstwo bez widomego motywu, oskarżony, który oddala wszelkie zarzuty i otrzymuje przy tym wsparcie ze strony krewnych oraz przyjaciół, którzy przybyli do Innsbrucku z odległej Rygi. Poszlaki oskarżenia opierają się głównie na zeznaniach świadków, którzy widzieli Filipa Halsmanna i jego ojca podczas wypraw w głębi Doliny Ziller i wtedy z nimi rozmawiali. Właściciel gospody Pod Różą Alpejską zeznał, że starszy pan Halsmann stanowczo upierał się przy oddzielnych pokojach, mimo że mogły to być już tylko pokoje dwuosobowe. Przed wyprawą na Schwarzenstein Filip rzekomo nalegał, by wspinać się bez przewodnika. Turyści, którzy spotkali Halsmannów po drodze, podali do protokołu, jakoby ojciec kilkakrotnie powtórzył, że syn tylko na to czeka, aby on, ojciec, runął w dół, chce bowiem przejąć spadek, jednak tej przysługi nie zamierza on synowi wyświadczyć. Kilku wędrowców opisało Filipa Halsmanna jako ponurego i mrukliwego, wśród nich także dwunastoletni pastuszek Alois Graus z Doliny Schlegeis, który ponadto miał widzieć, jak obaj wędrowcy kłócą się zawzięcie, o czym wnioskował stąd, że jeden z nich mówiąc, gwałtownie gestykulował.

Najbardziej jednak obciążają Filipa Halsmanna jego własne zeznania — co do tego oskarżenie nie pozostawia wątpliwości. Przypomina, że opisując wypadek, niejeden raz wikłał się on w sprzecznościach, mówił, jakoby szedł za ojcem (Nettermann), albo też przed nim (Schneider), w każdym razie uparcie — w jawnej sprzeczności do zabezpieczonego materiału dowodowego — trzyma się wersji wypadku i twierdzi, iż ojciec chorował na serce i być może spadł z drogi wskutek nagłej zapaści. Badania lekarzy sądowych jednoznacznie to obaliły: wszystkie krwawe ślady przy drodze, w trawie, na krzakach i kamieniach, pochodziły z krwi ludzkiej, a włosy przylepione do kamienia należały według ekspertyzy fachowców do zmarłego. Podczas sekcji zwłok lekarze nie znaleźli żadnych przesłanek wskazujących na chorobę serca. Według ich opinii należy też wykluczyć, że nadzwyczaj ciężkie rany na czaszce zostały spowodowane upadkiem: „Obrażenia w okolicy prawej kości potylicznej oraz grupa ran blisko lewego ucha i za nim niewątpliwie powstały w wyniku potężnych ciosów zadanych tępym narzędziem, które kilkukrotnie ugodziły w określone miejsca", orzekli lekarze po obdukcji zmarłego. „Tym samym łańcuch dowodów zamyka się, w sposób pełny ukazując winę syna, a jego twierdzenie, że we wskazanym przezeń miejscu ojciec bez widomej przyczyny spadł z drogi i runął do potoku, jawi się w świetle najskrupulatniej przeprowadzonych badań jako pozbawione podstaw" — brzmi wniosek oskarżyciela. Z powyższego wynika, że Filip Halsmann z rozmysłem zabił swego ojca.

Podczas gdy trwa odczytywanie aktu oskarżenia, obwiniony zachowuje spokój i słucha z uwagą, od czasu do czasu robi notatki. Kiedy prokurator kończy czytać, przewodniczący składu sędziowskiego pyta Halsmanna: „Czy przyznaje się pan do winy?".

Halsmann: „Myślę, że nie muszę odpowiadać na to pytanie. Oczywiście jestem całkowicie niewinny".

Broni się spokojnie. Jasnymi zdaniami opowiada o dzieciństwie w Rydze, o szczęśliwej młodości, harmonijnym życiu rodzinnym, o miłości i zrozumieniu, których nie brakowało, wreszcie o zakończonej tak tragicznie podróży. Potrafi przekonująco objaśnić fakt, że ojciec upierał się przy dwóch oddzielnych pokojach. Ojciec wiedział, że chrapie, i nie chciał w przededniu wyczerpującej wyprawy górskiej pozbawiać syna snu. Poza tym nie tylko on, Filip, proponował iść na Schwarzenstein bez przewodnika, również ojciec i monachijczyk Weil, który zaofiarował się jako towarzysz, chcieli początkowo wyruszyć bez przewodnika, ponieważ w bedekerze opisano wyprawę jako wolną od niebezpieczeństw. Kiedy miejscowi im to odradzili, przewodnik natychmiast został wynajęty.

Podczas gdy Filip opisuje wydarzenia zakończone śmiercią ojca, podnosi z emocji głos. Mimo argumentów prokuratora pozostaje przy wersji wypadku. „To moje stanowisko i nie mogę zająć innego, bo na własne oczy widziałem, że mój ojciec runął w dół. Jedynym człowiekiem, który to widział, jestem ja sam. Wszyscy inni mogą się mylić, tylko ja mylić się nie mogę. Proszę mi wierzyć!"

Przewodniczący Larcher prowadzi postępowanie spokojnie i z rozwagą, przyznaje to również obrona, która powołuje licznych świadków mających przybliżyć osobę zmarłego i charakter obwinionego. Sędziowie dopuszczają tylko kilku z nich. Świadkowie, którzy za zgodą stron nie zostają zaprzysiężeni, mówią o oskarżonym w samych superlatywach. Matka opowiada o chorobie serca małżonka, po czym dodaje, że Filip był zawsze kochającym, dobrym synem, który odnosił się do ojca ze czcią. Siostra opisuje ojca jako osobę żywotną i wesołą, mówi, że często przedstawiał ją i jej brata słowami: „To moje dzieci, ale ja jestem od nich młodszy". Filip, jej zawsze uprzedzająco grzeczny starszy brat, żył z ojcem w najlepszej zgodzie. Koledzy z Wyższej Szkoły Technicznej w Dreźnie przedstawiają Filipa jako dobrego przyjaciela i zawsze uczynnego kolegę. Żaden z nich nie może uwierzyć, że Filip miałby być mordercą. Kolega ze studiów, Maurice Wolff, który spotkał ojca i syna razem w Dreźnie, określa ich wzajemne stosunki jako nieprzesadnie serdeczne, ale bardzo przyjacielskie. „Mówiąc «nieprzesadnie serdeczne», chcę powiedzieć, że nie wybuchali uczuciem, ale szanowali się i cenili nawzajem". Również wynajmująca Filipowi pokój w Dreźnie Elisabeth Reichl przyjechała do Innsbrucku, aby zeznawać na korzyść swego lokatora. „Był moim ulubionym podnajemcą. Bardzo taktowny, pilnie studiował i był oszczędny. Co tydzień korespondował z rodzicami i zawsze bardzo się martwił, gdy wiadomości z domu nie nadchodziły".

Prokuratura także przedstawiła listę świadków, głównie tych, których już cytował akt oskarżenia. Są to gospodarze schronisk, przewodnicy, żandarmi, wędrowcy, którzy spotkali Halsmannów i zamienili z nimi kilka słów. Lotta Freisauf z Innsbrucku natknęła się na Halsmannów po drodze ze schroniska Furtschagl do Chaty Dominika: „Starszy pan był bardzo miły i pozdrowił nas; uderzyło mnie, że młody tego nie zrobił, jak również, że starszy jegomość niósł plecak, a młodszy miał tylko gumowy płaszcz. Sprawiał bardzo ponure wrażenie".

Filip Halsmann generalnie zachowywał się wobec obcych powściągliwie, ba, nieśmiało; tamtego dnia był rozebrany do pasa, aby wystawiać na słońce silny trądzik pokrywający ramiona i plecy, a kiedy z przeciwka nadeszła turystka, szybko się okrył gumowym płaszczem. Może widząc ładną dziewczynę, czuł się zażenowany swoim strojem, niezbyt stosownym jak na ówczesne zwyczaje? Może chciał ukryć swoje wyrzuty na skórze? O tym jednak nic przed sądem nie mówi.

Jednym z najważniejszych świadków oskarżenia jest palacz parowozowy Karl Nettermann z Mürzzuschlag, który wraz z gospodarzem Chaty Dominika Josefem Ederem jako pierwszy oglądał ślady na miejscu zdarzenia.

Nettermann: „Ślad krwi znajdował się na drodze, a droga była wydeptana obuwiem — ślady całkiem jak od butów Halsmanna, z charakterystycznymi, wystającymi ćwiekami. Można też było znaleźć takie małe, białe drobiny. Nie wiedzieliśmy, co to jest. (...) Kiedy tak szukaliśmy dookoła, natrafiliśmy na ślad, który prowadził w dół, prawie do skraju drogi".

Przewodniczący: „Jaki to ślad?".

Nettermann: „Trawa była zgnieciona. Smuga, ślad wleczenia".

Przewodniczący: „Czy nie mógł pochodzić od plecaków?".

Nettermann: „Wtedy tam, gdzie plecaki nie leżały, trawa musiałaby stać na wysokość, ale tak nie było".

Przewodniczący: „Czy cała smuga wyglądała tak samo, czy różnie w różnych miejscach?".

Nettermann: „Wszystko to była jedna smuga aż do krawędzi".

Przewodniczący: „Jaka była krew?".

Nettermann: „Przyjrzałem się dobrze, była roztarta, ciągnęła się smugą. Ślady krwi ciągnęły się smugą w dół do murku, gdzie na ostrych, wystających kamieniach widać było wyraźnie włosy i krew. Zaczęliśmy gadać o tym z gospodarzem i gospodarz powiedział: «Może on go postrzelił, jakoś mu nie wierzę». Więc szukaliśmy dalej i przeszliśmy wzdłuż tej smugi z powrotem. Wtedy gospodarz natrafił na kamień; rozchylił trawę i powiedział: «Ha, a cóż to takiego? Pan żebyś mi się nie ruszał z tego miejsca!». Było bardzo nasiąknięte krwią, a ja wziąłem kamień i zobaczyłem na nim krew, włosy i te całkiem maleńkie drobiny. I gospodarz powiedział do mnie: «Zważ pan, że mamy tu podejrzenie o morderstwo»".

Obrona wnosi o wizję lokalną. Prokurator nie ma nic przeciwko temu, zwraca jednak uwagę, że na drodze z Chaty Dominika do Breitlahner leży gruba pokrywa śniegu. Poza tym w okolicy zbudowano nowe schronisko, Friesenberg, a zatem drogę dla zwierząt jucznych do Chaty Dominika poszerzono, aby ułatwić transport materiałów budowlanych. Przewodniczący wyjaśnia, że jeśli obrona i oskarżenie obstają przy wizji lokalnej, będzie musiał odroczyć proces do czerwca nastepnego roku. Wobec grożącej zwłoki oskarżony, który od dwóch miesięcy siedzi w areszcie śledczym, protestuje gwałtownie przeciw wizji lokalnej i oświadcza, że chce spróbować za pomocą zdjęć odeprzeć wszelkie podnoszone na jego niekorzyść poszlaki. Zwracając się do przysięgłych mówi: „Pragnę nie tylko, aby mi państwo uwierzyli, że nie zabiłem ojca, lecz także będę dążył do wyjaśnienia wszystkich możliwości i przypuszczeń, jak mogło się wydarzyć to nieszczęście".

Wdając się z dużą pewnością siebie w drobiazgowe wywody, Filip Halsmann sam wpędza się w nieszczęście. Na każde pytanie odpowiada, jakby strzelał z pistoletu, na wszystko ma gotową odpowiedź, jakkolwiek nieprawdopodobnie i wymyślnie by brzmiała. Kiedy przewodniczący pyta go, czym objaśni obecność śladów krwi na drodze i na zboczu, zaczyna po profesorsku wykładać, jakby znajdował się w auli, a nie przed sądem, gdzie chodzi o to, by przekonać dwunastu prostych mężczyzn z ludu o własnej niewinności:

„Nie pamiętam już, jak to było. Mogę tylko na podstawie logicznych wniosków przedstawić, w jaki sposób najprawdopodobniej działałem, śpiesząc z pomocą ojcu. Ponieważ nie jestem mańkutem, musiałem unieść jego krwawiącą głowę prawą ręką, a lewą ułożyć ją z powrotem. Najkrótszy odcinek w górę zbocza to ten, gdzie ciągnie się ślad krwi. Z pewnością więc, ponieważ chciałem szybko wezwać pomoc, wspinałem się tamtędy do drogi. Musiałem zatem, idąc tym odcinkiem zbocza w górę, zostawić za sobą ślad krwi od dotknięć swoich zakrwawionych rąk. Wprawdzie w opisie wypadku, sporządzonym wkrótce po nim, twierdziłem, że umyłem ręce na dole w strumieniu, dziś jednak wykluczam, że je umyłem; w każdym razie były we krwi — trzymałem w nich przecież zalaną krwią głowę ojca — kiedy wchodziłem po zboczu. (...) Powiedziałem sędziemu śledczemu, kiedy mnie pytał, jak wyjaśnię ślady krwi na zboczu, na trawie i na kamieniu: zwracam panu uwagę, że cierpię na chroniczne krwawienia z nosa. Tego dnia jednak nie miałem krwawienia. Dziś natomiast myślę, że jednak krwawiłem wtedy z nosa, bo dwa dni później w Mayrhofen znów miałem krwawienie bez szczególnego powodu. W każdym razie był to nawrót krwawienia z dnia wypadku. Taki nawrót pojawia się bowiem u mnie zazwyczaj, jeśli krótko przedtem miałem krwawienie z nosa". A jak wytłumaczy krew na kamieniu, który zidentyfikowano jako narzędzie zbrodni — spytano go przy innej okazji. Być może, odpowiada obwiniony, w ten kamień wytarł sobie umazane krwią ręce. To dość naciągane, przede wszystkim jednak nie wynika stąd, jakim sposobem przylepiły się do kamienia włosy zmarłego.

Kilku przysięgłych kręci z niechęcią głowami. Uważają te wyjaśnienia, które spadły na nich jak słowna lawina, za wykręty. Im bardziej skomplikowane zdania formułuje Halsmann, tym mniej przysięgli chcą i potrafią za nim nadążyć. Niektórym sceptycyzm maluje się na twarzach. Kiedy oskarżony kolejny raz demonstruje na fotografiach, jak jego zdaniem mógł przebiegać upadek jego ojca, jeden z przysięgłych mówi tylko: „Mnie pan nie oszukasz, w tym miejscu w życiu się nie spadnie!".

Obrońca zauważa, że atmosfera jest coraz gorsza dla jego mandanta. Próbuje go pohamować, zastopować potok słów, ale Filip tylko macha odmownie ręką i brnie dalej. Coraz częściej wtrąca się w przebieg przesłuchań, przerywa swemu obrońcy, sam stawia pytania. Wydaje się przemądrzały, chce wszystko objaśniać, przekonać przysięgłych o słuszności swego stanowiska. Sprawia przy tym wrażenie zarozumialca i aroganta, na przykład kiedy przemawia do przysięgłych jak do niepoprawnych, tępych dzieciaków: „Muszą to państwo zrozumieć, nawet jeśli może przychodzi to wam z trudem!".

Przysięgli mają przed sobą szkic sytuacyjny, na którym miejsce wypadku oznaczono swastyką, jak przebąkuje się w Innsbrucku. Ten szkic później zniknie, ale swastyka podobno naprawdę na nim była. Kto ją tam narysował, nie sposób już było ustalić. Przypuszczalnie jakiś pracownik sądu, bo nabazgrano ją jeszcze przed powieleniem szkicu. Szkic ze swastyką rzuca w każdym razie charakterystyczne światło na panujący w niektórych kręgach Innsbrucku klimat. Kiedy prokurator stawia wniosek o okazanie w sali sądowej spreparowanej przez lekarzy głowy zamordowanego, obrońca ostro się temu sprzeciwia, wobec czego sąd wniosek oddala.

„Świński Żyd dobrze kombinuje. Jeszcze by mu klient zemdlał", sarka któryś z widzów, co słyszy siedzący wśród publiczności młody adwokat z Innsbrucku.

Richard Preßburger, słynny wiedeński obrońca w sprawach karnych, który nie robi tajemnicy ze swego żydowskiego pochodzenia, nie ma w Innsbrucku lekkiego życia. Już sam fakt, że przybył z Wiednia, spotyka się z powszechną niechęcią. „Czerwony Wiedeń" uchodzi w konserwatywnym Tyrolu za forpocztę bolszewizmu, rząd wiedeński — za infiltrowany przez Żydów. Zaraz po przegranej wojnie podnoszono nawet w Tyrolu separatystyczne żądanie „Precz z Wiedniem!". Nastroje tymczasem się uspokoiły, ale wiedeńczycy nadal nie są lubiani w Tyrolu, a wiedeńscy Żydzi tym mniej. Być może niektórzy innsbruckczycy mają jeszcze w pamięci występ Karla Krausa w lutym 1920 roku; czytał on wtedy w tyrolskiej stolicy fragmenty *Ostatnich dni ludzkości*, co doprowadziło do wściekłych protestów przeciw „obrazie ciskanej przez Żydów na niemiecki lud Innsbrucku". To z kolei skłoniło Krausa do erupcji szyderstw z reakcyjnych Tyrolczyków. Dla wielu z nich symbolem tego wszystkiego jest Richard Preßburger, który przed sądem przysięgłych w Innsbrucku broni oskarżonego o ojcobójstwo Żyda ze Wschodu. To dodatkowo utrudnia jego i tak niełatwe zadanie.

Do tego dochodzą obiektywne błędy i zaniechania. Preßburger podobnie jak jego mandant bardzo długo upiera się przy wersji zakładającej wypadek i wciąż próbuje ją uzasadniać, zbywając fatalne ślady krwi na drodze łatwymi wyjaśnieniami. Z jakiegoś anonimowego listu obrońca dowiedział się, że na krótko przed wypadkiem z drogi od Chaty Dominika do Breitlahner zsunął się koń, którego pozbawione łba ścierwo jeszcze wiele dni później leżało w potoku. Kiedy przytacza to na rozprawie, zgłasza się z audytorium emerytowany urzędnik, który owego 10 września był na miejscu zdarzenia i rzeczywiście opodal zwłok widział końskie ścierwo.

Obrońca: „Czy koń leżał całkiem blisko zwłok Halsmanna?".

Świadek: „Tak, całkiem w pobliżu".

Obrońca: „I nikt do tej pory nie powiedział o tym ani słowa! Oddzielne sypialnie w schronisku ocenia się jako materiał obciążający, a o koniu bez głowy tuż przy zwłokach milczy się!".

Wzmianka o koniu bez głowy, który leżał opodal zwłok w potoku, wywołuje wśród publiczności ogólne poruszenie, ale sytuacji Filipa nie może polepszyć. Gospodarz Chaty Dominika, Josef Eder, przesłuchiwany na okoliczność makabrycznego incydentu, zeznaje, że koń spadł do potoku kilka dni wcześniej jakieś sześćdziesiąt, osiemdziesiąt metrów powyżej miejsca, gdzie znaleziono zwłoki. Głowę odcięli mu myśliwi na rozkaz księcia Auersperga, do którego koń należał.

Przewodniczący: „Z krwawą smugą w trawie nie można konia łączyć?".

Świadek: „W żadnym razie".

Dopiero w mowie końcowej obrońcy pobrzmiewa możliwość, że istotnie doszło do zbrodni. Ale — właśnie tylko możliwość. Być może Morduch Halsmann spadł, syn próbował wyciągnąć go z potoku, po czym pobiegł po pomoc. Tymczasem drogą nadszedł włóczęga, który zobaczył nieszczęśnika, chciał go obrabować i kiedy ten się bronił, zatłukł go potężnymi uderzeniami kamienia. Jednak ten zwrot następuje zbyt późno. Przysięgli już nie są otwarci na argumenty wiedeńskiego mecenasa, w dodatku sam obwiniony ani o włos nie odstępuje od wersji, według której ojciec nieszczęśliwie spadł z drogi.

Prokurator w swoim przemówieniu raz jeszcze wylicza wszystko, co świadczy o winie Halsmanna. Nie może wprawdzie powołać świadków zbrodni, jednak w tej sprawie mówią kamienie, powiada, wskazując jeden z nich, leżący na stole sędziowskim, ten, który posłużył jako narzędzie zbrodni. I kończy obrazem niemal poetyckim: „Nie starczy wszystkich wód Doliny Ziller, by zmyć z rąk synowskich krew po ojcobójstwie".

Obrońca w mowie końcowej elokwentnie wywodzi skargę na swego mandanta, który utrudnił mu obronę, jak tylko mógł. „Muszę przyznać, że jeszcze nie spotkałem oskarżonego, który tak zupełnie nic by nie przedsiębrał, aby pozyskać sobie przychylność sędziów. Doznawałem więc nerwicy lękowej, ilekroć ten człowiek otwierał usta. Każdy musiał mieć wrażenie, że to mu szkodzi. Dlaczego? Występował raczej jako ktoś, kto urządza przesłuchanie. A czy zauważyli państwo podczas mowy prokuratorskiej, kiedy pan prokurator wyrzekł coś, co jemu wydało się niesłuszne — że niepodobna go było powstrzymać? Dlaczego? Bo jestem przekonany: rację mają ci świadkowie, którzy mówią, że to najuczciwszy człowiek, jakiego w życiu spotkali. Bo ten człowiek nie jest zdolny do kłamstwa. Bo zawsze szuka absolutnej sprawiedliwości".

Jeśli obwiniony w istocie popełnił morderstwo, to rozporządzając taką inteligencją, której nikt mu nie odmawia, musiałby się przecież zachowywać całkiem inaczej, dużo zręczniej; umiałby bez trudu zatrzeć ślady i odwrócić od siebie podejrzenia. On jednak nic takiego nie uczynił. Kto mimo to żywi przeświadczenie, że oskarżony zamordował swego ojca, ten musi uważać go za odbiegającego od normy psychicznej.

Filip zrywa się jak oparzony. „Nie jestem obłąkany!", rzuca z oburzeniem w stronę obrońcy.

Ten wykonuje ruch dłonią, jakby chciał zmazać ciśnięte w gniewie słowa, następnie ciągnie ze spokojem:

„Jaką niesłychaną komedię, jaką niewiarygodnie podłą komedię musiałby grać oskarżony, gdyby mając świadomość popełnienia najstraszliwszej ze wszystkich zbrodni, jakie tylko można popełnić, potrafił tak występować. Wszak jest napisane: wybaczone będzie wszystkim grzesznikom, tylko nie ojcobójcy. Jeśli tak podstępnie zabił ojca, jak przedstawia to prokurator, to trzeba powiedzieć o nim za Schillerem: «Natura? — nic o takiej nie wiem»".

Koledzy mecenasi wśród widzów uśmiechają się z lekka. Znana jest słabość wiedeńskiego adwokata do cytatów z klasyków, żadna mowa obrończa nie obywa się bez Goethego bądź Schillera. Dr Preßburger wyznaje pogląd, że istnieje ścisły związek między filozofią prawa a poezją, które rozmaitymi drogami zmierzają do wspólnych owoców poznania. Dzieła wielkich poetów zapładniają prawo i na odwrót: same są przez prawo zapładniane.

Zbliżając się do puenty, adwokat podejmuje ogólną problematykę procesów poszlakowych i wylicza kilka znanych pomyłek sądowych, wśród nich sprawę Pruschy. Wszyscy mogą się mylić, także lekarze. „Lekarze mylą się poza sądem, na sali sądowej — nigdy. A więc wyjaśnijcie, drodzy panowie lekarze, cud z Konnersreuth! Wszak zaistniał!"

Jednak nawet przywołanie cudu, w który wierzy wiele osób w arcykatolickim Tyrolu, już nie likwiduje dystansu dzielącego Preßburgera od przysięgłych.

Prokurator Siegfried Hohenleitner replikuje krótko. Obrońcę poprzedza sława człowieka, który wyśmienicie opanował sztukę mowy i namowy — o tym można się było przekonać. On sam mógł jej przeciwstawić jedynie skromne słowa, oparte na faktach. Bynajmniej nie ułatwiał sobie zadania: „Dzień i noc rozmyślałem, czy nie można znaleźć naturalnego wyjaśnienia obciążających poszlak, wszelako takiego nie znalazłem", mówi na koniec. Następnie daje jeszcze przysięgłym pod rozwagę możliwość zabójstwa; mają prawo zażądać odpowiedniego pytania na tę okoliczność; sąd bowiem postawił przysięgłym jedno jedyne pytanie główne, a mianowicie: o mord w rozumieniu aktu oskarżenia. Przysięgli rezygnują z tego prawa.

Jest niedziela, 16 grudnia. Innsbruck w napięciu czeka na wyrok. Przybyli dziennikarze krajowi i zagraniczni, którzy relacjonują przebieg sensacyjnego procesu. W kinie Triumph wyświetlają tego dnia film fabularny Ufy pod tytułem *Winien*, z Bernhardem Goetzkem, Suzy Vernon i Willym Fritschem w rolach głównych. Zły omen dla Filipa Halsmanna.

W podsumowaniu przewodniczący raz jeszcze przedstawia rezultat czterodniowego przewodu, następnie przypomina przysięgłym, że mają sprawdzić do granic pewności, czy to, co prokurator przedłożył na niekorzyść obwinionego, w istocie zostało dowiedzione. Dr Preßburger przyzna potem, że podsumowanie przewodniczącego było obiektywne i wzorowo klarowne. Krótko po pierwszej przysięgli oddalają się na naradę. Nie potrzebują wiele czasu. Po dwudziestu pięciu minutach wracają z wynikiem: winny — dziewięć głosów przeciwko trzem.

Mimo że oskarżony i jego obrońca działali nie najszczęśliwiej, to jednak niektórzy obserwatorzy procesu spodziewali się innego rezultatu. Oskarżony bronił się niezręcznie i być może sprawiał nawet niesympatyczne wrażenie, ale czy z tego powodu od razu jest winien? Czy prokuratorowi naprawdę się udało rozwiać wszelkie wątpliwości co do winy Filipa? A przede wszystkim — gdzie motyw? Czyż wszyscy świadkowie obrony nie podkreślali kryształowego charakteru obwinionego i jego pełnego miłości stosunku względem ojca? W sali sądowej dochodzi niemal do tumultu. Grzmią okrzyki „świństwo!", słychać przeraźliwe gwizdy. „Zbrodnia sądowa!" Matka oskarżonego mdleje, siostrą wstrząsają spazmy. Oskarżony woła do przysięgłych: „Popełniacie morderstwo sądowe!". Przewodniczący na darmo usiłuje przywrócić posłuch. Oskarżony krzyczy co chwila: „Jestem niewinny!". Przewodniczący grozi, że każe żandarmom opróżnić salę: „Kto popełnia czyn karalny, zostanie natychmiast aresztowany!". Okrzyki protestu nie ustają, nawet obecni profesorowie uniwersytetu hałaśliwie wyrażają swoje niezadowolenie. Przewodniczący zrywa się i krzyczy: „Spokój, tu się wymierza sprawiedliwość!". Oskarżony odkrzykuje: „Nie, tu się popełnia przestępstwo!".

Wreszcie prezes sądu Larcher każe opróżnić salę. Zanim udaje się wyprowadzić oskarżonego, rzuca on w stronę ławy przysięgłych: „To są mordercy!".

Richard Preßburger sprzeciwia się orzeczeniu i zwraca się do sędziów zawodowych, aby je sprawdzili. Po krótkiej naradzie jego sprzeciw zostaje oddalony. Sentencja orzeczenia brzmi:

„Filip Halsmann jest winien zbrodni morderstwa według §§ 134, 135, ust. 4 kk, popełnionej w ten sposób, że 10 września 1928 roku na drodze z Chaty Dominika do Breitlahner w Dolinie Ziller dopuścił się on, w zamiarze zabicia Morducha Maksa Halsmanna przez zadanie mu ciosów kamieniem i zrzucenie go ze zbocza, takich czynów przeciwko niemu, iż w ich wyniku nastąpiła śmierć Morducha Maksa Halsmanna".

Filip Halsmann zostaje skazany na dziesięć lat ciężkiego więzienia, z obostrzeniem w postaci jednego dnia postu w roku. Przy wymierzaniu kary uwzględniono jako okoliczności łagodzące młody wiek, niekaralność i nieposzlakowaną opinię oskarżonego. Wróciwszy do celi, podejmuje on próbę samobójczą, wykręcając ostrze z temperówki w celu otwarcia sobie tętnic. Czujny funkcjonariusz straży sądowej nie dopuści, aby Halsmann wyrządził sobie poważną krzywdę.

ROZDZIAŁ SIÓDMY

Wiadomość o samobójczej próbie Filipa zastała doktora Preßburgera w hotelu, gdzie zaszył się, aby wypocząć po trudach minionych dni. Mowę końcową wygłaszał przez bite dwie godziny, używając wszelkich środków z arsenału swojej sztuki, i w rezultacie — taki wyrok. Mimo więc że Preßburger był wycieńczony i zgnębiony, niezwłocznie pognał do aresztu śledczego.

Zastał swego mandanta w stanie równowagi, choć bladego, z przepaską na przegubie ręki. Funkcjonariusz straży sądowej pokazał mu listy pożegnalne i napisany przez Filipa testament. Adwokat usiłował dodać skazańcowi otuchy; naturalnie zaraz wniesie zażalenie* od wyroku i jest pełen ufności, że zostanie ono przyjęte. Filip był małomówny i chciał zostać sam. Stosunki z adwokatem nie układały się najlepiej. Zapewne odgry-

* *Nichtigkeitsbeschwerde,* dosł. „zażalenie o unieważnienie" — środek prawny w austriackim procesie karnym; wnosi się o nie (zamiast apelacji) przeciwko wyrokowi sądu pierwszej instancji do Sądu Najwyższego (przyp. tłum.).

wała tu pewną rolę różnica wieku — czterdzieści cztery lata — ale również sposób odnoszenia się słynnego obrońcy do jego klienta. Dr Preßburger nie przywykł do tego, że klient sprzeciwia mu się i wpada w słowo podczas rozprawy, a już na pewno nie, kiedy czyni to oskarżony o morderstwo student. Przy całym tumulcie po ogłoszeniu wyroku nie uszło uwagi Filipa, że to jego obrońca prosił przewodniczącego składu sędziowskiego, aby ten nakazał wyprowadzenie go z sali. I to jego obrońca zapomniał pouczyć go, że przysługuje mu prawo do ostatniego słowa. Z punktu widzenia Preßburgera było to aż nazbyt oczywiste: obwiniony raz po raz wtrącał się w przebieg rozprawy i w ten sposób zniechęcił do siebie sąd oraz przysięgłych. W tej sytuacji Preßburger wolał nie ryzykować jeszcze jednej przemowy Filipa.

Na zaimprowizowanej konferencji prasowej dr Preßburger oświadczył licznym dziennikarzom relacjonującym proces, że w ciągu swojej wieloletniej kariery nie widział jeszcze tak imponującej demonstracji niezadowolenia z wyroku jak ta tutaj, w Innsbrucku. Następnie wymierzył cios w przysięgłych. Doprawdy, w ciągu całego procesu czynił wszystko, aby dostosować się do ich poziomu i przekonać ławę o niewinności oskarżonego, poczuł jednak natychmiast, że mówi do ściany. Nie tylko — utrzymywał — przysięgli byli uprzedzeni, lecz także niektórzy świadkowie, zwłaszcza ci z Doliny Ziller. Jak donosiły mu wiarygodne osoby, owi świadkowie nieraz przepowiadali na korytarzu przed salą rozpraw, że już oni ugotują tego Żyda. Na koniec Preßburger przygotował jeszcze niespodziankę. Zamierza utworzyć konkurencyjny sąd przysięgłych, w którym weźmie udział cała inteligencja Innsbrucku. Niektóre osobistości już zadeklarowały taką gotowość.

Jedną z tych, które adwokat miał na oku, był znany tutejszy wykładowca prawa karnego, profesor Theodor Rittler. Obserwował on rozprawę z wielką ciekawością, choć nie każdego z czterech dni procesowych. Kiedy po ogłoszeniu wyroku został zapytany przez miejscowego dziennikarza o opinię, powiedział, że jego zdaniem dowód poszlakowy ma pewne luki, a proces nie rozjaśnił mroków spowijających ów czyn. On sam nie miałby tyle odwagi, by orzec winę Halsmanna. Nie wątpi wszelako, że przysięgli kierowali się najlepszą wiedzą i sumieniem.

Profesor Rittler zajmował ostrożniejsze stanowisko niż Preßburger, który swoimi pogardliwymi uwagami o poziomie tyrolskich przysięgłych nie zyskał sobie przyjaciół. Podobnie jak nie przysporzyły mu ich uwagi o świadkach z Doliny Ziller, które, ewidentnie dla każdego, mogły dotyczyć tylko gospodarza Chaty Dominika, Josefa Edera, i okręgowego lekarza z Fügen, doktora Rajmunda Rainera. Twierdzenie, jakoby świadkowie zillerscy mówili, że chcą ugotować Żyda, pociągnęło nawet za sobą śledztwo policyjne, które jednak nic nie wyjaśniło. Okazało się jedynie, że ta wypowiedź miała miejsce nie w gmachu sądu, lecz w miejscowym zajeździe Kasinger, gdzie owe słowa padły wcale nie z ust mieszkańca Doliny Ziller, lecz przysięgłego Aloisa Demetza, kupca z Innsbrucku. Tak przynajmniej utrzymywali mistrz introligatorski Anton Emberger i jego małżonka Anna, którzy siedzieli z Demetzem przy jednym stole. Państwo Embergerowie zostali określeni przez policję jako „nieskazitelni". Inny biesiadnik zasiadający przy tym stole, również cieszący się świetną reputacją urzędnik skarbowy Josef Vrbic, nie słyszał, jak twierdzi, inkryminowanej wypowiedzi przysięgłego.

W owych nerwowych dniach nawet nazwisko pewnego sędziego śledczego z Sądu Krajowego w Innsbrucku znalazło się w aktach w związku z antyżydowską enuncjacją. Sędzia nazywał się Kichel; w dniu ogłoszenia wyroku, przebywając w swoim mieszkaniu, rzekomo zagadnął idącego ulicą znajomego o wynik procesu. Kiedy znajomy rzucił w stronę okna, że Halsmann dostał dziesięć lat, sędzia Kichel miał odkrzyknąć: „Żydki jak nic będą wrzeszczeć swoje «aj waj»".

Wróciwszy do Wiednia, dr Preßburger w rozmowie z korespondentem renomowanego „Berliner Tageblatt", Heinrichem Eduardem Jacobem, jeszcze ostrzej sformułował krytykę pod adresem gospodarza Chaty Dominika. Określił teraz Edera jako „głównego winnego tego wyroku". Świadek Eder potrafił przedstawić ławie przysięgłych, na której zasiadali prawie wyłącznie wieśniacy, swoje nie tylko subiektywne, lecz nacechowane interesem osobistym spostrzeżenia jako stan faktyczny. Motywu Edera należy szukać przypuszczalnie w tym, że jest on inspektorem dróg w Dolinie Zamser, a więc, by tak rzec, „musi dbać o dobre imię i bezpieczeństwo traktu, który nadzoruje". Z tego powodu Eder miał jakoby od razu odgrywać policjanta i nazwać młodego Halsmanna ojcobójcą. A potem ten sam gospodarz „wydobył" zaplamiony krwią kamień. Wszelako — mówił Preßburger — także sam Filip Halsmann swoim zachowaniem podczas procesu przyczynił się do orzeczenia winy. Jako młody student o mentalności filozofa i mędrka traktował chłopskich przysięgłych arogancko i niejeden raz z wielką elokwencją przejmował rolę prowadzącego rozprawę. Słowem, zgubiła go własna inteligencja. Wszelako tylko „dominujący w atmosferze sali sądowej antysemityzm" pozwala zrozumieć wyrok. Nawet on sam, Preßburger, nie mógł się czuć pewnie w Innsbrucku i tamtejsi notable ostrzegali go, by nie opuszczał gmachu sądu bez policyjnej eskorty. Może tylko mieć nadzieję, że kolejne postępowanie uda się uchronić przed panującą w Innsbrucku „atmosferą spod znaku swastyki", on sam w każdym razie — dodał na zakończenie — nie czuje się w stanie jeszcze raz występować w Innsbrucku jako obrońca. Rozmowa ukazała się pod tytułem „Morderstwo sądowe w Innsbrucku?". Już ten tytuł wywołał w tyrolskiej stolicy wściekłe oburzenie. Żydowski intelektualista, felietonista i krytyk teatralny, Heinrich Eduard Jacob, który od 1927 roku prowadził w Wiedniu Biuro Środkowoeuropejskie przy „Berliner Tageblatt", a także uzyskał pewną renomę jako powieściopisarz, też uważał, że sam Halsmann stanowi jedną z przyczyn wyroku, jaki zapadł w Innsbrucku. Halsmann nie ograniczył się w sali sądowej do ukazania własnej niewinności, lecz „logicystycznie" odgrywał kryminologa, sędziego, a nawet ławę przysięgłych naraz. Taka była krytyczna ocena Jacoba, który nazwał wyrok „katastrofą nadinteligentnego oskarżonego w sali sądu".

Filip Halsmann był entuzjastycznym czytelnikiem liberalnego „Berliner Tageblatt", który abonował nawet jako aresztant, od chwili, gdy dyrektor „Hali Schmerlińskiej" mu na to pozwolił. Ten przywilej przyznano mu jednak dopiero po kilku tygodniach aresztu śledczego.

W artykule dla „Neue Freie Presse", który ukazał się jako wstępniak 18 grudnia, dr Preßburger zapowiedział sensacyjny zwrot w sprawie. Mianowicie według uzyskanych przezeń informacji zaistniały wątpliwości co do autentyzmu śladów odnalezionych na miejscu zdarzenia — tych śladów, które wcześniej oceniono jako mające moc dowodową poszlaki przeciwko Filipowi Halsmannowi.

Dla każdego, kto śledził przebieg procesu, było jasne, co to oznacza. Do najważniejszych poszlak świadczących przeciw oskarżonemu należały ślady krwi znalezione na drodze dla zwierząt jucznych z Chaty Dominika do Breitlahner i umazany krwią kamień, który eksperci uznali za narzędzie zbrodni. Czyżby te ślady zostały sfingowane? I przez kogo, kto wchodził w rachubę? Właściwie tylko kilka osób, przede wszystkim gospodarz Chaty Dominika, Josef Eder, i świadek Karl Nettermann. Obrońca wyraził tym samym straszliwe podejrzenie, które, o ile nie potrafiłby poprzeć go dowodami, musiało rykoszetem uderzyć w jego mandanta.

„Neue Freie Presse" przodowała wśród gazet, jeśli chodzi o sprawozdania z procesu Halsmanna. Wysłała do Innsbrucku jednego ze swych najlepszych dziennikarzy, Emila Klägera, uznany autorytet z wieloletnim doświadczeniem. Opublikowanym w 1908 roku zbiorem reportaży *Dzielnice Wiednia: szlakiem nędzy i zbrodni* Kläger wywołał w Austrii żywą debatę, a w efekcie wywarł nawet wpływ na reformę austriackiego prawa karnego. Wyrok na Filipa Halsmanna potraktował jako pretekst do bardzo ogólnej diagnozy: pisał o „kryzysie zaufania do sądu przysięgłych" i gwałtownej potrzebie rozwiązań. „Proces dwudziestodwuletniego studenta Wyższej Szkoły Technicznej w Dreźnie, Filipa Halsmanna, zakończył się wczoraj sensacją. Wyrok opiewa na dziesięć lat więzienia, zatem wydaje się wystarczająco surowy, by całkowicie zniszczyć młode życie, a waży na szali tym więcej, że opiera się na chybotliwych dowodach i nie całkiem przekonujących poszlakach. Ostatnimi czasy kręcono głowami nad niejednym werdyktem przysięgłych, nie mogąc pojąć, że mordercy, co przyznali się do winy albo im ją udowodniono, mogli z podniesionym czołem opuszczać gmach sądu. Ale nie mniej musi szokować sentencja wyroku, który zapadł wczoraj w Innsbrucku, godząc w pewien obyczaj, ponieważ bez względu na wszelkie wątpliwości, wszelkie narzucające się skrupuły, cechuje się niespotykaną zwykle i na szczęście surowością. (...) nie tylko w Innsbrucku, lecz wszędzie, gdzie żywe jest poczucie sprawiedliwości, gdzie los człowieka jeszcze coś znaczy, stawia się dziś pełne troski pytanie, czy Filip Halsmann nie padł ofiarą brzemiennej pomyłki, czy nie wyłania się oto przed nami groźny i przerażający upiór zbrodni sądowej".

Kläger nie wątpił, że sędziowie w Innsbrucku ferowali swój werdykt, kierując się najlepszą wiedzą i sumieniem, pytał jednak, czy skład ławy przysięgłych w istocie pozwalał sprostać skomplikowanej materii. „Werdykt sądu przysięgłych w Innsbrucku w żadnym razie nie łagodzi kryzysu zaufania, w jakim znajduje się obecnie ludowe orzecznictwo w Austrii; narzuca się raczej, ponownie i z całą mocą, pytanie, czy nie pora wreszcie na tak długo spodziewaną naprawę procedury stosowanej przy selekcji sędziów niezawodowych. Mamy na myśli wzmożony udział inteligencji, eliminację nieporozumień, zapobieganie sytuacjom, gdy niedostatek wiedzy przynosi nieszczęście. Sprawa Halsmanna może jeszcze nabrać znaczenia wykraczającego poza chwilę bieżącą" („Neue Freie Presse", 17 grudnia 1928).

Artykuł Klägera znów wywołał dyskusję, w której oprócz dziennikarzy i publicystów głos zabrali także prawnicy i przysięgli. W tej publicznej wymianie opinii podniesiono nawet żądanie, aby w ogóle zlikwidować sądy przysięgłych w Austrii. Do tego jednak nie doszło. Punktem krytyki okazała się łagodność, z jaką często sądy przysięgłych, zwłaszcza wiedeńskie, traktowały nawet morderców, którzy przyznali się do winy. Szczególną sensację wzbudziły wyroki uniewinniające Ottona Rothstocka, zabójcę żydowskiego autora i publicysty Hugona Bettauera, i Oskara Pöffla, dziennikarza, który wniósł sprawę o obrazę czci przeciwko swemu koledze, po czym zastrzelił go w sali sądowej. Jednym z obrońców Pöffla był Richard Preßburger. 14 grudnia 1928 roku, dwa dni przed wyrokiem na Halsmanna, w Krems uniewinniono, przy publicznym aplauzie, kobietę i jej dwoje dorosłych dzieci, którzy wspólnie zabili ojca rodziny, straszliwego pijaka i tyrana. „Neue

Freie Presse" donosiła o tym pod tytułem: „Owacja po uniewinnieniu ojcobójców".

W Wiedniu proces Halsmanna wzbudził wielkie zainteresowanie. Wyrok z Innsbrucku został niemal jednomyślnie potępiony przez najważniejsze gazety. „Błędny wyrok w Innsbrucku?", pytała „Arbeiter-Zeitung" 17 grudnia. Wiedeński „Das Kleine Blatt" podejrzewał, co mogło przynieść zgubę Halsmannowi: to, że był w Tyrolu obcy, nie swój, i mówił z obco brzmiącym akcentem. W Tyrolu niechętnie słuchano takich połajanek z zewnątrz. Kręgi konserwatywne wietrzyły w tych krytycznych wypowiedziach — początkowo piętnujących tylko wyrok na Halsmanna, niebawem jednak godzących w całe sądownictwo tyrolskie — sterowaną z „zażydzonego, czerwonego Wiednia" kampanię przeciw świętej ziemi Tyrolu i reagowały ze stosowną zaciekłością. W gazetach tyrolskich ukazało się wiele artykułów i listów, w których wypraszano sobie wszelkie ingerencje z zewnątrz i ostro rozprawiano się z krytykami.

„Ponieważ o zbrodnię obwiniono przedstawiciela pewnej konkretnej rasy i konfesji, wszyscy jego współplemieńcy stanęli za nim — aby bronić go przed wyrokiem skazującym", pisał anonimowy „praktyk sądowy" i żądał, aby „z całą ostrością" odparować obelgi kierowane pod adresem przysięgłych z Innsbrucku. „Wygląda to niemal tak, jakby tyrolscy przysięgli, którzy w niedzielę — wierni swojej przysiędze — uznali Halsmanna za winnego, ponieważ na podstawie zgromadzonych dowodów doszli właśnie do przekonania o jego winie, byli teraz za swoje zgodne z ich obowiązkiem zachowanie stawiani na równi z owymi przysięgłymi z Wiednia, co mimo zeznań świadków i przyznania się mordercy puścili go wolno" („Tiroler Anzeiger", 19 grudnia 1928).

„Po ogłoszeniu wyroku w prasie żydowskiej wybuchł wielki lament. Nie chce się przyjąć do wiadomości istnienia żydowskiego ojcobójcy. Osądzony jest w oczach tych pismaków oczywiście wcieleniem niewinności, a wyrok przysięgłych pomyłką sądową" („Alpenland. Die Wochenschrift der Großdeutschen Volkspartei für Tirol", 21 grudnia 1928).

„Tu u nas, w odległych wsiach, dużo się nie gada o wielkich kwestiach życia publicznego. (...) Dopiero niedawno odbywający się w naszej stolicy Innsbrucku proces Halsmanna wygonił nas z opłotków. Jak nas, chłopów, besztano w żydowskich gazetach! Przebrała się od tego nasza miarka. Fakt, że na ławie przysięgłych zasiedli głównie wieśniacy i w następstwie spójnego postępowania poszlakowego orzekli o winie Żyda, wystarczył tej prasie, by w najbardziej nienawistny sposób rzucić się na nas, tyrolskich chłopów. (...) Kiedy czyta się relacje z rozpraw przed wiedeńskimi sądami przysięgłych, wszystko staje się jasne. Bo tam na porządku dziennym są uniewinnienia zabójców i skrytobójców. U portali gmachów sądowych już czekają wydawcy książek, żurnaliści i filmowcy, którzy wietrzą w tym dobry interes. Obrońców nagradza się za eksponowane z takim temperamentem łamańce prawne wyrokami uniewinniającymi ich klientów, toteż sława panów mecenasów i horrendalnie wysokie pobory stale rosną. To dość powodów, aby bez miary łajać nasze tyrolskie sądy, gdzie takie machlojki na nic by się zdały. My jednak dumni jesteśmy z naszych nieuległych sędziów ludowych, których poczucie sprawiedliwości jest nieprzekupne i mocne jak granit naszych gór" („Die Alpenländische Heimatwehr", luty 1929).

W prasie tyrolskiej trafiały się też głosy krytyczne, jednak odosobnione. Pewną sensację wzbudziło emocjonalne stanowisko pani prezes Czerwonego Krzyża w Innsbrucku, Otylii Stainer, osobistości znanej w mieście, która była obecna w sali sądowej przez wszystkie cztery dni procesu i z uwagą śledziła przebieg rozpraw. Doszła przy tym do przekonania, że elementy, które każą podejrzewać Halsmanna, nie są wystarczające, aby orzec o jego winie. Czy ojciec oskarżonego nie mógł stracić życia w całkiem inny sposób niż ten opisany przez prokuratora? Czy nie jest w każdym razie do pomyślenia, że jakiś nieznajomy skradał się za dwoma turystami i kiedy młodszy z nich nieco się oddalił, powalił Halsmanna seniora, aby go obrabować? Czy nie należy zakładać, że obwiniony, popadłszy w zrozumiałe i całkiem przecież wybaczalne oszołomienie, źle ocenił dystans dzielący go od ojca? Bądź co bądź młody student był właściwie nieobyty z górami. Dlaczego ani sąd, ani prokuratura czy wreszcie obrona nie postawiły podczas procesu ważnego pytania, czy istotnie tylko Filip Halsmann wchodzi w rachubę jako sprawca? Otylia Stainer nie wątpiła ani przez chwilę, że popełniono morderstwo — ale nie Filip Halsmann je popełnił; prawdziwego mordercę trzeba było dopiero znaleźć.

„W naszym katolickim kraju, na którego mieszkańcach z racji tego wyznania ciąży obowiązek miłości bliźniego równej miłości do siebie samych, tylko jedno jest do przyjęcia: ujawnienie prawdy z całą przejrzystością, nawet jeśli chodzi tu o łotewskiego Żyda; wobec jego inności rasowej jedynie ściśle obiektywna sala sądowa potrafiłaby unieważnić wszelkie różnice. To, na co pozwoliła sobie wyjątkowo nieczuła młodzież, jej uwagi i okrzyki, było rażące i zawstydzające" („Tiroler Anzeiger", 17 grudnia 1928).

Zalew artykułów w obronie Halsmanna i przeciw niemu w prasie austriackiej, ale też międzynarodowej, a przede wszystkim wyrażaną w nich krytykę austriackiego sądownictwa odnotowywano w wiedeńskim Ministerstwie Sprawiedliwości z troską. Toteż zażądało ono od Prokuratury Krajowej w Innsbrucku szczegółowego sprawozdania odnośnie tak żywo dyskutowanej sprawy. Wiedeń szczególnie interesowała antysemicka atmosfera, która rzekomo, zdaniem tak wielu różnych osób, towarzyszyła procesowi, a także pytanie, czym należy tłumaczyć protesty przeciw wyrokowi. Krajowy organ prokuratorski w Innsbrucku mógł uspokoić ministerstwo: „Nie jest trafna teza niektórych sprawozdań prasowych, stawiana zwłaszcza w gazetach zagranicznych, jakoby w procesie Halsmanna pewną rolę na niekorzyść oskarżonego odgrywał element rasowy oraz że wyrok skazujący wywołał oburzenie nie tylko w audytorium, lecz także w całej opinii publicznej Innsbrucku, zwłaszcza w kręgach inteligenckich. Element rasowy znalazł wyraz jedynie w tym, że krewni, przyjaciele i znajomi rodziny Halsmannów licznie uczestniczyli w rozprawach, już w ich trakcie usiłowali podgrzewać nastroje na rzecz oskarżonego, a po werdykcie przysięgłych w najbrutalniejszy sposób zaczęli demonstrować przeciwko sądowi i ławie przysięgłych. Wskutek tej demonstracji inna część audytorium, głównie osoby płci żeńskiej, popadła w humanitarne odurzenie. Należy dodać z ubolewaniem, że dały się w to wciągnąć także nieliczne osobistości. Zdecydowanie przeważająca część społeczeństwa Innsbrucku, a szczególnie inteligencja, z całą stanowczością potępia te demonstracje, a także, nie mniej stanowczo, krytykę werdyktu przysięgłych" (Sprawozdanie Prokuratury Krajowej w Innsbrucku dla Ministerstwa Sprawiedliwości dotyczące sprawy karnej przeciw Filipowi Halsmannowi, 28 grudnia 1928).

Osadzony w pojedynczej celi „Hali Schmerlińskiej" Filip Halsmann początkowo w ogóle nie wiedział, że w ciągu kilku tygodni stał się w pewnym sensie sławny. Martwił się o matkę i siostrę, które wytrwale siedziały w Innsbrucku, aby być blisko niego. Żywił też obawy, że jego przyjaciółka Ruth Römer oraz jej siostra i szwagier, którzy przed wypadkiem tak przyjaźnie go ugościli w domu nad Jeziorem Bodeńskim, mogą mieć nieprzyjemności z jego powodu. Poza tym starał się przywyknąć do przygnębiająco monotonnej codzienności więziennej i do więziennego wiktu. Ze względu na trudną sytuację finansową rodziny w ogóle nie próbował uzyskać zezwolenia na posiłki donoszone z zewnątrz i zadowalał się zwykłym wyżywieniem skazańców: czterysta pięćdziesiąt gramów czarnego chleba dziennie, rano zupa, w południe zupa i drugie ciepłe danie, wieczorem trzydzieści gramów tłuszczu i trzydzieści gramów chleba, a w niedziele sto gramów gotowanego mięsa bez kości. Był całkowicie pochłonięty zmianą dotychczasowego trybu życia i dostosowywaniem się do surowych rygorów panujących w nowym otoczeniu. Zabroniono mu zresztą dostępu do artykułów prasowych, które traktowały o jego sprawie. Ale przynajmniej jeden taki tekst, właściwie pamflet, wpadł mu w ręce. Był to akurat nienawistny artykuł, zamieszczony w ukazującej się w Salzburgu gazetce nazistowskiej „Der eiserne Besen":

„Hańba dla Austrii!

Żydowskie machlojki przed sądem przysięgłych w Innsbrucku

(...) Prasa całego światowego żydostwa urabiała nastroje na rzecz młodego żydowskiego mordercy. Zbierano pieniądze, iżby wspomógł go słynny adwokacki «rzemiecha» z Wiednia. (...) Sala sądu przysięgłych była pełna żydów z całego świata, od żydowskiego szwargotu i żydowskich chichotów aż furczało w powietrzu, jakbyśmy się tymczasem znaleźli w nowej Palestynie. Oczywiście nietrudno się domyślić, że nie zabrakło najbezczelniejszych impertynencji ze strony oskarżonego żydowskiego młodziana, którego nazbyt łagodnie przywoływano do porządku. (...) Skrzyknęła się cała zgraja, włącznie ze światowymi, półnagimi «przyjaciółeczkami» oskarżonego, aby świadczyć za nim, bo przecież zakatowany tate nie może już gadać, nie zaszkodzi więc, jeśli przynajmniej chłopaka się uratuje dla jego wybranego narodu" („Der eiserne Besen", Salzburg, 31 grudnia 1928).

Ten jadowity paszkwil ukazał się również jako druk specjalny, który rozdawano i rozsyłano w formie ulotki.

Nie jest jasne, kto był odpowiedzialny za dostarczenie go do celi Filipa. Jego obrońca czy też powiernik, Richard Glaser, raczej wzbranialiby się przed przekazaniem mu czegoś podobnego. Najprędzej wchodził w rachubę funkcjonariusz straży sądowej, który pragnął dopiec żydowskiemu studentowi. Istnieją też przesłanki, które wskazują, że o pamflecie dowiedział się pisarz Ödön von Horváth. W jego powieści z 1930 roku *Der ewige Spießer* (Wieczny kołtun) pojawia się w każdym razie austriacki antysemita, który mędrkuje podczas jazdy pociągiem przez Tyrol: „«Halsmanna powinni zamknąć o chlebie i wodzie!», zaskrzeczał. «Zabił swego żydowskiego tate ten żydowski nicpoń, czy nie zabił — wszystko jedno! Tu chodzi o prestiż austriackiego wymiaru sprawiedliwości, nie można przecież pozwalać Żydom na wszystko!»".

Mimo że proces dawno się skończył, sprawa Halsmanna nadal dostarczała gazetom sporo materiału. Krwawa zagadka z Doliny Zamser wciąż przykuwała uwagę. Pojawiały się niejasne pogłoski, które ochoczo kolportowano: że po Ginzling i okolicy włóczy się człowiek, który podaje się za prywatnego detektywa z Innsbrucku, to znów za korespondenta z Niemiec, i próbuje się wywiedzieć od ludzi czegokolwiek, co tylko pozwoliłoby zakwestionować zeznania obciążające Halsmanna. W Innsbrucku było wtedy kilka prywatych biur detektywistycznych, wśród nich jedno pod nazwą „Sherlok Holmes", jednak ich szefowie dementowali *unisono*, jakoby wysyłali swojego pracownika w Dolinę Ziller. Pewien żydowski tygodnik z Wiednia podjął ślad „zagadkowego doktora Weila", który przyłączył się do Halsmannów, a potem zniknął jak kamfora. Może tu kryło się rozwiązanie zagadki? Kim był ów dr Weil z Monachium, dlaczego się nie zgłaszał?

Kilka miesięcy później Weil wychynął nagle z niebytu i wyjaśnił wszystko. Podczas postępowania sądowego właściwie nie czytał gazet i nic nie słyszał o procesie Halsmanna, a może też nie łączył go z przelotną znajomością z Doliny Ziller. W każdym razie nie uświadamiał sobie, że jest poszukiwany najpierw jako ważny świadek, a potem niemal wręcz jako podejrzany o morderstwo.

Rozmaite osoby, mające w ten czy inny sposób coś wspólnego ze sprawą, otrzymały listy z pogróżkami. Richarda Glasera ostrzegano w anonimach przed dalszym zaangażowaniem w obronie skazańca i jego rodziny; pan Glaser ma przecież żonę i dzieci, które zapewne kocha? Ale Richard Glaser nie dał się zastraszyć, nadal dochowywał wierności rodzinie Halsmannów, dla której od tygodni zaniedbywał swoje interesy, nadal też składał wizyty w więzieniu śledczym. Również Sąd Krajowy docenił bezinteresowne wysiłki Glasera i udzielił mu zgody na widzenia z podopiecznym dwa razy w tygodniu. Pogróżki otrzymała też pani pułkownikowa Otylia Stainer (rangę zawdzięczała okoliczności, że była małżonką pułkownika w stanie spoczynku), osoba z taką odwagą występująca przeciw wyrokowi, a także gospodarz Chaty Dominika, Josef Eder, najważniejszy świadek oskarżenia, którego Richard Preßburger obarczał główną odpowiedzialnością za wyrok na Halsmanna. Krótko przed nowym rokiem 1929 trafił do Josefa Edera nadany w Innsbrucku anonim z dość nieporadnym wierszykiem:

Bacz no, drogi gospodarzu,
W noc Nowego Roku:
Wtedy się pokaże prawda o wyroku.
Ujrzysz ducha, co wstał z grobu
Znak, że niezmazana wina
będziesz miał niezbity dowód
niewinności jego syna.
Donieś o tym, byle rychło,
bo się sam zamienisz w truchło.

Josef Eder oddał osobliwe pismo, które potraktował jako groźbę zabójstwa, żandarmerii w Mayrhofen, ona zaś przekazała je dalej do Innsbrucku, skąd zostało wysłane. Poza tym Eder nie miał o czym donosić, w każdym razie — o żadnych duchach.

Meldunki o obcym, który kręci się po Ginzling i w pobliżu Breitlahner, rozmaite anonimy z pogróżkami i prymitywny wiersz o rzekomo groźnej dla adresata treści zostały poddane w sądzie wnikliwemu badaniu, a następnie odrzucone jako nieistotne dla sprawy. Takie rzeczy napływały przy każdej budzącej publiczne zainteresowanie sprawie o morderstwo, czyli — po prostu niemal przy każdej. Nieco uważniej przeczytano plik dokumentów, które nadeszły po świętach do prokuratury. Chodziło o wypowiedzi czterech znanych profesorów z Innsbrucku, którzy zajęli stanowisko w sprawie Halsmanna. Dołączono pismo przewodnie profesora Theodora Rittlera:

„Czterej profesorowie Uniwersytetu w Innsbrucku w grudniu 1928 roku uczestniczyli jako obserwatorzy w przewodzie sądowym przeciwko Filipowi Halsmannowi oskarżonemu o zbrodnię morderstwa: prof. zw. filozofii dr Kastil podczas całego procesu, prof. zw. filozofii i psychologii dr Erismann podczas prawie całego procesu, prof. zw. prawa niemieckiego dr Kogler podczas prawie całego procesu i prof. zw. prawa karnego dr Rittler przez znaczną część trwającego cztery dni postępowania.

Mimo że my czterej — inni członkowie kadry uniwersyteckiej nie byli obecni — w czasie trwania procesu nie mieliśmy właściwie ze sobą styczności, doszliśmy jednak, każdy na własny rachunek, do zgodnego przekonania, że jako przysięgli nie uznalibyśmy oskarżonego za winnego morderstwa. W związku z wagą sprawy i z niebezpieczeństwem, że za najcięższe w myśl ustawy karnej przestępstwo skazano tu osobę niewinną, czujemy się w obowiązku moralnym przedstawić naszą opinię i przekazać jej uzasadnienie czynnikom, od których przede wszystkim zależy dalszy ciąg postępowania: prokuraturze i obronie. Prosimy nie traktować naszego zapewne niezwykłego kroku jako arogancji. Uważamy się za ludzi wolnych od zarozumiałego poczucia, że wiemy wszystko lepiej. Przemawia przez nas jedynie troska, że w sprawie Halsmanna zapadł być może błędny wyrok, który nie tylko skazanemu, lecz także wymiarowi sprawiedliwości niechybnie przyniesie największą szkodę. Podkreślamy przy tym z całą mocą, że naszym zdaniem w istniejącym stanie rzeczy należało wnieść oskarżenie przeciwko F. Halsmannowi; że wszystkie osoby uczestniczące w przewodzie sądowym, a zwłaszcza pan przewodniczący i pan prokurator sprawowali swój urząd z największym obiektywizmem i największą rozwagą, przysięgli zaś z pewnością wyrokowali, kierując się najlepszą wiedzą i sumieniem.

Przekazując nasze opinie prokuraturze i obronie, wyrażamy prośbę o łaskawe odstąpienie od jej publikacji w prasie.

W imieniu czterech profesorów Uniwersytetu z najgłębszym poważaniem

Prof. dr Th. Rittler

Innsbruck, 24 grudnia 1928".

Prośba o niepodawanie przekazanych wypowiedzi do prasy była zrozumiała w kontekście napiętej atmosfery panującej w Innsbrucku. Ale nic nie pomogła. Gdzieś nastąpił przeciek. Orzeczenia czterech profesorów ukazały się we fragmentach w socjaldemokratycznej „Innsbrucker Zeitung", wskutek czego uczeni mieli się stać celem wściekłych ataków. Rittler, od 1912 roku profesor zwyczajny prawa karnego i prawa postępowania karnego w Innsbrucku, zajął się w swojej wypowiedzi lukami, jakie wystąpiły w argumentacji dowodowej podczas procesu. Prokuratorowi nie udało się — wywodził — jednoznacznie wykluczyć, że morderstwa mogła dokonać osoba trzecia, poza tym w niczym nie uwidocznił się ewentualny motyw czynu. Jeśli już trwać przy poglądzie, że w istocie tylko oskarżony wchodzi w rachubę jako sprawca, to w świetle osobowości oskarżonego i braku motywu musiały nasunąć się wątpliwości co do stanu jego umysłu. Dlatego rzeczą nieodzowną było zbadanie owego stanu.

Do tej opinii przyłączył się filozof i psycholog, profesor Theodor Erismann. On również określił brak motywu jako naczelny powód powątpiewań w sprawstwo oskarżonego. Jeśli jednak mimo to miałby on bez żadnej widomej przyczyny zabić ojca, to „jest patologiczną jednostką, która nie powinna stawać przed ławą przysięgłych", orzekał profesor i wyrażał zdumienie, że najwyraźniej nikt nie wpadł na pomysł zbadania umysłowości oskarżonego. Jednak również poszlaki z pozoru najsilniej przemawiające przeciw młodemu Halsmannowi wymagałyby dokładniejszych weryfikacji. „Czy można na przykład absolutnie wierzyć w zeznanie Filipa Halsmanna, że widział on upadek ojca? Jeśli jego zdolność pamiętania wszelkich zdarzeń zanikła po okropnym wrażeniu, jakiego doznał na widok ciała, niepamięć mogła objąć też czas uprzedni, a informacja, jakoby Halsmann widział upadek ojca, stanowi być może tylko rekonstrukcję, jaka narzuciła mu się mocą wyobrażonego wspomnienia. To przypadek dobrze znany każdemu psychologowi, ponieważ występuje bardzo często".

Być może — sugerował Erismann — Filip Halsmann wyprzedził ojca znacznie bardziej, niż zakładał, a morderstwo wydarzyło się za jego plecami, tak że go nie spostrzegł; zatem, zobaczywszy zalanego krwią ojca, automatycznie pomyślał o upadku.

Podobne zastrzeżenia zgłosili filozof i pedagog Alfred Kastil oraz historyk prawa Ferdinand Kogler. Renomowany znawca Brentana, Kastil, pochodzący z Pragi, gdzie obracał się w kręgach artystycznych i literackich, zwrócił uwagę na niekorzystne wrażenie, jakie żydowski intelektualista pokroju Filipa Halsmanna musiał wywrzeć na tyrolskich przysięgłych: „Jest bardziej pewien własnej «logiki» niż pamięci. Znam ten typ żydowskiego dialektyka z Pragi. Tu wydawał się zupełnie niezrozumiały i odstręczający".

Ta niechęć — utrzymywał Kastil — nie może jednak w żadnym razie prowadzić do tego, że Halsmann zostanie skazany za morderstwo, którego ze względu na cały swój charakter wręcz nie mógł popełnić. Kastil wyciągał taki sam wniosek jak jego koledzy: jeśli Filip był zdrowy na umyśle, to mordercą musiał okazać się kto inny, jeśli natomiast istotnie „ręka Filipa Halsmanna dzierżyła narzędzie mordu, to była to ręka szaleńca".

ROZDZIAŁ ÓSMY

Innsbruck, 30 grudnia 1928

Droga Ruth!

Kocham Cię i podziwiam. To coś nadzwyczajnego, że przyjechałaś, żeby zeznawać w mojej obronie. Oczywiście byłem temu przeciwny. Już wcześniej prosiłem prezesa sądu, aby podczas przewodu nie wymieniano Twego nazwiska, i miał on na tyle taktu, że wydał takie polecenie. Wiem jednak, że zrewidowano Twój dom. Być może miałaś jeszcze inne nieprzyjemności? Bardzo mnie to trapi, droga Ruth, i najchętniej błagałbym Cię, żebyś mi wybaczyła — gdybym tylko wiedział co. Możliwe nawet, że Twoja siostra i Twój szwagier z mojego powodu doznali zniewag ze strony policji. (...) Ujrzałem Cię tylko przelotnie, ale w tym futrze, które widziałem pierwszy raz i w którym tak Ci do twarzy, doprawdy bardzo mi się podobałaś. Ucieszyło mnie też, że wreszcie dobiegło kresu abolutne panowanie męskich kapeluszy. Nie dlatego, że mam coś przeciw męskim kapeluszom — były ładne i dobrze w nich wyglądałaś — natomiast przeciw absolutyzmowi, owszem (cecha rasowa!). Już dawno Ci mówiłem, że damskie kapelusze też będą Ci pasować. Było to nietaktowne, ale miałem rację.

Ściskam mocno Twoją dłoń, droga Ruth! Spoglądam w Twoje jasne, doprawdy przemiłe oczy i dodaję leciutko zdumionym tonem: jesteś przecudownym człowiekiem, Ruth. Naprawdę.

Twój Filja

Innsbruck, 11 stycznia 1929

Droga Ruth!

Wczoraj miałem szczęśliwy dzień. Po pierwsze — dali mięso. Po drugie — dostałem list. Potem odwiedzili mnie matka, Ljuba i Gr. (przejazdem), a potem dostałem jeszcze trzy listy, od Twojej siostry, od Wo. i od Ciebie. (...) Dlaczego byłem przeciwko temu, żebyś zeznawała? Widzisz, jesteś jeszcze młoda i może nie wiesz, co oznacza dla dziewczyny dobre imię. A ja jestem starszy o dwa lata i świetnie to wiem. Rozumiesz więc, że mój sposób postępowania był zwykłą oczywistością, Twój natomiast bynajmniej. Dlatego moja odczucia w tej mierze są absolutnie uprawnione! I nikt nie ma prawa mi ich zabraniać! (staccato appasionato:) nie, nie i jeszcze raz nie! (...) Gazetkę swastykowców (nosi taki junacki tytuł „Der eiserne Besen"*) mój los obchodzi tak bardzo, że za darmo rozdaje ona, a nawet rozsyła ulotki, w których zajmuje się mną serdecznie, prawi mi komplementy i nazywa mnie „arcymądrym żydowskim młodziankiem". I chociaż to jej zainteresowanie, zaangażowanie, uznanie dla mojej osoby uważam wręcz za urocze, zachodzi tu paradoksalny fakt, że mimo tego junackiego tytułu jakoś nie krzepnie we mnie wiara w „ludzką sprawiedliwość". (...)

Twój Filja

* „Żelazna Miotła" (przyp. tłum.).

Innsbruck, 12 stycznia 1929

Moja droga Ruth!

Rzadko dostawałem od Ciebie takie listy jak ten ostatni. Właściwie nigdy. I właściwie nigdy też moje listy nie były takie, jak może bym chciał. Bodaj nigdy nie potrafiłem Ci powiedzieć, co czuję. I nigdy nie wiedziałem, co Ty czujesz. Nigdy wreszcie albo prawie nigdy mi tego nie mówiłaś. Tak więc historia mojej miłości do Ciebie jest bardzo smutna. Nie wiem nawet — niczego nie upiększając i mówiąc całkiem otwarcie — nie wiem, czy to była miłość. (...) Przesyłam Ci wszystkie swoje myśli, Ruth! Ściskam Cię bardzo mocno i bardzo czule, całuję Cię i bardzo, bardzo Cię lubię.

Twój Filja

Dziś ostatni raz widziałem matkę i Ljubę, jutro wyjeżdżają.

Innsbruck, 16 stycznia 1929

Moja bardzo mi droga Ruth!

Nawet sobie nie wyobrażasz, jak cieszą mnie Twoje listy. Po pierwsze dlatego że w ogóle je piszesz, po drugie — gdyż są coraz milsze i milsze, tak że za każdym razem nie tylko cieszę się nieskończenie z takiego obrotu rzeczy, lecz także się dziwię. (...) Traktują mnie tu bardzo dobrze, nie tracę więc poczucia godności ludzkiej. I może to właśnie jest jedną z przyczyn takiego traktowania. (Sama widzisz: rzadki okaz węża, który z sukcesem!!! zjada własny ogon). Ale naprawdę, postępuje się tu bardziej niż poprawnie i po ludzku; wczoraj na przykład przeniesiono mnie do cieplejszej celi i już nie marznę. (...)

Wszystkiego, co najpiękniejsze, droga Ruth! Często myślę o Tobie!

Twój Filja

Zimą 1928–29 roku Tyrol i całą Austrię ogarnęły rekordowe chłody. Gazety dzień w dzień informowały o katastrofalnych skutkach silnego mrozu: wybuchały pożary, bo ludzie, chcąc się ratować, przegrzewali piece; zdarzały się śmiertelne wypadki zaczadzenia, kiedy próbowano grzać w prowizorycznych piecykach; były zakłócenia w komunikacji kolejowej; w miastach licznie pękały rury gazowe i wodociągi, zamarzały studnie; szkoły i inne gmachy użyteczności publicznej trzeba było zamykać, bo nie dało się ich ogrzać; w Wiedniu wystąpiły dokuczliwe niedobory węgla; bezrobocie biło nowe rekordy; mimo że w większych miastach przygotowano przytułki i ogrzewane pomieszczenia, wielu biednych i starych ludzi zamarzało w lodowatych mieszkaniach i kwaterach dla bezdomnych.

12 lutego na lotnisku w Innsbrucku, w Reichenau, o siódmej rano zmierzono minus 31,5 stopnia. Na cmentarzu miejskim w Wilten trzeba było za pomocą dynamitu wysadzać ziemię, ponieważ zamarzła na kamień. Radczyni gminna Marianna Schneider z Wielkoniemieckiej Partii Ludowej wystąpiła o wydawanie gorącej herbaty bezdomnym i rozbudowę ogrzewanych schronisk w mieście. Rada gminy uchwaliła podjęcie wyjątkowych środków przeciw skutkom syberyjskich mrozów. W szkołach, które jeszcze ogrzewano, dzieci otrzymywały gorące mleko.

Również we wzniesionym w 1885 roku więzieniu, które stanęło przy gmachu sądu w Innsbrucku, osadzeni tam aresztanci odczuli dojmujące zimno. Z niezrozumiałych przyczyn w niektórych celach było znośnie ciepło, podczas gdy w innych, bezpośrednio z nimi sąsiadujących, panował okrutny chłód. Filipa Halsmanna przenoszono w owym czasie kilka razy, najpierw z celi numer 44, gdzie było ciepło, do celi numer 45, w której straszliwie marzł, a kiedy się poskarżył na niską temperaturę, przydzielono mu celę numer 54, gdzie znów mógł jako tako wytrzymać. Przez cały czas zgodnie ze swoim życzeniem przebywał w celi sam.

W połowie stycznia 1929 roku Ita Halsmann z córką wróciły do Rygi. Filip zaklinał je, aby jechały do domu dla wypoczynku. Tragiczna śmierć męża i proces przeciwko synowi dały się czterdziestoośmiolatce srodze we znaki; wychudła i przedwcześnie się postarzała. Ponadto po nieoczekiwanej śmierci żywiciela rodzina znalazła się w niepewnej sytuacji finansowej. Morduch Halsmann całkiem dobrze zarabiał jako dentysta i gwarantował swoim najbliższym życie wolne od trosk, jednak niedostatecznie zadbał o przyszłość. Ita Halsmann nie miała pojęcia o położeniu finansowym, w jakim zostawił ją mąż, nie wiedziała, co ma być dalej, i chciała się poradzić swoich ryskich krewnych.

Obie kobiety pojechały najpierw do Berlina, gdzie spotkały Efima Fuhrmanna, pochodzącego z Odessy zarządcy kamienicy czynszowej przy Nettelbeckstraße, którą Morduch Halsmann nabył korzystnie w okresie inflacji. Kiedy Halsmann przyjeżdżał do Berlina, na przykład, by zaopatrzyć się w nowe instrumenty dentystyczne, nocował zwykle przy Linienstraße, w mieszkaniu Fuhrmannów, którzy uważali go za przyjaciela. Jego nagłą śmierć odczuli jak tragedię. Fuhrmann oświadczył

Icie Halsmann, że dom w Berlinie przynosi miesięcznie okrągłe sześćset–siedemset marek czystego zysku, jednak ciąży na nim dług — sto siedemdziesiąt pięć tysięcy marek. Ita Halsmann zapytała, czy może go sprzedać; wkrótce będzie potrzebować pieniędzy, bo proces pochłania niebotyczne sumy, a w końcu ona sama nie ma żadnych dochodów. Zarządca odradzał sprzedaż: czasy są niepewne, nie wiadomo, co będzie jutro z pieniędzmi, a nieruchomość to nadal najpewniejsza lokata. Obiecał jednak, że zasięgnie języka i porozmawia z bankiem.

W Berlinie obie kobiety miały jeszcze jedno ważne spotkanie. Umówiły się z adwokatem i lewicowym deputowanym SPD Kurtem Rosenfeldem, jednym z najbardziej znanych obrońców karnych w Niemczech, który reprezentował przed sądem między innymi Różę Luksemburg, Kurta Eisnera i Carla von Ossietzky'ego. Po rewolucji 1918 roku przez kilka miesięcy był pruskim ministrem sprawiedliwości. Kurt Rosenfeld należał do adwokatów Czerwonej Pomocy, założonej w 1924 roku organizacji, która walczyła w obronie praw demokratycznych i przeciw klasowemu wymiarowi sprawiedliwości w republice weimarskiej. Obrońcy Czerwonej Pomocy, lewicowi socjaldemokraci, komuniści i liberałowie, angażowali się w procesy polityczne, ale także w kampanie przeciw karze śmierci czy represyjnemu prawu karnemu, dotyczącemu przestępstw seksualnych. Spotkanie z Rosenfeldem zaaranżował jego austriacki kolega Richard Preßburger, który to i owo sobie obiecywał po wsparciu prominentnego mecenasa. Rosenfeld czytał już o sprawie Halsmanna w gazetach niemieckich, poza tym Preßburger udzielił mu wyczerpujących informacji. Tak jak większość niemieckiej lewicy, Rosenfeld nie miał najlepszego zdania o sytuacji w Austrii, gdzie wroga robotnikom Obrona Ojczysta całkiem otwarcie sięgała po władzę. W Tyrolu Obronę Ojczyzny, jak nazywał się tam ten związek, organizował w dodatku kapitan Waldemar Pabst, jeden z morderców Karla Liebknechta i Róży Luksemburg, notoryczny antysemita. Te okoliczności współdecydowały o żywotnym zainteresowaniu Rosenfelda procesem przeciwko młodemu żydowskiemu studentowi z Rygi; w wyroku, jaki w nim zapadł, mecenas widział dowód na zgubny wpływ austrofaszystowskiej Obrony Ojczystej. Kurt Rosenfeld obiecał Icie Halsmann wsparcie Czerwonej Pomocy; chodziło o mobilizację postępowej opinii publicznej w Niemczech w obronie młodego Halsmanna. I rzeczywiście, jednym z najważniejszych publicystów, jacy w nadchodzących tygodniach i miesiącach ujęli się za nim w Niemczech, był lewicowy pisarz i adwokat Rudolf Olden, również prominentny członek Czerwonej Pomocy.

W areszcie śledczym Filip Halsmann znów stał się tym, czym był już jako dziecko: molem książkowym. W jego celi piętrzyły się tomy, które sam zamawiał albo dostawał w przesyłkach od przyjaciół i znajomych. Niemal codziennie strażnik dostarczał nowej lektury. Anatole France, Guy de Maupassant, Romain Rolland, Christian Morgenstern, E.T.A. Hoffmann, Gustav Meyrink, Bernard Shaw, Laurids Bruun, Ilja Erenburg, Leonid Leonow i inni — wszystko to Halsmann czytał jak leci, wiele książek w języku oryginalnym; od szwagra Ruth Römer,

Waltera Waentiga, dostał pewnego dnia nawet książkę o godnym polecenia systemie gimnastycznym Müllera, po to, by mógł w ciasnej celi poddać swoje ciało treningowi. Odesłał ją jednak nadawcy z informacją, że już sprawdzał ten system w Dreźnie — z negatywnym skutkiem. Jeśli akurat niczego nie czytał, wówczas pisał: wiersze, szkice prozą, przede wszystkim zaś listy, niezliczone listy; pisał niemal codziennie do matki i przyjaciółki, która równie gorliwie odpowiadała. Zalew Halsmannowej korespondencji doprowadzał funkcjonariuszy więzienia do czarnej rozpaczy, gdyż byli zobowiązani do kontroli listów przychodzących i wychodzących, a zatem musieli dzień w dzień czytać długaśne wynurzenia młodego studenta i jego przyjaciółki. Większość więźniów „Hali Schmerlińskiej" pisała niewiele, najwyżej parę linijek do matki, żony czy kochanki, niektórzy byli analfabetami; takich przydzieleni do służby cenzorskiej urzędnicy lubili oczywiście najbardziej, bo ci nie przysparzali pracy. Jeden z urzędników sądowych rzucił kiedyś pod adresem pana Glasera uwagę na temat ogromu pracy, jaką mają w związku z korespondencją jego podopiecznego; nikt nie myśli o tym, żeby zakazać mu pisania listów, Boże uchowaj, to byłoby niemożliwe, jako więzień aresztu śledczego ma prawo pisać i odbierać tyle listów, ile tylko zechce, ale może pan Glaser wpłynąłby chociaż na tę panienkę, aby trochę pohamowała swoją manię pisarską, urzędnicy sądu już ledwo nadążają z czytaniem.

Istotnie, przy następnej wizycie Ruth Römer w Innsbrucku Richard Glaser napomknął jej coś w tym duchu, ona zaś poinformowała o tym Filipa.

Innsbruck, 7 marca 1929

Moja droga Ruth!

Twój list bardzo mnie przygnębił. Widzisz, droga moja, pan Gl. jest cudownym człowiekiem, ale i on może się czasem mylić. Nie sądzę, by Twoje listy były dokuczliwe dla cenzury, bo akurat Twoje listy można przejrzeć w okamgnieniu, a właśnie one znaczą dla mnie tak wiele. Powiedziałem dziś panu Gl., że wolałbym nic nie jeść przez cały dzień, niż przeżyć jeden dzień bez listów — i nie był to frazes. Nie wiesz bowiem, ile dla mnie znaczą i jak nieistotne jest wszystko inne. Nie są to czcze słowa, droga Ruth, bardzo, bardzo potrzebuję listów od Ciebie. Pomyśl o tym, Najdroższa, bo nie wiesz może, iż zdobyto się na tę życzliwość i poinformowano mnie, że praca cenzorska pozostaje w zupełnej dysproporcji do mojej radości.

Teraz przekażę Ci pokrótce najnowsze nowiny, może zresztą już je znasz. Pan Gl. opowiadał, że matka, a prawdopodobnie również Ljuba przyjadą do Wiednia na rozprawę. To bardzo długa, nieprzyjemna podróż i mąci to moją radość. Również pan Gl. jedzie do Wiednia. Głównie z mojego powodu. Pomyśl tylko, Kochanie, dla pana Gl. jestem właściwie kimś całkiem obcym. To zupełnie nadzwyczajne, co zrobił dla mnie i moich bliskich. A gdybyś wiedziała, jaki on miły, jak troszczy się o każdy drobiazg, jak niewymownie jest przyjacielski, chciałoby się rzec: pełen miłości wobec mnie! Kiedy mówił mi dziś o swoim przyjeździe do Wiednia, odparłem, że to cudowne, co dla mnie robi, a on rzekł na to całkiem naiwnie: „A dlaczego by nie, skoro to możliwe?". I wiesz, Ruth, już za te słowa można go pokochać. (...) Wszystkiego, co najpiękniejsze, i jeszcze raz wszelkiej pomyślności —

Twój Filja

12 marca Sąd Najwyższy w Wiedniu rozpatrywał wniesioną przez doktora Preßburgera skargę o unieważnienie wyroku. Rozprawa musiała się odbyć w prowizorycznym pałacu sprawiedliwości przy Herrengasse, ponieważ nadal trwała odbudowa starego gmachu przy Schmerlingplatz po pożarze 15 lipca 1927 roku, do którego doszło w następstwie demonstracji robotniczych w związku z uniewinnieniem sprawców zabójstw w Schattendorfie.

Sprawa Halsmanna dawno nabrała charakteru międzynarodowego wydarzenia medialnego, toteż Sąd Najwyższy powziął nadzwyczajne środki bezpieczeństwa i na czas rozprawy wzmocnił straż przed bramą przy Herrengasse. Kontrolowano dokładnie wszystkich wchodzących. Wydano jedynie pięćdziesiąt kart wstępu.

O wpół do dziewiątej rano zjawiły się pogrążone w głębokim smutku Ita i Ljuba Halsmann, a towarzyszył im brat zamordowanego, ryski kupiec Moritz Halsmann. Kiedy do sali wszedł prezes Sądu Najwyższego Franz Dinghofer, który dopiero niedawno ustąpił ze stanowiska ministra sprawiedliwości, szmer przeszedł po audytorium. Treść zażalenia odczytał Richard Preßburger, który przybył w towarzystwie swego berlińskiego kolegi Kurta Rosenfelda. Obecność słynnego adwokata z Berlina oceniono jako małą sensację.

Dr Preßburger powiedział, że podczas rozprawy w Innsbrucku sąd oddalił ważne wnioski obrony. Otóż nieodzownie konieczne byłoby przeprowadzenie żądanej przez obronę wizji lokalnej. Tylko ona pozwoliłaby przekonać przysięgłych, by odeszli od powziętej z góry opinii, że nieszczęśliwy wypadek był w rzeczonym miejscu wykluczony. Sąd w Innsbrucku nie przesłuchał też ważnych świadków znających charakter oskarżonego i dopuścił tylko tę część korespondencji ojca i syna Halsmannów, która sugerowała pewne rozbieżności między nimi. Dr Preßburger skrytykował orzeczenie obu lekarzy sądowych, w myśl którego obrażenia można tłumaczyć jedynie użyciem przemocy, wspomniał o panującej w Innsbrucku atmosferze, mającej istotny wpływ na niesprawiedliwy wyrok, i przedłożył jako dowód oświadczenie z mocą przysięgi, jakie złożył nauczyciel z Rygi, Arvid Schulz: utrzymywał on, że świadek, dr Rajmund Rainer, prowadząc korytarzem sądu przysięgłych w Innsbrucku młodego pasterza Aloisa Grausa, powiedział doń, kiedy przechodzili obok matki oskarżonego: „W przypadku Żyda musisz trzymać się z lewa, w przypadku nie-Żyda możesz trzymać się prawa".

Ponadto liczni świadkowie potwierdzili jakoby, że również koronny świadek oskarżenia, gospodarz schroniska Josef Eder, znajdując się w bezpośredniej bliskości przysięgłych, rzucał antysemickie, wymierzone w oskarżonego uwagi.

Następnie dr Preßburger stwierdził, że dwaj przysięgli wielokrotnie zasypiali podczas rozprawy. Może to udokumentować oświadczeniami na piśmie. Wielu świadków jednocześnie widziało, jak jeden z przysięgłych budził się i przecierał rozespane oczy. Śpiący przysięgli — mówił Preßburger — są nieobecni duchem, podczas gdy prawo nakłada na przysięgłych bezwzględny wymóg przytomności umysłu.

nach.

Darunter hat sich zum Teil in Badekostümen eine Gesellschaft angeregter Damen und Herren im Kasino von Cannes um den Spieltisch versammelt. Alle sind guter Laune. Einige lächeln, die meisten spielen, ordnen ihre Karten und Gelder, einer legt mit einer weiten Gebärde einen Einsatz auf den Tisch, mehrere sehen interessiert zu. Trotzdem die Gier des Spiels die ... Blatter, die ... und unsere Zivilisation nicht unsere Zivilisation, wenn nicht gleich darauf ein schief ins Bild gestellter Frauenkopf zu sehen wäre, mit gemalten Augenbrauen, geöffnetem Mund, zum Zubeißen ansetzenden, schimmernden Zähnen und den mattverhaltenen Augen eines Kino-Vampirs — ein Frauenantlitz, das fragt: „Finden Sie mich interessant?"

Ein Brief Philipp Halsmanns und seine Analyse.

Ein Gutachten von Albert Gehmann. — Mehr als 15.000 Sympathiekundgebungen.

Sehr geehrter Herr Coudenhove-Kalergi!

Fast sechs Wochen sind seit dem Innsbrucker Urteil verflossen. Philipp Halsmann hat sich vorläufig in das Unvermeidliche fügen und sich in Geduld schicken müssen. Er weiß leider schon aus Erfahrung, daß die Erledigung einer Nichtigkeitsbeschwerde lange Zeit in Anspruch nimmt, viel mehr Zeit, als diejenigen, die sie zu erledigen haben, ahnen.

Schrift: mittelgroß, hell, eng, zeigig, hohes Formniveau, Harmonie bedeutend, vorwiegend Girlandenduktus, Zeilen- und Wortabstand groß, einfache, individuelle, gefällige Formen.

Ein besonderer Fall. Der Mann verdient größte Aufmerksamkeit, er verspricht eine ungeahnte Entwicklung. Ein

Jedna z ekspertyz grafologicznych
(w: „Der Tag", 1 grudnia 1929 r.)

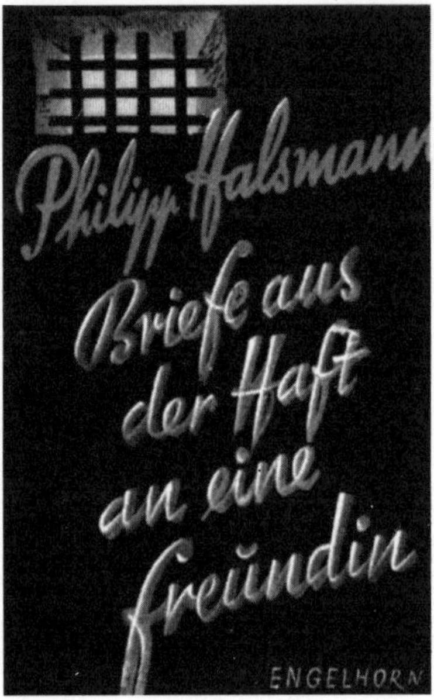

Filip Halsmann. *Listy z więzienia do przyjaciółki*
(Karl Blanck, wyd. cyt. w: Literatura przedmiotu i źródła)
[podpis pod reprodukcją: Filip Halsmann.
Listy z więzienia do Ruth Römer]

Dlatego też obrońca wnosił o unieważnienie przez Sąd Najwyższy wyroku sądu przysięgłych z 16 grudnia i zarządzenie nowej rozprawy przed innym sądem — tu proponował Sąd Krajowy do Spraw Karnych numer 1 w Wiedniu.

Ku powszechnemu zdumieniu prokurator generalny przyłączył się w ważnych punktach do krytyki ze strony obrońcy. Rozstrzygnięcie o winie — mówił — odwoływało się w pierwszym procesie głównie do wyników wizji lokalnej i ekspertyzy lekarskiej, która jednak nie przemawia klarownym językiem. Z jednej strony lekarze-rzeczoznawcy wywodzą, że obrażenia zmarłego mogły zostać spowodowane tylko ciosami w głowę, nie zaś upadkiem, z drugiej strony jednak w orzeczeniu powiada się, iż głęboka rana na czole nie mogła zostać zadana znalezionym na miejscu kamieniem. Widać tu pewien rozziew i wydaje się wskazane sprawdzenie trafności orzeczenia. Nawet jeśli jest ono trafne, czyn mógł być równie dobrze zabójstwem, jak morderstwem. W każdym razie czas i miejsce jego popełnienia nie świadczą raczej o powziętym wcześniej zamiarze mordu. Następnie byłoby też chyba wskazane wysłuchać zgłoszonych przez obronę świadków i zeznań na okoliczność braku motywu ojcobójstwa oraz symptomów chorobowych u starego Halsmanna. Sąd przesłuchał wprawdzie w tej sprawie matkę i siostrę oskarżonego, a także dwóch dalszych świadków, ale niedopuszczenie kolejnych zgłoszonych świadków było fałszywym krokiem, ostatecznie niepodobna bowiem przewidzieć, czy właśnie ci świadkowie nie wywarliby wrażenia na przysięgłych. Zarzut, że kilku przysięgłych spało podczas procesu, prokurator generalny odrzucił jako błahy, gdyż po pierwsze nie dowiedziono tego ponad wszelką wątpliwość, a po drugie jedynie niepełna obsada ławy przysięgłych może stanowić przyczynę unieważnienia werdyktu.

Na koniec prokurator generalny wnosił o uwzględnienie skargi obrony, uznanie nieważności wyroku i zwrot sprawy do pierwszej instancji celem ponownego jej rozpatrzenia.

Sąd Najwyższy przychylił się do wniosków i unieważnił werdykt ławy przysięgłych z 16 grudnia 1928 roku. Jednocześnie nakazał otwarcie nowego przewodu w Innsbrucku. W uzasadnieniu decyzji wymieniono orzeczenie lekarskie, które istotnie zawiera niejasności i domaga się sprawdzenia. Propozycję doktora Preßburgera, aby oddelegować sprawę do innego sądu, trybunał kasacyjny jednak odrzucił. Sędziowie Sądu Najwyższego nie dopatrzyli się takiej konieczności.

W Innsbrucku przyjęto tę decyzję z wielką satysfakcją, bo rozumiano ją jako uznanie dla obiektywizmu tyrolskiego wymiaru sprawiedliwości oraz potwierdzenie, że pierwszy proces miał właściwy przebieg. Tylko w Instytucie Medycyny Sądowej zareagowano ze złością na krytykę Sądu Najwyższego wymierzoną w opinie rzeczoznawców. Kierujący instytutem w Innsbrucku pięćdziesięcioletni profesor Karl Meixner, rodowity wiedeńczyk, wziął w obronę obu lekarzy-asystentów, autorów inkryminowanego orzeczenia, i zaświadczył, że wykonali dobrą robotę — z pewnością potwierdzi to dodatkowe badanie, którym profesor zamierza pokierować osobiście.

Zgodnie z postanowieniem najwyższego trybunału Filip Halsmann pozostał w areszcie śledczym — wobec ciężaru zbrodni, o jaką został posądzony, zwolnienie go nie wchodziło w rachubę. Ponadto był obcokrajowcem i nie miał w Austrii stałego adresu.

Innsbruck, 14 marca 1929

Moja droga Ruth!

Nie należy mówić „hop", zanim się nie przeskoczy. Napisałem do Ciebie tak pełen nadziei list, a wczoraj powiadomiono mnie, że sprawa wraca do Innsbrucku. To zmienia oblicze wszystkiego i temperatura mojego nastroju znów opadła w okolice zera. Dziś widziałem się z mamą i Ljubą. Mama nadal wygląda bardzo źle, ale Ljuba doszła w Rydze do siebie. Nie widziałem jej przez dwa miesiące. Jest urocza, bardzo ją lubię. Zostaną tutaj przez jakiś czas. Znów z mojego powodu — całkiem same na obczyźnie! To piękne i zarazem smutne. Pan Gl. też był w Wiedniu. Nadzwyczajny człowiek!

W lochu panowała martwa cisza i nie było absolutnie nic do roboty. Deklamowałem wiersze, głośno i bardzo ekspresyjnie. Ale mam strasznie słabą pamięć. Znam trzy rosyjskie Lermontowa, żadnego niemieckiego, jeden francuski Géraldy'ego. Poza tym znam na pamięć około 10–12 swoich wierszy. (...) Życzę Ci wszystkiego, co najpiękniejsze i najmilsze. Ściskam Cię bardzo mocno i serdecznie.

Twój Filja

W marcu 1929 roku Filip Halsmann otrzymał od dyrektora więzienia w Innsbrucku karę czternastu dni ciemnego lochu, ponieważ przyjął od innego więźnia wycinek z gazety, dotyczący przypuszczalnie postępowania rewizyjnego. Wyszło to na jaw i zostało ukarane jako ciężkie naruszenie regulaminu więziennego. W piwnicznej „celi poprawczej" nie było nic poza drewnianą ramą pryczy, więzień nie mógł też mieć nic przy sobie, żadnego papieru, przyborów piśmiennych ani książek, nie wolno mu było również przyjmować listów. Trzeciego dnia Filip poprosił dyrektora o warunkowe darowanie reszty kary; prośbę spełniono, gdyż dotychczas więzień zachowywał się nienagannie.

Oprócz niezliczonych listów pisał też w areszcie wiersze; kilka z nich wysłał przyjaciółce Ruth Römer. On sam najbardziej lubił wiersz wysłany 19 lutego 1929 roku:

Rosną mi włosy na brzuchu —
Kto wie czemu?
Zdumiewam się nad tym w duchu
I łkam niemo.

We włosach na brzuchu wiercę
Co za męka.
Z nadmiaru spraw dziwnych serce
Nagle pęka.

Duch łaknie prawdy i zginie
Cierpiąc niemo.
A ja mam na brzuchu szczecinę —
Kto wie czemu...?

Z tego wiersza był, jak sam przyznał, „prawie całkiem zadowolony. Jest technicznie dobry, a treść przy całej swojej niesłychanej niedorzeczności okazuje się niewymownie głęboka i wzruszająca".

ROZDZIAŁ DZIEWIĄTY

Kiedy we wtorek 20 marca adwokat dr Franz Pessler otworzył w swojej kancelarii przy Anichstraße w Innsbrucku poranną gazetę, zaczął jak zwykle szukać najpierw rubryki „Z sali sądowej", aby dowiedzieć się nowin dotyczących jego profesji. Tego dnia czekała go niespodzianka. Dowiedział się z krótkiej notatki, że przejął rolę obrońcy w następnym procesie Halsmanna. Natychmiast zatelefonował do doktora Lehndorffa, zastępcy Preßburgera w Innsbrucku, i spytał go, co ma oznaczać ta wiadomość, nikt bowiem z nim o tym nie rozmawiał. Lehndorff był zaskoczony. Poprzedniego dnia w mieszkaniu miejscowego przedsiębiorcy Richarda Glasera odbyła się rozmowa z matką i siostrą oskarżonego, podczas której postanowiono zgodnie, że do następnego procesu trzeba pozyskać obrońcę w osobie doktora Pesslera. Jak to się mogło stać, że gazeta przedwcześnie wpadła na ten trop, Lehndorff nie potrafił wyjaśnić.

Zaledwie kilka godzin później w kancelarii Pesslera zjawił się Richard Glaser i w stosownej formie prosił go o przejęcie obrony Filipa Halsmanna. Złość Pesslera szybko minęła. Jak każdy adwokat w Innsbrucku, uważnie śledził proces Halsmanna i po cichu zazdrościł koledze Lehndorffowi interesującego przypadku, o którym donosiły nawet zagraniczne gazety. Zgodził się zatem, zasugerował jednak, że wobec ogromu materiału i spodziewanej długotrwałości przewodu byłoby wskazane dobranie drugiego adwokata. Zaproponował doktora Paula Mahlera, z którym często współpracował. Richard Glaser przystał na tę kandydaturę. Jeszcze tego samego dnia Pessler udzielił wywiadu dziennikarzowi lokalnej gazety, usiłując jakoś pokleić porcelanę, którą oskarżony oraz gwiazdor wiedeńskiej palestry potłukli wskutek swoich zachowań i ataków na tyrolskich przysięgłych, tudzież na niektórych świadków. Franz Pessler, który nie był rodowitym Tyrolczykiem, lecz urodził się w Linzu nad Dunajem jako syn deputowanego do parlamentu Gustava Rittera von Pesslera, natychmiast oświadczył, że nie ma żadnych zastrzeżeń do tyrolskich przysięgłych: „Nieraz uczestniczyłem w procesach przed tyrolską ławą przysięgłych i poznałem ich jako sprawiedliwych, życzliwych sędziów. Rozumie się, że oskarżonemu nie wolno ich obrażać ani nieprzyzwoicie atakować. To wręcz po ludzku niemożliwe, żeby znieważony sędzia pozostał sędzią obiektywnym. Jeśli Halsmann wyzbędzie się swego obraźliwego sposobu bycia, postępowanie nabierze spokojnego, pojednawczego charakteru".

Ustanowienie nowego adwokata okazało się nieuniknione, ponieważ po niespodziewanym zakończeniu pierwszego procesu dr Preßburger mówił otwarcie, że nigdy więcej nie zechce wystąpić w Innsbrucku.

Ale również rodzina Halsmanna — w niemałej mierze pod wpływem Richarda Glasera, który jako innsbruckczyk potrafił właściwie ocenić tutejsze nastroje — już po pierwszym wyroku uznała, że warto rozejrzeć się za nowym obrońcą, najlepiej spoza austriackiej stolicy, ażeby uspokoić gorącą atmosferę i z góry pozbawić gruntu wszelkie uprzedzenia wobec „czerwonego Wiednia". Niezbędne rozmowy sondujące, nawet jeśli toczyły się w największej dyskrecji, nie mogły długo pozostać tajemnicą w mieście wielkości Innsbrucku, toteż nie należało się dziwić, że wkrótce po unieważnieniu pierwszego wyroku lokalna gazeta doniosła o zamyśle rodziny Halsmanna, która postanowiła przed kolejnym procesem pozyskać obrońcę w osobie „aryjskiego" adwokata z tego miasta.

Innsbruck, 23 marca 1929

Moja droga Ruth!

(...) Wiosna przyniosła mi nowego obrońcę. Cieszę się z tego jak dziecko. To bardzo ciekawy człowiek, wychowanek jezuitów. Żałuję, że nie mam zdolności pisarskich, bo materiału mi nie brakuje. Nowy obrońca jest jeszcze młody — 36 lat. Zazdroszczą mu teraz w Innsbrucku pięknego procesu i współczują z powodu nieprzyjemnego oskarżonego. Przedwczoraj usłyszałem o sobie wiele złego. Jestem bardzo niesympatyczny, odrażający, ordynarny jak świnia itd.!

Obrońca uważa teraz za swój najszlachetniejszy obowiązek przeobrażenie mnie, żebym był łagodny jak baranek. (Baranek — czy Tobie też przypomina to swojskie wieńce z kwiatów, kadzidła, pieśni ofiarne?) (...)

Filip Halsmann i jego nowy obrońca natychmiast świetnie się porozumieli. Pessler jakby bez trudu trafił do trudnego, jak mogło się wydawać, introwertycznego więźnia, a ten szybko nabrał doń zaufania. Kiedy adwokat po pierwszych odwiedzinach w pokoju przesłuchań zapytał, co ma przynieść następnym razem, Filip poprosił go o... kawałek szarlotki. Później, kiedy go lepiej poznał, Pessler opisywał swojego mandanta jako osobliwe pomieszanie dziecka i mężczyzny. Szczególnie godne uwagi wydało mu się to, że obok pryczy Filipa zawsze stała fotografia jego ojca. Żeby morderca mógł znieść ciągły widok własnej ofiary — coś takiego było dla Pesslera zupełnie nie do pomyślenia.

Adwokat traktował studenta jak równorzędnego rozmówcę, z którym mógł otwarcie dyskutować o problemach obrony. Pokazał Halsmannowi materiał dowodowy, w tym zdjęcia okropnych ran na głowie jego ojca, które jednoznacznie przemawiały przeciw wersji zakładającej wypadek; objaśnił mu krwawą smugę, czyli ślady znalezione na górze przy drodze. Filip był przerażony, ale to jeszcze nie zdołało zachwiać jego przekonaniem, że ojciec stracił życie wskutek runięcia w dół. Dodał, że w czasie, gdy do tego doszło, nie widział w pobliżu obcych ludzi, potem, kiedy schodził do ojca leżącego w łożysku potoku, również nikogo nie spostrzegł. Pessler wiedział o tym z dokumentacji pierwszego procesu. Zachował całkowity spokój, przyjął argumentację Filipa i próbował ustalić jakąś wspólną linię. Panowała między nimi doskonała harmonia, czasem nawet, mimo tragicznej materii, zachowywali się niemal swawolnie.

Pewnego razu Pessler rozmawiał z Filipem w obecności protokolanta; mówili o ranie na czole, zgadywali, skąd się wzięła, i próbowali obliczyć ciężar kamienia, jaki był potrzebny, żeby taką ranę zadać. Sięgnęli do znanej każdemu gimnazjaliście formuły $E=\frac{1}{2}mv^2$. Siła potrzebna do zmiażdżenia kości czołowej wynosiła szesnaście kilogramometrów. Prędkość ruchu ramienia człowieka w pozycji klęczącej to 8,6 metra na sekundę. Doszli do wniosku, że kamień, którym można by zadać taką ranę, musiałby ważyć 4,3 kilograma. Podczas gdy zagłębiali się w wyliczeniach, do pokoju przesłuchań wszedł radca Wyższego Sądu Krajowego dr Josef Ziegler. Dr Ziegler miał przewodniczyć najbliższej rozprawie. Przyglądał się przez chwilę obu mężczyznom, po czym poprosił adwokata, aby zaprzestał tych rachunków. Na pytanie, dlaczego, sędzia wyjaśnił, że w przypadku formuł matematycznych może chodzić o tajny język, w którym podsądny i adwokat wymieniają zakazane wiadomości. Więzień i jego obrońca z trudem tłumili śmiech.

W następnych tygodniach Pessler rozwinął gorączkową działalność i zasypał Sąd Krajowy w Innsbrucku nowymi wnioskami dowodowymi. Na najbliższą rozprawę główną mieli zostać wezwani wszyscy świadkowie, którzy mogą wystawić Filipowi Halsmannowi świadectwo moralności i których wymienił już poprzednik Pesslera w pierwszym postępowaniu — większość z nich została jednak wtedy odrzucona przez sąd. Następnie Pessler chciał, aby odczytano całą dostępną sądowi korespondencję między ojcem i synem, a nie tylko te listy, które wskazywały na ich zaburzone stosunki. Wnosił o wezwanie na świadków wszystkich osób, które spotkały Halsmannów między 8 a 10 września minionego roku podczas ich wyprawy w głąb Doliny Ziller, a nie tylko tych, które pamiętały Filipa jako odpychającego ponuraka. W tym celu żandarmeria miała przeprowadzić nowe dochodzenie i wykryć być może świadków dotychczas nieznanych. Funkcjonariusze powinni w miarę możności ustalić personalia wszystkich osób, które w rzeczonym okresie przebywały na obszarze między Schwarzensteinem, Schönbichlerhornem i Olpererem, i zatrzymywały się w tamtejszych zajazdach i schroniskach. Następnie należało sprawdzić, czy któraś z tych osób nie widnieje w albumie przestępców. W tym kontekście nadzwyczaj ważne wydawało się Pesslerowi dostarczenie sądowi księgi ze szczytu Schönbichlerhorn. Ponadto, jak wieść niesie, około 10 września w pobliżu Chaty Dominika kręcili się liczni robotnicy, zatrudnieni przy budowie nowego schroniska i prowadzącej do niego drogi. Należało ustalić ich nazwiska, porównać z kartoteką i przeprowadzić dochodzenie, czy któryś z nich nie ściągnął na siebie podejrzeń, wydając franki szwajcarskie. Dokładnie tak samo wypadało potraktować uczestników polowania z nagonką, które książę Auersperg urządził podobno 10 września w okolicy Chaty Dominika.

Nowo wyznaczony sędzia śledczy, dr Georg Bickel, bez oporu przyjął wszystkie wnioski i niezwłocznie przekazał wytyczne posterunkowi żandarmerii w Mayrhofen, gdzie naturalnie nie wzbudziło to wielkiej radości funkcjonariuszy. Domyślali się, że ten skomplikowany przypadek zbrodni jeszcze przysporzy im nieco pracy, ale zalew wniosków nowej obrony przeszedł ich najśmielsze oczekiwania. A przecież żandarmi z własnej inicjatywy wykazywali się aktywnością. 14 marca 1929 roku, dzień po unieważnieniu pierwszego wyroku przez Sąd Najwyższy, komendant posterunku wystosował pismo do prokuratury w Innsbrucku, w którym zaznaczył, że w opinii „tutejszego posterunku" nadzwyczaj ważnym elementem nowego postępowania przeciw Halsmannowi będzie pokazanie przysięgłym miejsca zbrodni. Co prawda zaszły tam zmiany w związku z przeprowadzonym tymczasem remontem drogi, wszelako „posterunek" żywi niezłomne przekonanie, „że jeśli trybunał dokona oględzin zbocza, które z całą pewnością nie jest niebezpieczne, żadną miarą nie uwierzy, iżby nawet wskutek ewentualnego spadnięcia z tego zbocza człowiek mógł doznać obrażeń, jakie stwierdzono u Halsmanna. Kierując się dobrem sądownictwa karnego posterunek uznaje za konieczne zwrócić uwagę prokuratury na tę okoliczność".

Prokurator Siegfried Hohenleitner z pewnym rozbawieniem dołączył to pismo do akt: styl komendanta posterunku w Mayrhofen pozostawiał nieco do życzenia, ale doprawdy komendant trzymał rękę na pulsie.

W najbliższych tygodniach żandarmi w Mayrhofen ani na chwilę nie wychodzili z mundurów. Oblecieli wszystkie zajazdy wzdłuż trasy Mayrhofen–Ginzling i dalej do Breitlahner, pytając o nieznajomych, którzy zatrzymywali się tam około 10 września poprzedniego roku. W miejscowości Ginzling chodzili od domu do domu, dopytując, kto 10 września brał udział w polowaniu księcia Auersperga. Żandarm wysokogórski Moser przypiął nawet narty z przymocowanym do nich, ułatwiającym wspinaczkę foczym futrem i wyruszył na Schönbichlerhorn, aby ewentualnie zabezpieczyć księgę zdobywców wierzchołka. Okazało się to beznadziejne. Szczyt pokrywała metrowa czapa śniegu i komendant posterunku meldował do Innsbrucku, że w celu dotarcia do księgi trzeba by usunąć te zwały, do czego byliby potrzebni co najmniej dwaj ludzie, wyposażeni w narty albo rakiety przeciwśnieżne, raki, czekany i szufle, a i wtedy powodzenie akcji byłoby wątpliwe. Trzeba się liczyć z tym — informował komendant — że księgi nie da się dostarczyć przed całkowitym stopnieniem śniegów, co, jak uczy doświadczenie, może nastąpić dopiero w połowie lipca. W maju przynajmniej drogę dla zwierząt jucznych z Breitlahner do Chaty Dominika odśnieżono na tyle, że zobligowani przez obronę żandarmi mogli sprawdzić, czy są bezpośrednie ścieżki łączące miejsce zdarzenia z punktem, gdzie budowano drogę do świeżo wzniesionego schroniska Friesenberg — często nazywanego przez ludność „żydowską chatą", ponieważ sfinansowali je żydowscy alpiniści, niemile widziani w schroniskach stowarzyszeń alpejskich. Żandarmi nie znaleźli ścieżek, którymi mogliby się przedostać ludzie nie znający okolicy. Co najwyżej obeznani z terenem miejscowi — pisano w raporcie do Innsbrucku — tacy jak tutejsi myśliwi, zdołaliby to zrobić. Nie tylko obrona zasypywała urzędników kolejnymi wnioskami, to samo robił prokurator, który również starał się zgromadzić nowy materiał dowodowy, aby uzbroić się przed drugim procesem.

Żandarmi musieli nierzadko ruszać w drogę, reagując na zwykłe pogłoski. Na przykład prokuraturze obiło się o uszy, że pokojówka Maria Stock, usługująca w tamtym czasie Pod Różą Alpejską w Dolinie Zemm, rozpowiada, jakoby stary Halsmann oznajmił jej, iż żąda osobnego pokoju ze strachu przed synem. Żandarmi ustalili miejsce pobytu Marii Stock i zapytali ją o te wypowiedzi. Pokojówka nie pamiętała jednak, by opowiadała coś podobnego. Stary Halsmann oznajmił jej tylko — powiedziała teraz żandarmom — że chce spać sam w pokoju, ponieważ w przypadku dwóch lokatorów toaleta staje się zbyt kłopotliwa.

Również dochodzenie w sprawie osób zatrudnionych przy budowie drogi do schroniska Friesenberg nie otworzyło nowych perspektyw. Urzędnicy wykryli, że u przedsiębiorcy budowy dróg, Friedricha Geislera, pracowali w owym czasie jego dwaj bracia, Andrä i Otto, a także Franz Geisler, Andrä Dornauer, Josef Wegscheider, Josef i Franz Huberowie, Karl Mitterlehner i Stefan Auer. Trzej z nich widnieli w kartotece jako uprzednio karani: sam przedsiębiorca, jego brat Andrä oraz Josef Wegscheider; obaj Geslerowie za umyślne lekkie uszkodzenie ciała, czyli pobicie, a Wegscheider za złośliwe uszkodzenie cudzej własności. Przy najlepszych chęciach nie sposób było wywieść stąd podejrzeń, które można by łączyć ze sprawą Halsmanna. Również wśród naganiaczy i myśliwych księcia Auersperga nie zabrakło osób o reputacji notorycznych zawadiaków, co w Dolinie Ziller nie uchodziło za hańbę; zarazem żandarmi stwierdzili, iż rzeczone polowanie nie odbywało się, jak utrzymywano, w Dolinie Zamser, lecz w Dolinie Zemm, czyli dużo dalej. Żaden myśliwy czy naganiacz nie znalazłby okazji, by oddalić się niepostrzeżenie na kilka godzin, ponieważ każdemu przydzielano podczas łowów stałe miejsce bądź konkretny obszar. Co do wydawania franków szwajcarskich lub innej obcej waluty, żadna z wymienionych osób nie rzuciła się w oczy. Również z przeglądu książek gości w schroniskach Doliny Zemm, Zamser i Schlegeis nie wynikły nowe wskazówki. W owych wrześniowych dniach ubiegłego roku nocowali tam głównie austriaccy i niemieccy miłośnicy gór, ponadto kilku Anglików, Szwajcar, jakaś para z Nowego Jiczyna w Czechosłowacji i obaj Halsmannowie z Rygi. Znanych policji przestępców wśród gości tych schronisk nie odnotowano.

Prawie nie było dnia, żeby na posterunek żandarmerii w Mayrhofen nie docierały z Innsbrucku nowe pytania w sprawie Halsmanna. A przecież funkcjonariusze i bez tego nie narzekali na brak pracy. W Dolinie Ziller nigdy nie brakowało roboty dla stróżów porządku. Chłopi skarżyli się na rosnącą liczbę włóczęgów i szukających zarobku wagabundów, którzy całymi orszakami ciągnęli przez tyrolskie doliny — coraz bezwstydniejsi, tak że kobiety często musiały się lękać, gdy zostawały same w domu. W końcu lutego jeden z tych zuchwalców zaczaił się w pobliżu Zell nad Zillerem na niejaką Annę Schönherr, kiedy wracała do domu; wyskoczył nagle z krzaków na drogę i grożąc nożem zawołał: „Pieniądze albo krew!". Przerażona kobieta cisnęła mu pod nogi portmonetkę i dała drapaka. Sprawcy dotychczas nie ujęto.

Potężnego bólu głowy przysporzyła też żandarmom tajemnicza śmierć Marii Gänsluckner, dwudziestosiedmioletniej córki sklepikarza z Ried, której zwłoki znaleziono nad brzegiem Zilleru. Ponieważ niedaleko tego miejsca odkryto kałużę krwi, początkowo zakładano, że doszło do zbrodni. Dopiero po długotrwałym śledztwie funkcjonariusze ustalili, że krwawy ślad był sprawką handlarza bydłem, który dźwigał martwe cielę z Merz do Ried i chcąc odsapnąć, złożył je na ścieżce. Ponieważ Maria miała nieślubne dziecko, wybadano też i surowo przepytano jego ojca, ten jednak potrafił przedstawić niepodważalne alibi. Komisja sądowa doszła więc do wniosku, że Maria Gänsluckner, w rozpaczy z powodu zerwanych zaręczyn, popełniła samobójstwo.

No i wreszcie kłusownicy, z dawien dawna prawdziwa plaga w Dolinie Ziller. Zwłaszcza łowy na cenne koziorożce często w przeszłości wywoływały krwawe konflikty między bracią myśliwską a kłusownikami, aż na początku XVIII wieku biskup Johann Ernst hrabia von Thun, ówczesny właściciel tamtejszego rewiru łowieckiego, polecił odstrzelić wszystkie koziorożce, uważał bowiem, że wystawiając tak wiele istnień ludzkich na szwank z powodu próżnej zachcianki, popada w konflikt ze swoją wysoką godnością duchowną. Koziorożce wytrzebiono, ale nie kłusowników, którzy przestawili się teraz na zwierzynę płową, zwłaszcza na kozice. 18 marca myśliwi dopadli w Dolinie Zemm dwóch kłusowników z włoskiej Doliny Puster. Ponieważ zbóje sięgnęli po broń, jeden z myśliwych wypalił w ich kierunku, kładąc obu naraz. Jednemu kula przestrzeliła ramię, drugiego zraniła śmiertelnie. I znów żandarmi z Mayrhofen musieli tłuc się po bezdrożach, by sfotografować miejsce zdarzenia i zabezpieczyć ślady.

28 maja dr Franz Pessler aż do wieczora siedział w biurze i wraz ze swoją kancelistką, Matyldą Maier, przeglądał bogaty materiał w sprawie Halsmanna. O wpół do ósmej zadzwonił mężczyzna, który przedstawił się jako Rupert Auer i chciał koniecznie mówić z Presslerem: „to sprawa życia i śmierci". Pół godziny później zjawił się w kancelarii: wysoki i chudy, o blond włosach i przenikliwym spojrzeniu. Na Matyldzie Maier wywarł bardzo dziwne wrażenie. Oświadczył, że chce zeznać coś ważnego w sprawie Halsmanna; oskarżony jest niewinny, a on, Auer, może go uratować. Jego przyjaciel, Alexander Berger, miał widzieć na własne oczy, jak gospodarz Chaty Dominika, Josef Eder, w dniu morderstwa rozciera stopami ziemię na miejscu zdarzenia, wytwarzając krwawą smugę. Eder jest znany w całej okolicy jako wielki wróg Żydów. Dzień po nieszczęściu — ciągnął Auer — poszedł z przyjacielem na rzekome miejsce zbrodni. Auer opisał je i chyba istotnie je znał, również okoliczne drogi; mówił o bocznych ścieżkach, dostępnych tylko wtajemniczonym. Później u Edera w domu, w Ginzling, Auer spotkał dyrektora banku z Niemiec, który rozmawiał z Ederem o sprawie Halsmanna. Auer znał wiele szczegółów z pierwszego procesu i stale powtarzał, że sumienie każe mu bezwzględnie odciążyć Filipa Halsmanna.

Dr Pessler spytał go, czy jest gotów powtórzyć to zeznanie również przed prokuratorem, na co Auer przytaknął. Następnego ranka przyszedł znów do kancelarii Pesslera. Razem udali się do prokuratora Hohenleitnera, który chciał iść z nimi do sędziego śledczego, ten jednak kontynuował akurat prace dochodzeniowe w Dolinie Ziller. Prokurator polecił więc Auerowi jechać do Mayrhofen, gdzie przecież mieszka jego przyjaciel Berger; tam sędzia śledczy zaprotokołuje ich zeznania. Następnie Hohenleitner wysłał telegram do doktora Bickla, w którym informował go o nowym biegu rzeczy i zapowiadał przyjazd Auera. Jednak Rupert Auer nigdy nie dotarł do Mayrhofen. Żadnego Alexandra Bergera tam nie znano.

Niemniej żandarmów znów zagnano do roboty. Mieli ustalić, czy w rzeczonym okresie przebywał w okolicy jakiś niemiecki dyrektor. Komendant posterunku Franz Eicher meldował Innsbruckowi, że nikt w Ginzling nie wie nic o żadnym dyrektorze banku czy choćby szkoły, który by rozprawiał w mieszkaniu Edera o sprawie Halsmanna. Jedynie w zajeździe Altginzling przebywali w owym czasie jako letnicy niejaki Hans Nieland, fabrykant, i dyrektor N. Maier, obaj z Plauen w Niemczech; wszelako wydaje się wiarygodne, że gospodarz schroniska nigdy nie spotkał obu panów z Niemiec.

Pessler nie chciał tak łatwo porzucić tego tropu i zaangażował prywatnego detektywa, wiedeńczyka nazwiskiem Leopold Zipperer, który w towarzystwie swego asystenta, Juliusa Kratzky'ego, wybrał się do Doliny Ziller, aby przeprowadzić dodatkowe śledztwo. On również, emerytowany policjant, który prowadził biuro detektywistyczne w piętnastym okręgu Wiednia, trudził się na próżno, szukając tajemniczego Ruperta

Auera bądź jego przyjaciela, Alexandra Bergera. Udało mu się tylko wykryć istnienie niejakiego Petera Auera *vulgo* Preschmaschuster, robotnika dniówkowego z miejscowości Kasern w Dolinie Ahrn, który w 1923 roku zamordował w dolinie potoku Ziller niejakiego Josefa Waldnera i od tamtej pory jest nieuchwytny. Zipperer potwierdził natomiast słowa człowieka przedstawiającego się jako Auer, wedle których w okolicy miejsca zdarzenia znajdują się liczne boczne ścieżki i niektóre z nich prowadzą jakoby do nowo zbudowanej drogi w kierunku kotliny Friesenberg. Tak przynajmniej opowiadała wiedeńskiemu detektywowi miejscowa ludność; sam tego nie sprawdził, co później miało się okazać jakże przykrym zaniechaniem. Leopold Zipperer pisał w raporcie dla Franza Pesslera, że podczas pobytu w Dolinie Ziller spotkali, on i jego asystent, rozmaitych podejrzanych osobników, którzy przemierzali okolicę w poszukiwaniu roboty dniówkowej. Z niektórymi detektyw nawiązywał rozmowę, przy czym okazywało się, że w większości pochodzą oni z południowego Tyrolu i nie mają żadnych dokumentów. Na pytanie, czy się nie boją, że zatrzymają ich austriaccy żandarmi, tylko się śmiali; wystarczy powiedzieć, że jest się z południowego Tyrolu — dodawali — i dadzą człowiekowi spokój.

Trop zbiegłego Petera Auera wydawał się Pesslerowi obiecujący, a zatem postanowił go podjąć. Istotnie w styczniu 1923 roku poniżej przełęczy Heiliggeist w dolinie potoku Ziller niejaki Peter Auer zastrzelił z ukrycia strażnika Josefa Waldnera. Za mordercą rozesłano list gończy, ale dotychczas go nie odnaleziono.

W najbliższych tygodniach wydarzyły się w górach tyrolskich dwa sensacyjne morderstwa rabunkowe, których ofiarami padli turyści. 19 lipca 1929 roku w okolicy Brandenbergu przebywające tam na letnisku starsze małżeństwo z Dolnej Austrii zginęło podczas spaceru od skrytobójczych kul mordercy-rabusia. Na początku lipca emerytowany radca księgowy z Berlina, idąc do Chaty Darmsztackiej w rejonie Arlbergu, padł martwy pod zamaszystymi ciosami, zadanymi kamieniem w głowę — podobnie jak w przypadku Halsmanna. Sprawcy obu czynów zostali ujęci już po kilku tygodniach. W sprawie morderstwa pod Brandenbergiem zatrzymano chłopskiego syna z niziny tyrolskiej, którego gazety opisywały jako chłopaka bezczelnego i pozbawionego uczuć. Morderstwa koło Chaty Darmsztackiej dowiedziono włóczykijowi o nazwisku Alfred Pröller z Czechosłowacji, który okazał się synem inspektora policji.

Morderstwo na berlińskim radcy stało się dla lokalnych gazet kolejną okazją do piętnowania grasujących coraz liczniej wagabundów — latem 1929 roku były ich w tyrolskich dolinach tysiące. Pewna gazeta w Innsbrucku pisała o około stu pięćdziesięciu tysiącach „ptaków wędrownych" z Niemiec i Austrii, które tylko w sierpniu nawiedziły Tyrol. Według relacji zamieszczonej w „Tiroler Bauernzeitung" do chłopów na nizinie puka czasem dziesięciu i więcej takich nicponi dziennie; chcą pracy lub czegoś do jedzenia, a często zachowują się przy tym zuchwale i roszczeniowo. „Czego szukają ci osobnicy, włócząc się całymi tygodniami i miesiącami po naszych dolinach", pytała z oburzeniem gazeta w imieniu swoich chłopskich czytelników i wzywała władze, by wreszcie energicznie temu zaradziły.

Prasa międzynarodowa traktowała oba morderstwa jako pretekst, by znów ostrzegać przed niebezpieczeństwami dla życia i zdrowia, jakie czyhają w Alpach austriackich na pełnych naiwności turystów. „Wolność mordowania w górach", wołała pewna gazeta berlińska, a w Tyrolu znów widziano w tym powód, by oburzać się na niesprawiedliwe ataki godzące w ruch turystyczny — nerw tyrolskiego życia.

Zwłaszcza morderstwo koło Chaty Darmsztackiej, wykazujące tak dobitne paralele ze sprawą Halsmanna, rozbudziło krótkotrwałe nadzieje w rodzinie i wśród przyjaciół Filipa, jednak zatrzymany morderca nie wchodził w rachubę jako sprawca również tego czynu. Dla Franza Pesslera oba morderstwa rabunkowe z lata 1929 roku stanowiły bądź co bądź dowód, że na bardzo uczęszczanych szlakach dochodzi do skrytobójczych napaści na wędrowców, do rabunków i morderstw, przy czym jako narzędzie zbrodni wystarczy sprawcy nawet kamień.

Wszystko to było dostatecznie znane. Starzy mieszkańcy Doliny Ziller ze zgrozą wspominali poczwórne morderstwo rabunkowe, którego dokonali dwaj czeladnicy z Monachium. W pewnej gospodzie w Mitterarnbach koło Stumm siedemnasto- i osiemnastolatek zatłukli przyniesionymi specjalnie do tego celu kamieniami dwie kobiety i dwoje dzieci, jedno zaledwie sześciomiesięczne, a następnie dokonali rabunku. Wkrótce potem ujęto ich i odstawiono do Sądu Krajowego w Innsbrucku.

Zdarzyło się to w 1889 roku, ale w Dolinie Ziller wciąż pamiętano ów straszliwy krwawy czyn. Proces przeciw „tym nierelegijnym, żądnym krwi osobnikom", który miał miejsce przed sądem przysięgłych w Innsbrucku, udokumentowano nawet w formie specjalnej broszury.

ROZDZIAŁ DZIESIĄTY

Poszukiwanie nowych świadków i dowodów nie wydobyło na światło dzienne właściwie nic takiego, co w istotnej mierze poprawiałoby sytuację Halsmanna. Dr Franz Pessler musiał więc rozejrzeć się za innymi dowodami na niewinność swego klienta. Wnosił o orzeczenie psychologa, który miał wyjaśnić, czy oskarżony nie uległ przypadkiem halucynacji, w określony sposób postrzegając tragiczne wydarzenia, które doprowadziły do śmierci jego ojca. Pessler odwoływał się tu do stanowiska profesora Theodora Erismanna, czyli opinii, którą kierownictwo Instytutu Psychologii Eksperymentalnej Uniwersytetu w Innsbrucku oraz trzech kolegów profesora przedłożyło obronie i prokuraturze po pierwszym wyroku.

Pessler cytował we wniosku również profesora Theodora Rittlera, który opowiadał się za tym, aby w przypadkach, gdy chodzi o osoby zdrowe na umyśle, zasięgać rady psychologa, a nie psychiatry.

„Kwestia luk w pamięci i pamięciowych złudzeń u ludzi zdrowych psychicznie należy do kompetencji psychologa, a nie lekarza. Psychologia jest nauką wprawdzie młodą, ale już samodzielną i jako taka powszechnie uznawaną. (...) Minęły czasy, kiedy nie istniała jeszcze psychologia naukowa, a psychiatra mógł uchodzić za jedynego fachowego opiniodawcę w kwestiach psychiki. Nastąpił dalszy rozwój i zróżnicowanie nauki. Dziś psychiatra jest już tylko fachowcem w dziedzinie chorego życia psychicznego. W dziedzinie zdrowego życia psychicznego musiał ustąpić pola fachowemu psychologowi. Korzystanie z usług psychiatrów, gdy chodzi o ocenę ludzi zdrowych, jest niebezpieczne. Psychiatra bowiem zawsze nastawia się na przypadki chorobowe. Jest gotów traktować wszelkie anomalie w sferze postrzegania, pamięci, odczuć i pragnień jako koszta choroby. I na odwrót: przywykł widzieć w osobie zdrowej psychicznie kogoś psychicznie pełnowartościowego, po kim bezwzględnie oczekuje prawidłowego myślenia, prawidłowych spostrzeżeń i wspomnień. Fachowi psychologowie znają się na tym lepiej. Prowadzili bowiem specjalistyczne badania nad niewłaściwym funkcjonowaniem osób zdrowych psychicznie".

Prokuratura stanowczo odrzuciła wniosek o powołanie biegłego psychologa, zażądała natomiast orzeczenia wydanego przez fakultet medyczny w Innsbrucku. Czyli, jak ujął to w drwiącym komentarzu Pessler, opinii fakultetu, którą obok psychiatry współprokurowaliby także chirurg, ortopeda, ginekolog i dentysta: Halsmann wszelako nie jest chory i lekarze nie są tu kompetentni, a już na pewno nie cały fakultet medyczny.

Sąd przychylił się jednak do stanowiska prokuratury i zamówił orzeczenie fakultetu. Członkowie gremium medycznego zażądali wprawdzie wglądu w orzeczenie Erismanna, na co wyrażono zgodę, sąd jednak niezmiennie pomijał osobę renomowanego psychologa jako świadka. Erismanna jednak nie zbiło to z tropu. Na prośbę Pesslera osobiście pojechał do Doliny Ziller, gdzie przy pomocy asystenta przeprowadził w miejscu wypadku eksperyment. Wykorzystując osiemdziesięciokilogramowy manekin, postanowił ustalić, ile czasu potrzebował ewentualny morderca, aby powalić starego Halsmanna uderzeniami kamienia, zawlec go nad potok i znaleźć dla siebie kryjówkę. Z eksperymentu wynikło, że do zadania śmierci siedemnastoma ciosami, z użyciem dwóch różnych kamieni, i do rabunku wystarczyło trzydzieści siedem sekund; aby się ukryć, morderca potrzebował jeszcze dwunastu sekund, a więc mniej niż minutę na całą akcję.

Oprócz orzeczenia fakultetu, który miał zbadać możliwość halucynacji, sąd musiał zlecić jeszcze nowe orzeczenie medycyny sądowej. Ostatecznie pierwszy wyrok został unieważniony z powodu uchybień w orzecznictwie medycznym. Jako biegłych wezwano tym razem dwóch doświadczonych medyków sądowych: profesora doktora Karla Meixnera, szefa Instytutu Medycyny Sądowej w Innsbrucku, i profesora doktora Antona Werkgartnera z Wiednia.

Wiosną 1929 roku sprawa Halsmanna wkroczyła w nową fazę: zajmowało się nią coraz więcej rzeczoznawców, którzy często mieli przeciwstawne opinie. W efekcie doszło do regularnej wojny ekspertów, ostro ze sobą polemizujących, przy czym nie zabrakło całkowicie nienaukowych insynuacji i osobistych przytyków. Chodziło przede wszystkim o kwestię, czy należy powoływać jako biegłych psychiatrów, a więc lekarzy, czy również psychologów. Podczas gdy w Niemczech zamawianie opinii fachowych psychologów jako rzeczoznawców sądowych stało się czymś oczywistym, w Austrii wciąż było to niezwykłe i lekarze o specjalności psychiatrycznej zażarcie bronili swego monopolu biegłych. Naturalnie ważną rolę w tej dyspucie odgrywały gazety, które jeszcze podgrzewały konflikt. Dziennikarze zaczęli nagle określać psychiatrów mianem „lekarzy od obłąkańców", którzy nie mają pojęcia o psychologii zdrowego człowieka, to znowu odmawiali jakiejkolwiek kompetencji psychologom w roli biegłych sądowych. Spór rzeczoznawców psychiatrycznych i psychologicznych, który znalazł odbicie w całym szeregu rozpraw naukowych, wzbudził też zainteresowanie ekspertów zagranicznych, opowiadających się po jednej lub po drugiej stronie.

Jedynie słabe echo tego wszystkiego docierało do pojedynczej celi więzienia w Innsbrucku. W kwietniu 1929 roku Filip znów dostał od dyrektora zgodę na abonament „Berliner Tageblatt", którą jeszcze miesiąc wcześniej karnie mu cofnięto. Jednak kolumny z artykułami dotyczącymi jego sprawy starannie przedtem usuwano, a podczas rozmów Filipa z obrońcą stale był obecny funkcjonariusz straży sądowej. Kiedy tylko dr Pessler ostrożnie napomykał, że owego popołudnia 10 września 1928 roku, kiedy Filip miał widzieć padającego ojca, być może dotknęła go halucynacja, więzień zaprzeczał i rozmowa przestawała się kleić. Dr Pessler i profesor Erismann, który honorowo doradzał obronie, byli bliscy rozpaczy. Wydawało się, że oskarżony jest zdecydowany również w drugim procesie współpracować z obroną tylko w ograniczonym zakresie. W każdym razie w rozmowach z sędzią śledczym, doktorem Georgiem Bicklem, który kierował nowym postępowaniem przygotowawczym, nie wydobył z siebie nic takiego, co mogłoby sprzyjać jego obronie.

„Jeśli jestem dziś pytany, o ile metrów w chwili upadku mógł być oddalony ode mnie mój ojciec, to muszę odpowiedzieć, że nie potrafię podać tej odległości z niezawodną pewnością. Może było to siedem, dziesięć albo piętnaście metrów, a nie mogę też wykluczyć, że odległość wynosiła mniej niż siedem albo ponad piętnaście metrów. Jeśli przedtem podawałem w ogóle jakieś liczby, to tylko w przybliżeniu, co zresztą już wtedy szczególnie podkreślałem" — tymi słowy oskarżony zwraca się 8 maja do sędziego śledczego. Dr Bickel pokazuje mu szkic sytuacyjny z miejsca zdarzenia, sporządzony 11 września 1928 roku. Jest na nim zaznaczone położenie zwłok, a także rozmaite odkryte w owym miejscu ślady. Oskarżony relatywizuje nieco ówczesne wypowiedzi i argumentuje, że opierał je na konstruktywnych założeniach.

„Chyba każdy mi przyzna, że będąc na wyprawie górskiej, nie sposób bez trudu określić, gdzie stało się w danej chwili. Określenie takiego punktu będzie bardzo trudne, a jeśli, tak jak w tym przypadku, wliczy się wzburzenie, jakie ogarnęło mnie wskutek wypadku ojca, łatwo pojąć, że błędy są możliwe. Wskazane przeze mnie miejsca w punkcie ósmym i piątym szkicu są więc jedynie punktami, gdzie według mnie mogliśmy stać, ojciec i ja, w krytycznym momencie. Czy rzeczywiście są to właśnie te punkty, nie mogę naturalnie powiedzieć z absolutną pewnością i odsyłam w tej mierze do moich powyższych wypowiedzi".

Filip nie chce precyzyjnie określić swego stanowiska, w sumie jednak pozostaje przy wersji, która już w pierwszym postępowaniu okazała się dlań zgubna. Z uporem mówi o wypadku, a odległość między sobą a ojcem szacuje na siedem do piętnastu metrów, może nieco mniej bądź nieco więcej. W chwili upadku ojca nie widział w pobliżu — jak utrzymuje — żadnych obcych ludzi, nie widział też nikogo potem, kiedy spieszył w dół, do ojca leżącego w łożysku strumienia. Jeśli obaj Halsmannowie znajdowali się w chwili nieszczęścia tak blisko siebie, to nieznana osoba trzecia nie wchodzi w rachubę jako sprawca; w każdym razie Filip musiałby ją widzieć.

Również w rozmowie z referentami fakultetu medycznego oskarżony trwa przy wersji, według której jego ojciec spadł z drogi. Rozmówcy wielokrotnie proszą Filipa, by dokładnie opisywał wydarzenia, bardzo precyzyjnie odpowiadał na pytania i nie wdawał się we własne domysły czy konstrukcje.

— Co pan widział?

— Widziałem ojca przechylonego ukośnie do tyłu, z twarzą zwróconą do mnie.

— A następnie?

— Pobiegłem natychmiast z powrotem, postać ojca zniknęła całkowicie, samego upadku nie widziałem.

— Jak daleko biegł pan z powrotem?

Halsmann zwleka z odpowiedzią, zastanawia się.

— Nie bardzo blisko ani bardzo daleko, może tyle, ile mierzy korytarz. Sędziemu śledczemu podałem odległość dwunastu metrów, ale może to było trochę więcej.

— Co pan wtedy przeżywał?

— Pomyślałem, że nastąpił upadek w dół, nie zdziwiłem się, widząc leżącego tam ojca... podbiegłem na skraj, tam się na chwilę zatrzymałem, zobaczyłem ojca leżącego na brzuchu w wodzie, plecak nasunął mu się na głowę... miałem uczucie... na pomoc... zszedłem w dół najszybciej, jak mogłem.

— Zejście poszło gładko?

— Nie wiem.

— Co było na dole przy potoku?

— Ojciec żył, widać było od razu, mówiłem „papa, papa", bez odpowiedzi. Ojciec oddychał. Oddech był bardzo słaby, usta otwarte, zauważyłem ślady tchnienia wokół ust. Ojciec poruszał też trochę rękoma.

Halsmann pokazuje słaby ruch palcami. Potem odwrócił ojca i próbował wydobyć jego twarz z wody. Wykonuje surowy szkic, z którego wynika, że ojciec leżał ukośnie w łożysku potoku, stopy miał zwrócone do brzegu, a głowę w wodzie, ułożoną z biegiem nurtu. Filip odwrócił ją tak, że spoglądała w stronę brzegu.

— Widział pan jakieś obrażenia?

— Widziałem, że woda dookoła jest czerwona, głowa była strasznie rozbita i krwawiła. Całe plecy były we krwi.

— A czoło?

— Nie pamiętam, uważam za możliwe, że… że tego nie było.

Utknął w połowie zdania, podnosi rękę do czoła — mówiąc „tego", ma najwyraźniej na myśli głęboką ranę na czole ojca. Jeden z lekarzy, którzy siedzą naprzeciw Halsmanna w ogołoconej z wszelkich sprzętów celi przesłuchań, naciska i mówi, że to przecież wykluczone, aby oskarżony spostrzegł ślady tchnienia wokół ust, ale nie zauważył rozwartej rany na czole.

— Myślę, że nic… nie widziałem, w każdym razie nie pamiętam rany na czole, możliwe, że ją przeoczyłem, ale uważam to za nieprawdopodobne.

Referenci fakultetu medycznego uznają to za niedorzeczność. Jednak ani którykolwiek z nich, ani sam Filip nie wypowiada podejrzenia, że być może w chwili, kiedy syn czynił swoje zabiegi przy ojcu, głębokiej rany na czole w ogóle jeszcze nie było i została zadana umierającemu dopiero później, gdy Filip oddalił się po pomoc.

Po kilku dniach referenci wracają w rozmowie do obrażeń ojca. Wyjaśniają synowi, dlaczego żadną miarą nie mogły one zostać spowodowane upadkiem z wysokości. Oskarżony niedowierzająco kręci głową. Następnie kieruje rozmowę na sformułowaną przez profesora Erismanna teorię negatywnej luki w pamięci.

— Wiem, że profesor Erismann powiedział, jakobym miał fałszywą pamięć. Podkreślałem, że nie mogę tego potwierdzić. Gdyby jednak tak było, to sprawa byłaby wyjaśniona. Oświadczyłbym, że winny jest ktoś trzeci. Powód, dla którego wykluczam możliwość udziału osoby trzeciej, jest taki, że sam widziałem, jak ojciec spadał.

Jeśli jednak ten obraz nie jest prawdziwy, to mógłbym sobie wyobrazić możliwość udziału osoby trzeciej.

W następnym zdaniu znów zawęża jednak to, co przed chwilą powiedział: on sam w każdym razie nigdy nie czytał ani słyszał o czymś podobnym, że można pamiętać coś, co nie odpowiada rzeczywistości. Halsmann mówi to z pewną arogancją. W niczym nie krępuje go fakt, że nie jest psychologiem, lecz studentem elektrotechniki.

— Ma pan w odniesieniu do tamtego czasu takie wrażenie, jakby od pewnej chwili nie wiedział pan, co się dzieje?

— Właściwie nie. Szedłem, nie bacząc na to, że idę, dość automatycznie, i nagle ta zgroza, i zobaczyłem to. Śmieszne i dziwne, bo czasem zadaję sobie pytanie, czy najpierw poczułem tę zgrozę, a potem usłyszałem krzyk, czy odwrotnie. Ale oczywiście musiało być tak, że najpierw usłyszałem krzyk i dopiero na widok przechylonego w tył ojca przestraszyłem się. Teraz po ośmiu miesiącach nie potrafię już uprzytomnić sobie wszystkiego. Przestraszyłem się dopiero wtedy, kiedy zobaczyłem padającego ojca. Nie widziałem, jak leci w dół, to wykluczone, widziałem statyczny obraz.

Na prośbę, by opisał swoje usposobienie, określa się jako melancholik, którego dopiero trzeba wywabić z jego własnego wnętrza. Jednak mimo melancholijnego charakteru ma sporo poczucia humoru i zna się na dowcipach. Początkowo wydaje się ludziom niesympatyczny, bo jest ponury i zwykle wygląda na niezadowolonego, w końcu jednak ludzie zwykle go lubią. Jako dowód przytacza wiele listów, jakie otrzymał po swoim procesie.

Na pytanie o powracające stany depresyjne odpowiada przecząco. Czy kiedykolwiek konsultował się z lekarzem chorób nerwowych?

Owszem, raz w ubiegłym roku, z niejakim doktorem Mausem w Dreźnie. Był wtedy smutny, poza tym od pewnego czasu interesuje się psychiatrią. Nie przykładał jednak do tamtej wizyty szczególnego znaczenia.

5 czerwca sąd otrzymał orzeczenie fakultetu. Fakultet medyczny wyczerpująco ustosunkował się w nim do opinii profesora Erismanna. Przeciwstawił jej stwierdzenie, że niepodobna dowieść u oskarżonego luk w pamięci „w rozumieniu języka lekarskiego". Psycholog jednak bynajmniej nie mówił o takich lukach, a tylko generalnie o lukach w pamięci, jakie mogą wystąpić u ludzi całkowicie zdrowych na umyśle. Również członkowie fakultetu, którzy przeprowadzili z Halsmannem szereg wnikliwych rozmów, nie omieszkali dostrzec, że oskarżony zaręczał o swojej niewinności z imponującym przekonaniem wewnętrznym i autentyzmem. Znaleźli w swoim orzeczeniu osobliwe wyjaśnienie dla tej postawy: syn potrafił całkowicie wyprzeć ojcobójstwo ze świadomości.

„W zaistniałych okolicznościach pozostaje przyjąć, że u oskarżonego zadziałał w obliczu przeżyć krytycznego odcinka czasu mechanizm wyparcia. Wiemy z psychologii codzienności, nauki, która akurat w tej mierze poczyniła cenny postęp dzięki psychoanalizie Freuda, że przeżycia powszechnie odbierane jako uczuciowo przykre, a wśród nich zwłaszcza te pozostające w sprzeczności z moralnym ideałem danej osoby, są wypierane z jasnego obszaru świadomości i mogą być skrywane przed własnym ja oraz przed innymi za pomocą produktów zastępczych".

W poszukiwaniu ewentualnego motywu ojcobójstwa rzeczoznawcy oddawali się spekulacjom. Już profesor Erismann napomknął o słabo rysującej się możliwości przywiązania oskarżonego do matki w myśl Freudowskiej teorii kompleksu Edypa, odrzucił jednak tę tezę argumentując, iż „trzeba by przecież zakładać, odpowiednio do teorii Freuda, erotyczną namiętność względem wiekowej matki, ku czemu w niniejszym przypadku nie istnieją przypuszczalnie nawet najmniejsze przesłanki". Członkowie fakultetu z wdzięcznością podchwycili tę uwagę i orzekli, że występowanie takiej namiętności, a co za tym idzie, oddziaływań kompleksu Edypa, nie wydaje im się bynajmniej nieprawdopodobne. Tego domniemania jednak nie uzasadnili.

Obrona z całą mocą zaprotestowała przeciw orzeczeniu. W przekazanym sądowi stanowisku polemizowała z poszczególnymi członkami fakultetu, którzy już w przeszłości dowiedli swojego uprzedzenia w stosunku do oskarżonego. Krytyka skoncentrowała się na profesorze Eduardzie Gamperze, naczelnym lekarzu Kliniki Neurologiczno-Psychiatrycznej w Innsbrucku. Jak przypomniano, Gamper już przed pierwszym procesem orzekł publicznie o winie oskarżonego, twierdząc, że działał on przypuszczalnie w stanie zamroczenia i nic nie wie o swoim czynie. Następnie obrona generalnie podała w wątpliwość obiektywizm fakultetu medycznego: panuje tam „silna irytacja", ponieważ Sąd Najwyższy unieważnił pierwsze orzeczenie dwóch członków tegoż fakultetu; ponadto niektórzy jego przedstawiciele wielokrotnie sugerowali obrońcom, że profesor Erismann jest przecież Żydem, co zresztą nie odpowiada prawdzie, albowiem „rodzice profesora Erismanna to aryjczycy z krwi i kości. Jego ojciec był Szwajcarem, a dziadek księdzem".

Również o Franzu Pesslerze, zanim jeszcze zaczął się drugi proces, rozpuszczono w Innsbrucku pogłoski, że jest Żydem. Pessler na razie nawet nie próbował ich dementować.

Na 12 czerwca sąd wyznaczył termin wizji lokalnej w miejscu zdarzenia, podczas której wyjaśnień udzielać miał sam oskarżony. Filip Halsmann obiecał obrońcom, że pokaże się z najlepszej strony i nie będzie wszczynał kłótni z sędzią śledczym ani z nikim innym.

— Tylko grzecznie proszę. Zachować spokój i uprzejmość — powiedział dr Pessler.

11 czerwca przed południem dwaj żandarmi zawieźli oskarżonego zamkniętą karetką na dworzec, gdzie czekali dwaj inni funkcjonariusze. Odpowiedzialne instancje nie chciały ryzykować. Silna eskorta miała uniemożliwić ucieczkę, przede wszystkim jednak chronić więźnia, który przez cały czas nie miał kajdanów — na ten szczególny przywilej zasłużył sobie dobrym sprawowaniem podczas aresztu. W pięciu wsiedli do pociągu osobowego, który w niespełna godzinę zawiózł ich do Jenbach, gdzie zjedli obiad w gospodzie. Filip był pod wrażeniem jaskółczych gniazd, które znajdowały się w kątach jadalni, a nawet pod lampą na środku sufitu. W liście do Ruth Römer opi-

sywał, jak rodzice karmili młode, które tak rozdziawiały dzioby, „że wyglądało to wręcz na kuglarską sztuczkę". Z Jenbach pojechali kursującą w głąb Doliny Ziller kolejką do Mayrhofen, gdzie wieść o przyjeździe „mordercy z Doliny Zamser" zwabiła wielu gapiów, którzy upstrzyli drogę przez tę miejscowość. Panował spokój, nie było słychać obelg. Dalej szli pieszo do schroniska Breitlahner, dokąd dotarli wieczorem. Pozostali uczestnicy wizji lokalnej przybyli wcześniej i siedzieli już przy kolacji: obaj biegli medycy, profesor Karl Meixner i profesor Anton Werkgartner, asystenci dr Fritz i dr Vonbun z Kliniki Neurologiczno-Psychiatrycznej w Innsbrucku, którzy sporządzili pierwsze odrzucone przez Sąd Najwyższy orzeczenie, profesor Rajmund Klebelsberg z Instytutu Geologicznego Uniwersytetu w Innsbrucku jako rzeczoznawca od spraw alpejskich, prokurator Siegfried Hohenleitner, obrońca Franz Pessler, sędzia śledczy Georg Bickel, pisarz sądowy, dwóch fotografów z krajowej komendy policji w Innsbrucku, kilku świadków, wśród nich palacz parowozowy Karl Nettermann, oraz kilku urzędników z posterunku żandarmerii w Mayrhofen. Jako świadków sądowych zaprzysiężono dwóch chłopów z okolicy, Jakoba Mosera i Hansa Dengga. Josef Eder, którego również zaproszono jako świadka, miał dołączyć do grupy na miejscu zdarzenia.

W środę, 12 czerwca, wczesnym rankiem cała ta zacna ekspedycja wyruszyła do Doliny Zamser. Na stromym podejściu zaraz za schroniskiem, tak zwanym Szkapim Grzbiecie, Halsmannowi zaparło dech, bo wskutek długiego pobytu w więzieniu odwykł od wysiłku fizycznego.

W niektórych miejscach droga skrywała się jeszcze pod rozległymi stożkami lawinowymi, z których wystawały rozłupane pnie.

Wizja lokalna trwała od ósmej rano do zmroku. Profesor Rajmund Klebelsberg zbadał teren nad miejscem zdarzenia i doszedł do wniosku, że należy wykluczyć, by można było zadać stamtąd cios kamieniem. Klebelsberg był znanym alpinistą o wielkim doświadczeniu. W 1929 roku wziął w swoje ręce sprawy Niemieckiego i Austriackiego Związku Alpejskiego, reprezentując w nim radykalną linię niemiecko-volkistowską. Nic nie wskazuje jednak na to, by w swoim orzeczeniu kierował się wrogimi uczuciami wobec oskarżonego. Zbocze nad krytycznym miejscem było gęsto zarośnięte, a charakter podłoża wykluczał możliwość zadania ciosu.

Znów wykonano na miejscu zdarzenia pomiary, fotografowie policyjni zrobili zdjęcia, świadkowie objaśnili sędziemu śledczemu ówczesną sytuację, także oskarżonemu zadano wiele pytań i zażądano, by posługując się szkicem wytłumaczył przebieg tragicznych wydarzeń. Gdzie zatrzymał się ojciec, by wypróżnić pęcherz? W którym miejscu widział upadek ojca? Ile kroków przebiegł z powrotem? Ile czasu mogło mu to zająć? Co dokładnie zobaczył?

Filip Halsmann podał do protokołu: „W czasie wydarzeń nie zauważyłem śladów krwi ani na zboczu, ani na drodze, dziwię się więc, że przesłuchiwani świadkowie widzieli ślady, o których mówią. Nikt też nie zwrócił mi uwagi na ślady krwi ani nie zostały mi one pokazane w swoim czasie przez sędziego śledczego".

Podczas gdy sędzia śledczy Bickel stał akurat na dole nad potokiem, nieostrożny żandarm potrącił nogą kamień na zboczu; kamień stoczył się w dół, a Bickel ledwo zdążył przed nim uskoczyć. Dowcipnie skwitował ten incydent: „Cieszę się, że zgodnie z tym, co właśnie wyjaśnił nam profesor uniwersytecki, uderzenie kamieniem jest tu niemożliwe, w przeciwnym razie zginąłbym od tego ułomka na miejscu".

W porze obiadu zarządzono krótką przerwę. Żandarmi spostrzegli, że zapomnieli zapakować prowiant dla więźnia, ale sędzia śledczy odstąpił Filipowi trochę kiełbasy i chleba ze swojej racji. Był piękny dzień wczesnego lata. Wiatr pędził baranie obłoczki nad przełęczą Pfitscher, a łaty śniegu na Olpererze błyszczały w czerwcowym słońcu. Na stromiźnie po drugiej stronie potoku Zamser pasło się łaciate bydło, które podzwaniało donośnie na tle szemrzącej wody. Filip siedział na skale i wystawiał twarz do słońca.

Po południu dostarczono manekin i eksperymentowano ze spadaniem ciała, podobnie jak czynił to już profesor Erismann. Jak daleko toczyło się ciało zrzucone z drogi? Manekin za każdym razem zatrzymywał się po kilku metrach, nigdy nie sturlał się do potoku. Następnie sędzia śledczy zarządził próby sprawdzające, jak daleko niesie się głos wołającego na drodze. Dyskutowano, czy krytycznego dnia stan wody w potoku Zamser był wyższy, a zatem czy szumiała ona głośniej. Dopiero kiedy zapadł zmierzch, Bickel ogłosił zakończenie wizji lokalnej. W schronisku Breitlahner Filip jadł z widomym apetytem i zamówił drugą porcję mieszanego kompotu, czego jedna z gazet nie mogła mu potem darować, uznając to za dowód oziębłości uczuć. Morderca, który z całym spokojem zajada kompot. W liście do Ruth Römer Filip opowiadał z rozmarzeniem, że wreszcie znów mógł spać w miękkim łóżku, na miękkiej poduszce. Następnego dnia zwarta grupa pomaszerowała do Mayrhofen, gdzie znów zbiegli się ciekawscy. Po południu żandarmi eskortujący Halsmanna odstawili go do więzienia w Innsbrucku. Żegnając się, podziękował im i powiedział, że traktowali go tak dobrze, iż ani razu nie pomyślał o ucieczce.

ROZDZIAŁ JEDENASTY

Przygotowania do drugiego procesu zajęły znacznie więcej czasu, niż początkowo zakładał sąd. Obrona i prokuratura zgłaszały wciąż nowe wnioski: sprawdzić raz jeszcze tę czy inną okoliczność, przeprowadzić badania, odnaleźć nowych świadków. Pasterzowi Aloisowi Riedererowi z Doliny Pfitsch, który towarzyszył Filipowi do miejsca wypadku, nie można było dostarczyć wezwania przed sąd, ponieważ jako południowy Tyrolczyk odbywał służbę wojskową w armii włoskiej. Na ponawiane podania władz austriackich o urlop dla Rederera na czas procesu włoskie ministerstwo wojny odpowiadało odmownie. Korespondencję Halsmannów oraz zapiski w dzienniku syna trzeba było na nowo przetłumaczyć z rosyjskiego, ponieważ tłumacz występujący w pierwszym procesie popełnił zbyt wiele błędów. Wszystko to długo trwało. 23 lipca 1929 roku Sąd Krajowy w Innsbrucku raz jeszcze zwrócił się do posterunku żandarmerii w Mayrhofen o ściągnięcie z Schönbichlerhornu księgi wejść na szczyt i przesłanie jej do Innsbrucku, co na początku sierpnia wreszcie nastąpiło. Przegląd wpisów nie wniósł nic nowego.

Oskarżony, który dotychczas zadziwiająco dobrze znosił areszt śledczy, stawał się coraz bardziej niecierpliwy i rozdrażniony. Miał nadzieję, że drugi proces odbędzie się w czerwcu. Długie oczekiwanie podłamało go. W listach do przyjaciółki narzekał, że czuje się coraz gorzej fizycznie i psychicznie. Kiedy na dziedzińcu więziennym, gdzie więźniowie spacerowali godzinę dziennie, pojawiły się małe kotki, Filip nie posiadał się z radości. Z zachwytem pisał do Ruth, jakie to pocieszne zwierzęta. Kotki jednak wkrótce zniknęły, a więzienne dni upływały znów całkowicie jałowo. Wciąż to samo: o wpół do siódmej pobudka, do ósmej toaleta, sprzątanie, śniadanie, od ósmej do dziewiątej spacer po dziedzińcu (poza dniami deszczowymi), o jedenastej obiad. Potem więzień miał dwie godziny na pracę, pisanie, o pierwszej zazwyczaj przychodziła gazeta, „Berliner Tageblatt", której lektura zajmowała mu dwie godziny, bo czytał dosłownie wszystko, od wstępniaka do najdrobniejszych anonsów. Następnie znów pracował godzinę lub dwie, przygotowując się do rychłego procesu, przyjmował gości, rozmawiał z obrońcami, o czwartej przynoszono kolację, a potem już tylko czytał, bo na wszystko inne zbyt był znużony. Połykał wtedy całe stosy książek, które dostawał od siostry, od Ruth Römer i innych przyjaciół. Czytał jedno przez drugie, po kilka książek naraz, i pisał do przyjaciółki o swoich lekturach.

„Bardzo osobliwą książką jest *Zamek* Kafki. Z początku nic się nie rozumie, chce się rozumieć, aż książka wciąga człowieka. I ta osobliwa atmosfera, tak nierzeczywista, a przecież opowiedziana całkiem zwyczajnie. Ma się uczucie, że czyta się o jakimś dziwacznym skomplikowanym śnie..." (26 maja 1929)

„Skończyłem *Krystynę, córkę Lavransa* i uważam, mimo że Undset jest osobą płci żeńskiej, że to wcale niezłe. Byłoby lepsze, gdyby zostało napisane bardziej dziarsko, ale tu nasze poglądy, jak wiadomo, rozmijają się (patrz Dreiser). Potem przeczytałem *Słonosłodką wodę* Hausera. Bardzo mi się podobała. (...) Przeczytałem *Julia Jurenitę* Erenburga, bardzo mądra i oryginalna rzecz. Pięć minut temu skończyłem *Króla Habera* Neumanna. Wspaniałe. Kiedy to przeczytasz, zrozumiesz może, co pojmuję przez dziarskość i napięcie..." (31 maja 1929)

„Potem przeczytałem *Krytyczne wypisy* Polgara. To tylko zbiór krytycznych tekstów o sztukach teatralnych i przedstawieniach, ale bardzo zajmujący. Język jak wyszlifowany kryształ, a tu i ówdzie błyszczy jak kropla rosy mądre słowo. (...)" (6 czerwca 1929)

„*Lord Jim* Conrada jest dobry i ciekawy, ale jego sposób opowiadania wcale mi się nie podoba, cała książka jest wypchana refleksjami, które spokojnie można by sobie darować; i dlaczego każe innym opowiadać swoje historie? To szkodzi klarowności i koncentracji. (...) Bardzo dobry jest *Czart* Alfreda Neumanna. Wciąga, jest ciekawy, charaktery wspaniale plastyczne, niektóre rzeczy przejmujące, a nawet wstrząsające. (...) Wczoraj czytałem *Le Procès des Pogromes* Torrèsa... Książka, a zwłaszcza mowa Torrèsa wstrząsnęły mną. Podobno mówi wręcz niewiarygodnie, ale również mowa pisana podziałała na mnie w sposób niesłychany..." (7 lipca 1929)

Ruth Römer często wspominała w korespondencji o wierszach, które akurat czytała, i Filip natychmiast zadawał sobie pytanie, dlaczego on nie pisze poezji. Okoliczności, jak mówił, są sprzyjające. „Tyle tylko, że opiewanie w wierszach własnych uczuć jakoś mnie żenuje. Czy jednak w ogóle jestem zdolny napisać coś poważnego? Wyszukałem sobie temat i spróbowałem. Jak Ci się to podoba?

Nikt nie da odpowiedzi,
Ale pytanie wciąż łka:
Po co nad życiem się biedzić?
Po co cierpieć jak ja?

Pytanie się niesie po świecie,
Pytanie brzmi à la longue...
Do dzisiaj brak odpowiedzi —
Czy będę mógł poznać ją?

Aż w końcu życie uleci...
Nikt nie wie, jak syczy kres;
I nie dał nikt odpowiedzi,
A głos, co tak pytał, sczezł.

Piszący nie ma najmniejszej możliwości spojrzenia krytycznego; musi najpierw całkiem o tym zapomnieć, a potem przeczytać jak coś obcego" (do Ruth Römer, 22 czerwca 1929)

Kiedy Filipa odwiedzała matka, starał się ukryć swoje przygnębienie. Ita Halsmann spędzała wraz z córką Ljubą większość czasu w Innsbrucku, mimo że pobyt w obcym mieście i częste wizyty w więzieniu były dla niej poważnym ciężarem psychicznym i fizycznym, co nie umknęło uwadze syna. Rozmawiał o tym z Richardem Glaserem i wspólnie perswadowali matce, aby na kilka tygodni pojechała do domu i wypoczęła przed rozpoczęciem drugiego procesu, które wyznaczono na wrzesień. Odmówiła, bo nie chciała zostawiać syna samego; dopiero kiedy w lipcu doznała załamania nerwowego i lekarz z całą surowością nakazał jej oszczędzać zdrowie, ustąpiła i pojechała z Ljubą do Rygi. Obrońcy Filipa kładli mu do głowy, że musi się nauczyć uprzejmego języka, przede wszystkim nie wolno mu zapominać tytułu osoby, do której się zwraca; przed austriackim sądem to niewybaczalne. Nie mógł uwierzyć; nawet w Niemczech nie było aż tak źle, nie mówiąc już o rodzimej Rydze. Przyrzekł jednak, że będzie ćwiczył do samego procesu.

W poniedziałek 9 września, niemal dokładnie w rocznicę śmierci Morducha Halsmanna, rozpoczyna się w Sądzie Krajowym w Innsbrucku drugie postępowanie przed ławą przysięgłych, na które tym razem nie wydaje się kart wstępu. Tłok jest wielki, większy niż poprzednio. Na ulicach wokół gmachu sądu ustawili się policjanci w błyszczących pikielhaubach i rękawicach z wielkimi białymi mankietami, a przed wejściem trzyma straż żandarmeria, która ma zapobiec ekscesom. Widzowie, niektórzy w skórzanych spodniach, są parami wpuszczani do sali, gdzie nadal wisi portret starego kajzera. Oprócz gapiów licznie przybyli dziennikarze z Wiednia i zagranicy; dla nich zarezerwowano dwa pierwsze rzędy ławek w audytorium. Oskarżenie publiczne ponownie reprezentuje Siegfried Hohenleitner. Poza tym widać same nowe twarze. Po unieważnieniu wyroku następny proces muszą prowadzić inni sędziowie. Przewodniczy radca Wyższego Sądu Krajowego Josef Ziegler: wspaniały profil, siwa szpicbródka. Na stole przed nim, obok stosu akt, leży niewielki plecak z ciemnymi plamami, kamień i para butów do chodzenia po górach.

Losowanie dwunastu przysięgłych głównych i dwóch zastępców odbywa się sprawnie. Oskarżenie publiczne i obrona mają prawo odrzucić po ośmiu przysięgłych — obrona czyni z tego prawa pełen użytek. Ostatecznie zostają wybrane następujące osoby: Franz Biegel, kupiec z Innsbrucku; Alois Demetz, kupiec z Innsbrucku; Georg Duftner, kupiec z Kramsach; Engelbert Erlsbacher, kupiec z Innsbrucku; Jakob Fuchs, właściciel zajazdu i posiadacz ziemski z Kössen; Johann Geiger, chłop z Pettneu; Nikolaus Janes, handlarz winem z Wörgl; Fritz Klausner, restaurator z Kitzbühel; Heinrich Landerer, majster z Völs; Franz Larcher, właściciel zajazdu i rolnik z Ried w Tyrolu; Alfons Rapp, właściciel domu w Matrei na przełęczy Brenner; Josef Pfefferle, sklepikarz z Arzl.

Halsmann pojawił się w ciemnym garniturze, z krepą na ramieniu. W więzieniu wyblakł na twarzy i wychudł:

długie ramiona i nogi, kościste, wielkie dłonie, zła postawa — obserwatorom wydaje się, że mają przed sobą typowe plecy uczonego. Nosi okulary bez oprawek. Jeszcze przed przesłuchaniem oskarżonego dochodzi w sali sądowej do kolejnego sporu w sprawie dopuszczalności orzeczeń psychologów. Paul Mahler, drugi obrońca, wielki, tęgi osobnik, stawia wniosek o powołanie biegłego psychologa, który ma udzielić informacji w kwestii, czy Filip Halsmann wskutek okrzyku usłyszanego na miejscu wypadku, a następnie na widok człowieka, którego musiał uznać za swojego upadającego ojca, mógł doznać pozytywnego złudzenia pamięci. Następnie wzywa sąd do przedsięwzięcia pod kierownictwem profesora Erismanna prób z manekinem, ażeby dowieść na miejscu zdarzenia, iż ewentualna osoba trzecia miała dość czasu, by popełnić czyn, obrabować ciężko rannego, a następnie się ukryć. Wreszcie przedkłada psychologiczne orzeczenia profesora Williama Sterna z Heidelbergu i księdza profesora Aloisa Magera, psychologa na fakultecie teologicznym w Salzburgu, domagając się, by zostały odczytane.

Trybunał natychmiast oddala dwa ostatnie wnioski dowodowe, decyzję w sprawie powołania psychologa chce podjąć później. Byłaby ona wykonalna bez kolejnej zwłoki, ponieważ sąd pod naciskiem obrony zaprosił do uczestnictwa w rozprawie bońskiego psychologa, profesora Günthera Störringa. Sąd zastrzega sobie rozstrzygnięcie, czy będzie on wysłuchany jako rzeczoznawca. Tajny radca Störring zasiada wśród publiczności i pilnie notuje.

Następnie zaczyna się przesłuchanie oskarżonego.

Przewodniczący: „Czy przyznaje się pan do winy?".

Oskarżony (mocnym głosem): „Nie, jestem całkowicie niewinny".

Przewodniczący: „Proszę opowiedzieć nam o pańskiej młodości i życiu rodzinnym w domu pańskich rodziców".

Oskarżony opowiada po raz drugi o szczęśliwym dzieciństwie w Rydze, o serdecznym życiu rodzinnym, o zawodzie ojca, o jego dolegliwościach sercowych, o podróżach z rodzicami, o studiach w Dreźnie, a następnie o tragicznej podróży latem 1928 roku, o wyprawie w głąb Doliny Ziller, o wspinaczce na Schönbichlerhorn i zejściu w Dolinę Zamser.

Przewodniczący: „Przed Chatą Dominika mieliście panowie spór w sprawie odpoczynku".

Oskarżony: „Nie mieliśmy w ogóle żadnego sporu".

Przewodniczący: „Przeczytam panu fragment z protokołu badań psychiatrycznych, gdzie sam pan powiedział: «Pół godziny przed Chatą domagałem się, żeby został, i jestem przekonany, że gdyby odpoczął, nieszczęście by się nie wydarzyło»".

Oskarżony: „To przecież nie jest żaden spór. Próbowałem tylko skłonić ojca, żeby został ze mną".

Przewodniczący: „Kiedy doszliście panowie do Chaty Dominika?".

Oskarżony: „Według mojej oceny o drugiej. Byłem dosyć znużony, apatyczny, bez sił i całkiem zobojętniały".

Przewodniczący: „Czy był pan też śpiący?".

Oskarżony: „Śpiący też byłem".

O dwunastej w rozprawie następuje przerwa, a Halsmann zostaje odprowadzony do więzienia w sąsiedztwie sądu. O 15.30 rozprawę wznowiono. Dr Pessler stawia wniosek, aby pozwolono oskarżonemu udać się następnego dnia, w rocznicę śmierci ojca, na jego grób w małej żydowskiej części cmentarza zachodniego w Innsbrucku, gdzie mógłby odmówić w obecności rabina modlitwę za zmarłego. Zgody udzielono, wszelako dokładną porę odwiedzin na cmentarzu należy zachować w tajemnicy, ażeby nie dopuścić do ewentualnych manifestacji. Następnie podjęto przerwane przesłuchanie. Oskarżony opisuje po raz kolejny przebieg wypadku. Najpierw ojciec szedł przed nim, potem zatrzymał się, aby załatwić potrzebę naturalną, i powiedział oskarżonemu, aby ten szedł przodem. Nagle Filip usłyszał cichy, ale wyraźny okrzyk i się odwrócił.

Przewodniczący: „Co pan zobaczył?".

Oskarżony: „Zobaczyłem coś błyskawicznego i niewyraźnego; sądziłem, że ujrzałem spadającego ojca; ale nie widziałem żadnego ruchu, zobaczyłem tylko osobę w nieprawdopodobnie przechylonej pozycji".

Przewodniczący: „Powiedział pan, że obraz spadania widział pan tylko niewyraźnie?".

Oskarżony: „Tak".

Przewodniczący: „Ale podczas pierwszego procesu oznajmił pan, że widział obraz jakby utrwalony na płycie fotograficznej".

Oskarżony: „Chciałem przez to powiedzieć to samo, co dzisiaj. Migawka z przechylonym do tyłu ojcem była jakby utrwalona na płycie fotograficznej. Mówiąc «utrwalona», mam na myśli nie to, że była wyraźna, lecz — nieporuszona, zatrzymana w ruchu. Wydaje mi się też, że obraz, który widziałem, był nieprawdopodobnie mały. W dodatku patrzyłem pod słońce".

Przewodniczący: „Ile czasu pan potrzebował, żeby dotrzeć do ojca po usłyszeniu okrzyku?".

Oskarżony: „Szacuję, że to były dwie do pięciu minut".

Przewodniczący: „Jednak podczas wizji lokalnej wskazał pan miejsce, gdzie pan stał i które znajduje się dużo bliżej niż to podane dzisiaj, zaledwie kilka kroków od pańskiego ojca".

Oskarżony: „Podałem to miejsce nie według tego, co pamiętam, lecz opierając się na konstruktywnym założeniu, ponieważ będąc tam, stwierdziłem, że jest to jedyny punkt, z którego widać wprawdzie skraj drogi, ale nie samo zbocze".

Przewodniczący: „Jak znalazł pan ojca?".

Oskarżony: „Ojciec leżał na brzuchu z twarzą w wodzie. Odwróciłem jego twarz na bok i ułożyłem na kamieniu. Nie zaobserwowałem poszczególnych obrażeń. Wszystko było we krwi. Również woda dookoła była zmieszana z krwią. Czy moje ręce też były zakrwawione, tego nie wiem. Dwukrotnie ułożyłem głowę ojca na kamieniu. W którym miejscu znów wspiąłem się w górę zbocza — nie wiem".

Przewodniczący: „Jak tłumaczy pan sobie zdarzenie, z powodu którego postawiono pana w stan oskarżenia?".

Oskarżony (podniesionym głosem): „Nie potrafię sobie wytłumaczyć, jak doszło do nieszczęścia. Wiem tylko, że jestem całkowicie niewinny. Nie wiem jeszcze, jak mógłbym to udowodnić. Wiem natomiast, że trzymano mnie tu przez rok z powodu sprawy, z którą nie mam zupełnie nic wspólnego. Pierwszy sędzia śledczy wyciągał tylko takie rzeczy, które mogły mi zaszkodzić, ale niczego takiego, co przemówiłoby na moją korzyść".

Prokurator wraca w przesłuchaniu do okresu studiów Halsmanna w Dreźnie. Oskarżony nie bez dumy opowiada, że został wybrany przedstawicielem studentów łotewskich w Wyższej Szkole Technicznej, mimo że jest Żydem. Potem prokurator prosi o opis nieszczęsnego zdarzenia. Halsmann mówi, że w tamtej chwili niósł w jednej ręce swój gumowy płaszcz, a w drugiej aparat fotograficzny. Jak wobec tego mógłby podnieść rękę na ojca?

Prokurator: „Bardzo łatwo. Wystarczyło odłożyć te rzeczy".

Obrońca, dr Pessler, pyta oskarżonego o jego krótkowzroczność; dziś założył inne okulary niż zazwyczaj. Halsmann mówi, że szkła, które zostawił w celi, są silniejsze. Dlaczego nie wziął silniejszych szkieł?

Halsmann: „One są przeciwsłoneczne, a w czarnych szkłach wyglądam jeszcze bardziej ponuro i mniej sympatycznie niż teraz".

Obrońca wnosi o przesłuchanie nowych świadków, by wyjaśnić kwestię, czy w rzeczonym miejscu nie jest jednak możliwy wypadek. Należy więc przesłuchać sędziego śledczego Georga Bickla, który podczas wizji lokalnej omal nie zginął od spadającego kamienia. Także pierwszemu sędziemu śledczemu, doktorowi Kaspererowi, trzeba zadać pytanie, dlaczego skoncentrował się w śledztwie wyłącznie na Halsmannie i nie zbadał żadnych innych tropów.

Wreszcie obrońca mówi: „Sędzia śledczy Kasperer sporządził szkic miejsca wypadku i cyfrą dziewięć w kółeczku oznaczył miejsce, gdzie znaleziono zakrwawiony kamień z przylepionymi włosami starego Halsmanna. Kieruję do Wysokiego Sądu pytanie, jak to się stało, że przy powielaniu owego szkicu powstała z tego swastyka?".

Przewodniczący pyta w odpowiedzi, co to ma wspólnego z bieżącym postępowaniem.

Obrońca, dr Mahler, nawiązując do orzeczenia psychiatrycznego, które mówi, że nie stwierdzono chorobowych zmian w organach oskarżonego, chce wiedzieć, czy w ogóle przebadano jego organy wewnętrzne?

Halsmann zaprzecza.

Dr Mahler mówi na to z szyderstwem w głosie: „Dziękuję pięknie!".

W końcu radca Wyższego Sądu Krajowego Josef Ziegler odczytuje szereg pism, które napłynęły do sądu. Większość pochodzi od ludzi dobrej woli, którzy sądzą, że mieliby do powiedzenia coś, co przysłuży się sprawie. Z urzędu pariafalnego Gutenstein w Dolnej Austrii nadeszło pismo, w którym asystent proboszcza, Anselm M. Thorwarth, donosi, że w roku 1924 nastąpił w Gutenstein upadek — w miejscu bynajmniej nie uchodzącym za niebepieczne — farmaceuty nazwiskiem Paul Trebesiner; przyczyną był atak epilepsji, wskutek którego osoba ta rozbiła sobie czaszkę i wyzionęła ducha. Dentysta Samuel Lorand z Bihacia w Jugosławii zawiadamia, że upadł kiedyś tak nieszczęśliwie we własnym mieszkaniu — powodem był atak serca — iż uderzywszy się w mebel, odniósł na głowie i czole ciężkie, krwawe rany. Małżonka urzędnika sądowego z Innsbrucku, Toni Thelsinger, opowiada w rozwlekłym liście, że jako dziewczynka, zrywając szarotki, spadła kiedyś ze zbocza i ciężko ranna leżała bez ruchu. Wtedy to angielski turysta, któremu niedługo przedtem wskazywała drogę, ściągnął na siebie podejrzenia i tylko jej własne zeznanie uratowało obcego przed wielkimi przykrościami. Niejaka Irma Gilly pisze z Paryża, że tańczyła kiedyś walca z Halsmannem ojcem, któremu nagle zrobiło się słabo i padłby bez przytomności, gdyby go nie podtrzymała. To jedyna wskazówka, która ma przynajmniej marginalny związek z przedmiotem sprawy. Przewodniczący odczytuje tylko część nadesłanej poczty. Żadne nowe tropy z niej nie wynikają, ale też nikt się ich nie spodziewał.

Drugiemu procesowi Halsmanna towarzyszy zalew korespondencji, często anonimowej, w której mnożą się pogłoski, podejrzenia i teorie — z reguły bezpodstawne, zakłócające tylko przebieg postępowania. Obrońca, dr Mahler, informuje trybunał, że otrzymał pismo, rzekomo od kłusownika z Doliny Pfitsch, który miał wtedy uprawiać swój proceder w okolicy i widzieć przez lornetkę upadek starego Halsmanna. Pisze on, że syn jest niewinny:

„Widziałem wszystko, ale nie chcę, żeby wszyscy ci ludzie w sali sądu przysięgłych gapili się na mnie i kazali mi się spowiadać, więc nie wymieniam swojego nazwiska. Ale jeśli skażecie Halsmanna, będzie to zbrodnia".

Inny anonimowy autor wie podobno, że prawdziwego mordercy należy szukać wśród świadków z Doliny Ziller. Trzeci anonim bez ogródek kieruje podejrzenie na gospodarza Chaty Dominika: on jest sprawcą, w krytycznym czasie nie widziano go w schronisku, a poza tym ma długi. Fakt, że Josef Eder w chwili morderstwa miał nogę w gipsie i chodził o dwóch laskach, co ze sporym prawdopodobieństwem wyklucza go z grona podejrzanych, raczej nie martwi anonimowego denuncjatora. Niektórzy zalecają się sądowi jako świadkowie, powodując się chorobliwą potrzebą rozgłosu albo oczywistą chciwością, mimo że, jak zazwyczaj szybko się okazuje, znają sprawę tylko z gazety. Obrona wyznaczyła nagrodę dziesięciu tysięcy szylingów za przydatne w sprawie informacje, które doprowadzą do ujęcia prawdziwego sprawcy. Plakaty z tą ofertą rozklejono we wszystkich miejscowościach Doliny Ziller. Jednak istnieją też inne motywy składania fikcyjnych zeznań: kiedy sześćdziesięciotrzyletnia Anna Maria Gründler z Fließ w okręgu Landeck, kobieta wielokrotnie karana, zostaje ujęta przez salzburską policję pod zarzutem włóczęgostwa, a następnie ma być odwieziona do jej rodzimej gminy, opowiada, że przed rokiem wędrowała w Dolinie Zamser i widziała upadek starego Halsmanna. W Innsbrucku, dokąd rzekoma świadek zostaje przekazana, przyznaje ona, że wymyśliła tę historię, bo woli siedzieć w więzieniu za fałszywe zeznania, niż trafić do przytułku dla ubogich we Fließ.

Fantazja ludzi, którzy się zgłaszają, by pomóc w wyjaśnieniu sprawy, nie zna granic. Pewien detektyw amator podpowiada sądowi możliwość, że stary Halsmann, walcząc „z kozą lub innym zwierzęciem na wypasie", został strącony z drogi i doznał śmiertelnych obrażeń. Do tego dochodzi całe mnóstwo listów, w których beszta się, często plugawym słowem, oskarżonego, obrońcę, prokuratora lub sąd. Proces Halsmanna przyciąga ważniaków, zrzędy, pieniaczy i wariatów, zlatujących się jak ćmy do światła. Oczywiście także jasnowidze, różdżkarze i wróżący z kart proponują swoje usługi sądowi oraz rodzinie oskarżonego.

W dniu, kiedy rozpoczyna się drugi proces Halsmanna, gazety w Innsbrucku donoszą pod wielkimi tytułami, że przed sędzią śledczym Bicklem złożył pełne zeznanie podwójny morderca i rabuś z Brandenbergu. Mordercą jest dwudziestoośmioletni murarz z Wörgl, który nie mając zajęcia, pałętał się po okolicy. Broń, której użył, miał przy sobie, bo właściwie chciał kłusować, a morderstwo rabunkowe popełnił, kierując się nagłym impulsem: uznał, że trafia się akurat dobra okazja.

W drugim dniu procesu oskarżony pod eskortą dwóch funkcjonariuszy straży sądowej udaje się na grób ojca, gdzie widnieje prowizoryczna tablica. Na cmentarzu czekają: tyrolski rabin Josef Link, matka, siostra i Richard Glaser. Filip odmawia kadysz wraz z rabinem, który wygłasza modlitwę po hebrajsku i niemiecku. Na zakończenie modłów Filip podchodzi do matki, obejmuje ją i mówi: „Mamo, ty wiesz, że jestem niewinny". Następnie zostaje odprowadzony do gmachu sądu, gdzie punktualnie stawia się na rozprawie.

Tego dnia w sali sądowej panuje podniecenie. Prokurator i przewodniczący odpierają podejmowane w przeddzień ataki obrony na sędziego śledczego z pierwszego postępowania. Dr Mahler oświadcza, że obrona chce uniknąć spięć. Zostają odczytane protokoły z przesłuchań i zeznania świadków, w tym wypowiedź Halsmanna, że nigdy, podobnie jak ojciec, nie przywiązywał wagi do rytuałów. Któryś z ławników pyta oskarżonego, czy rzeczywiście tak powiedział.

Halsmann: „Tak jest, tak powiedziałem".

Ławnik: „Nie rozumiem wobec tego, czemu był pan dziś w towarzystwie rabina na grobie ojca".

Halsmann: „Mamy taki zwyczaj, że najstarszy albo jedyny syn w pierwszą rocznicę śmierci ojca idzie na jego grób i otwarcie deklaruje swoją przynależność do żydostwa. To właśnie dzisiaj zrobiłem".

Dr Mahler: „Jak trwoga, to do Boga — to dotyczy również Żydów".

Nagle dochodzi do skandalu. Profesor Meixner mówi, że wczoraj dr Pessler przedstawił członków medycznego fakultetu w Innsbrucku jako oszustów i lumpów, insynuując, iż Halsmann nie przeszedł badań zdrowia fizycznego — to nieprawda, został zbadany bardzo dokładnie, fakultet nie puści płazem takiej obelgi. Przy ostatnich słowach profesor Meixner podnosi głos. Pessler replikuje tym samym tonem, że nie on postawił tę kwestię, lecz jego kolega Mahler, a poza tym traktuje występ Meixnera jak wypowiedzenie wojny. Pessler wali pięścią w pulpit. Przewodniczący próbuje mediować, w końcu Meixner przeprasza Pesslera, nie chciał obrazić jego osobiście. Pessler nie przyjmuje przeprosin, a Mahler dodaje, że jeśli napada się na obronę w tak okropny sposób tylko dlatego, iż chciała rzucić pewne światło na orzeczenie, to dalsza rozprawa przed tym sądem staje się niemożliwa. Pessler dolewa oliwy do ognia i mówi, że w myśl orzeczenia fakultetu, gdyby nie uprzedni szok, nie doszłoby do mylnych konstatacji, jednak rzeczoznawca dowiódł właśnie przed trybunałem czegoś przeciwnego, myląc obu obrońców wcale nie pod wpływem szoku, a zatem on, Pessler, wnosi o psychiatryczne zbadanie rzeczoznawcy. Na to Meixner dostaje ataku szału, zaczyna ryczeć, Pessler ryczy w odpowiedzi, pięści łomoczą w stoły, przysięgli ze zdziwieniem patrzą na przedstawienie akademików, a przewodniczący ma duży kłopot z przywróceniem spokoju.

Tego dnia zostają przesłuchani ważni świadkowie: turyści Karl Nettermann i Max Schneider z Lipska. Pozostają przy swoich zeznaniach z pierwszego procesu. Gospodarz schroniska Eder — jak utrzymują — pierwszy wyraził podejrzenie, że doszło do zbrodni, potem jego pies znalazł zakrwawiony kamień, w końcu wszyscy razem odkryli smugę i bryzgi krwi na krzakach. W toku przesłuchania obronie udaje się zbić Maksa Schneidera z tropu.

Dr Mahler: „W dzień po wydarzeniu był pan przy tym, kiedy żandarmeria zabezpieczała pieniądze denata. Gdzie zmarły je trzymał?".

Schneider: „Na piersi, w woreczku, który miał pod koszulą".

Dr Mahler: „Teraz również przysięgli mogą zobaczyć pozytywny omam w postrzeganiu. Otóż dowiedziono ponad wszelką wątpliwość, że Halsmann ojciec trzymał pieniądze w kieszeni wszytej w pasek spodni. Oczywiście każdy może ulec omamowi w postrzeganiu, tylko oskarżonemu nie przyznaje się tego prawa".

Prokurator wnosi o ponowną wizję lokalną, w której mają wziąć udział również przysięgli. Pessler chciałby zaprosić na nią prywatnego detektywa z Wiednia, Leopolda Zipperera, który powyżej miejsca morderstwa znalazł tajną ścieżkę prowadzącą na halę przy Friesenbergu; poza tym może on potwierdzić, że przy budowie drogi byli zatrudnieni nie tylko miejscowi, jak zawsze mówiono, lecz także tak zwani barabowie, włoscy pomocnicy. Sąd przychyla się do wniosków i wyznacza termin wizji lokalnej na sobotę 14 września. Teraz przewodniczącemu się spieszy. Ma nadzieję, że zdoła zamknąć postępowanie w ciągu dwóch tygodni.

Podczas przesłuchań świadków stale dochodzi do incydentów. Lekarz okręgowy z Fügen, dr Rajmund Rainer, ma odpowiedzieć na pytanie jednego z obrońców, czy to prawda, że podczas ostatniego przewodu sądowego powiedział na korytarzu do świadka Grausa, iż w przypadku Żyda musi trzymać się z lewa, a w przypadku chrześcijan — prawa.

Lekarz zaprzecza. „Zwróciłem tylko uwagę świadkom z Doliny Ziller, że nikt nie powinien używać słowa «Żyd», bo zaraz zacznie się gadanie, że to wszystko jest nagonką na Żydów".

Pessler chce wobec tego wezwać dwóch świadków, którzy jakoby słyszeli słowa Rainera, i dodaje, że „trzymać się z lewa" oznacza w języku łobuzerskim „fałszywie zeznawać". Jako dowód przedkłada słownik gwary więziennej. Świadek Rainer replikuje, że do tego trzeba by znajomości języka łobuzerskiego: „Ja jednak dziś po raz pierwszy otrzymuję od obrońcy lekcję tego języka. Wielkie dzięki, panie doktorze!".

Wniosek obrony zostaje oddalony jako nieistotny dla sprawy.

Następnie zostaje przesłuchany dwunastoletni pasterz Alois Graus, zamieszkały opodal Hoiserbauern w południowotyrolskiej Dolinie Pfitsch, który jakoby widział gwałtowną kłótnię obu Halsmannów podczas zejścia od schroniska Furtschagl.

Przewodniczący: „Zauważyłeś coś szczególnego?".

Graus: „Po prostu wymachiwali rękami".

Przewodniczący: „Który z nich wymachiwał?".

Graus: „Młody".

Przewodniczący: „Co sobie pomyślałeś, widząc, że tak machają rękami?".

Graus: „Myślałem sobie, że się kłócą".

Przewodniczący: „Słyszałeś też kłótnię?".

Graus: „Nie, byli za daleko".

Przewodniczący: „Ale na pierwszym przesłuchaniu powiedziałeś, że to starszy pan tak wymachiwał rękami".

Świadek wydaje się onieśmielony i mówi bardzo cicho: „Nie, to młody".

Przewodniczący: „Pokaż nam ruchy, jakie wykonywał rękami".

Pasterz bojaźliwie unosi rękę i robi ledwie zauważalny ruch. W audytorium wybucha wesołość, również przewodniczący z trudem powstrzymuje śmiech. Kilka dni później do sądu znów wpływa list, w którym ktoś proponuje przepytać jako świadka kabarecistę żydowskiego, Armina Berga, żeby powiedział, czy nie jest to rzecz zwyczajna, że Żydzi mówiąc bardziej machają rękami niż chrześcijanie.

Atmosfera poważnieje i staje się znów napięta podczas przesłuchań żandarmów, którzy prowadzili pierwsze czynności śledcze na miejscu zdarzenia. Inspektor rejonowy Otto Moser napisał w raporcie, że w czasie obdukcji zwłok ojca, dokonywanej w szopie pod oknem pokoju oskarżonego, ten pozostawał uderzająco obojętny; w związku z tym pada pytanie do Mosera, czy syn w ogóle mógł widzieć, że odbywa się tam obdukcja zwłok jego ojca.

Moser: „O tak, mógł to widzieć ze swojego okna".

Dr Mahler: „Muszę tu oświadczyć w imieniu Halsmanna, że nie miał on zielonego pojęcia o dokonywanej pod jego oknem obdukcji".

Przewodniczący (do świadka): „Czy to może być prawda?".

Moser: „Owszem, może".

Dr Mahler: „To przecież najzwyklejsze urabianie nastroju przeciw oskarżonemu, jeśli się informuje o jego zachowaniu podczas obdukcji, o której on nic nie wie. No, to doprawdy wyjątkowe".

Jako następny jest przesłuchiwany kolega Mosera, August Feistmantel. Oświadcza on, że według rozkazu miał sporządzić szkic z miejsca zdarzenia i nanieść nań odnalezione ślady krwi.

Dr Pessler: „Czy przed przybyciem komisji sądowej szukano na miejscu zdarzenia dalszych śladów albo narzędzia?".

Feistmantel: „Nie, nic takiego się nie działo".

Dr Pessler: „Ale jest o tym mowa w pańskim meldunku. Więc albo meldunek jest fałszywy, albo pańskie zeznanie".

Feistmantel: „Nie otrzymałem polecenia, aby przeszukiwać teren".

Dr Pessler: „Jako żandarm musi pan działać również bez polecenia".

Feistmantel: „Zaprzeczam temu, jako żandarm przydzielony do sprawy muszę robić tylko to, co każe mój szef".

Dr Mahler: „Podczas wizji lokalnej było obecnych ośmiu panów z sądu i żandarmi; czy przeszukano dokładnie przynajmniej otoczenie zwłok w promieniu półtora metra?".

Feistmantel: „W obecności sędziego śledczego wykonywaliśmy tylko jego polecenia. Nie umiem powiedzieć, czy otoczenie zostało przeszukane".

Dr Pessler: „Czy przebadano ślady krwi u Halsmanna? To jest przecież elementarz, jeśli chce się komuś dowieść zbrodni morderstwa".

Feistmantel: „Nie wiem, czy to zrobiono, ja w każdym razie się tym nie zajmowałem".

Inspektor rejonowy August Feistmantel wyraźnie utyka. Zapytany o to przyznaje, że spadł podczas prac w miejscu zdarzenia i zranił się w kolano, co doskwiera mu do tej pory. A więc wytrenowany żandarm-alpinista mógł tam spaść, ale nie chory na serce turysta z niziny — komentuje kąśliwie Pessler. Jednak również obrona od dawna jest przekonana, że Morduch Halsmann padł ofiarą morderstwa.

Żandarmi z Mayrhofen nie pokazali się tego dnia przed sądem z najlepszej strony. Obronie udało się dowieść im rażących zaniedbań. Również trybunał i przysięgli zdawali się żywić wątpliwości co do zeznań żandarmów. Kiedy jednak dr Mahler wezwał prokuratora, aby wniósł oskarżenie przeciwko Moserowi z powodu fałszywych zeznań — ten bowiem insynuuje, jakoby Halsmann niewzruszenie obserwował obdukcję zwłok ojca, co nie odpowiada prawdzie — atmosfera natychmiast się odmieniła. Prokurator Hohenleitner zarzucił obronie, że chce po prostu szykanować świadków, którzy są jej niemili, i sąd przysięgłych oddalił wniosek. Przewodniczący ostro upomniał obu obrońców: trybunał nie dopuści więcej do zniewag pod adresem świadków i do ataków na organa państwa. W razie konieczności zastosuje kary porządkowe. Pessler jednak uparcie twierdził, że obrona utraciła zaufanie do żandarmerii.

Wszyscy w wielkim napięciu czekają na przesłuchanie Josefa Edera. Z okazji występu przed sądem w Innsbrucku gospodarz Chaty Dominika, krępy, przysadzisty mężczyzna, ubrał się po miejsku, włożył też kapelusz tyrolski z puszystą ozdobą z koziej sierści. Eder opowiada, jak po raz pierwszy dotarł na miejsce nieszczęścia i szukał tam śladów spadania ofiary, ale żadnych nie znalazł.

Eder: „Wtedy Nettermann zwrócił mi uwagę, że mój pies węszy uporczywie przy ziemi. Poszedłem tam i odgoniłem psa. Następnie pochyliłem się i zobaczyłem na ziemi pojedyncze krople krwi. Poruszyłem laską ziemię; im głębiej grzebałem, tym więcej było tej krwi. Rozejrzałem się, dokąd też ciągną się krwawe ślady. Wtedy zobaczyłem, że wszędzie na trawie były bryzgi krwi, ale nie tylko na trawie — także na krzewach pod murkiem gdzieś na wysokości osiemdziesięciu centymetrów była krew. Tuż przy tych śladach stały dwa plecaki należące do Nettermanna i Schneidera. Kazałem im odciągnąć je kawałek dalej. Zaraz przy plecakach po prawej stronie ciągnęła się smuga".

Przewodniczący: „Jak ta smuga wyglądała?".

Eder: „Trawa była zgnieciona na płask i wyglądała tak, jakby przeciągnięto po niej krwawiącego świniaka".

Przed wizją lokalną sąd nakazuje przegląd zdjęć, aby przysięgli mieli wyobrażenie, jak miejsce zdarzenia wyglądało w czasie, kiedy do niego doszło. Na stole prokuratora staje aparat projekcyjny, za nim znajduje się ekran, wyjaśnień udziela szef medycyny sądowej w Innsbrucku, profesor Karl Meixner, który posługuje się wskaźnikiem. Omawiając zdjęcia, napomina przysięgłych, aby podczas wizji lokalnej zachowali ostrożność, ponieważ owo miejsce jest wyślizgane i przy utracie równowagi można nabawić się ciężkiego urazu. Nagle oskarżony wstaje i mówi do biegłego: „Panie profesorze, proszę podać mi ten kijek!". Nie brzmi to jak prośba, lecz jak rozkaz. Bierze wskaźnik i wytyka na zdjęciu pewien szczegół, który jego zdaniem został błędnie objaśniony przez profesora. Następnie oskarżony musi opuścić salę. Teraz w zaciemnieniu ukazują się zdjęcia samej głowy denata ze straszliwymi obrażeniami, które widać ze wszystkich stron i z najbliższej odległości; biegły pokazuje kierunek zadawanych ciosów i objaśnia, że wskutek licznych zamaszystych uderzeń kości czaszki zostały miejscami dosłownie zmiażdżone, tak że nie udało się ich złożyć, mimo iż długo trudził się nad tym doświadczony preparator. Następne zdjęcie. Głęboka rozwarta rana na czole.

W audytorium rozlegają się okrzyki grozy. O wpół do dziesiątej wieczorem przewodniczący zamyka okrutną prezentację, ponieważ wszyscy uczestnicy muszą wczesnym rankiem wyruszyć na wizję lokalną do Doliny Ziller.

ROZDZIAŁ DWUNASTY

Tym razem wyprawa do Doliny Ziller była przedsięwzięciem jeszcze większym niż trzy miesiące wcześniej. Dwunastu przysięgłych głównych oraz dwóch zastępców dowiózł na miejsce samochód udostępniony przez wojsko, dziennikarze i obrońca Franz Pessler przyjechali autobusem pocztowym, członkowie trybunału autem prywatnym, a prokurator Siegfried Hohenleitner skorzystał z własnego motocykla. Tylko dr Mahler i tajny radca Störring z Bonn, którego udziału w wizji lokalnej bardzo życzyłaby sobie obrona, pozostali w Innsbrucku. Niemiecki profesor miał słabe serce, a Mahler uskarżał się na uporczywą dolegliwość stóp. „Mój Boże, dziś trzynastego, i w dodatku piątek!", powiedział jeden z przysięgłych, wsiadając do samochodu.

W miejscowościach, które przemierzał konwój, ludzie wylegli na drogę, żeby zobaczyć „tego" Halsmanna, oskarżony jednak już we wczesnych godzinach rannych został przewieziony pociągiem do Jenbach, a stamtąd kolejką zillerską do Mayrhofen. W Mayrhofen pewien wiedeński operator filmowy nazwiskiem Rudi Mayer, który również przybył na wizję lokalną, zatrzymał eskortę i biorąc młodego człowieka na przedzie grupy za policjanta, spytał go o drogę.

„Pan wybaczy, jestem oskarżonym", powiedział Halsmann i wskazał Mayerowi kroczących za nim żandarmów.

Przed wieczorem wszyscy uczestnicy wizji dotarli do schroniska Breitlahner, gdzie przenocowali. Obsługa miała kłopot z rozmieszczeniem wielkiej grupy, ponieważ o tej porze roku w schronisku nie brakowało gości, przede wszystkim niemieckich, którzy okazali się dobrze poinformowani o sprawie Halsmanna i w większości deklarowali, że uważają go za niewinnego.

W przeciwieństwie do napiętej atmosfery panującej w sali sądowej nastrój podczas wizji lokalnej następnego dnia był swobodny i pogodny, niemal jak na wycieczce w góry. Uczestnicy dobrali stroje stosowne do takiej wycieczki w bezchmurny, gorący dzień wrześniowy: radca Wyższego Sądu Krajowego, Ziegler, miał na sobie klasyczne spodnie wiązane pod kolanem, gruby kubrak, solidne buty górskie i mocną laskę, jeden z ławników włożył nawet krótkie spodnie ze skóry. Tylko Halsmann wyglądał jak mieszczuch, który zabłąkał się w wysokie góry: w gołębioszarym garniturze z krepą na rękawie i w eleganckim, jasnym kapeluszu z szeroką czarną wstążką. Podobnie jak podczas wizji lokalnej w czerwcu nie miał na rękach kajdanków.

Na miejscu zdarzenia zażądano od Halsmanna, aby określił punkt, który 11 września przed rokiem wskazywał jako ten, gdzie się znajdował. Halsmann powiedział, że dziś nie wykluczałby już błędu w ówczesnej ocenie: być może znajdował się dużo dalej. Przypomniał swoje pierwsze zeznanie złożone przed żandarmami, zgodnie z którym od miejsca wypadku dzieliły go dwie do pięciu minut. Następnie przeprowadzono rozmaite pomiary i próby biegowe — ile czasu mógł potrzebować syn, by dotrzeć do miejsca upadku, przy założeniu, że nie był oddalony od ojca zaledwie o dziesięć do dwunastu metrów, lecz o całe sto osiemdziesiąt kroków? W takiej bowiem odległości ustalono drugie miejsce, w kierunku wyjścia z doliny, z którego wprawdzie widać miejsce upadku, ale nie zbocze poniżej, co odpowiadało opisowi Halsmanna. Oskarżony potrzebował raz dwudziestu pięciu, a drugi raz dwudziestu dziewięciu sekund, aby pokonać biegiem ten odcinek. Wreszcie musiał też zejść do potoku i wspiąć się z powrotem, na co potrzebował dziesięciu i dwudziestu sekund. Wszystkie te próby biegowe oskarżony odbywał w czarnych półbutach, nieodpowiednich jak na te warunki terenowe. Kiedy jeden z przysięgłych zwrócił mu na to uwagę, Halsmann odparł gwałtownie: „Nie dostałem swoich butów górskich, to przecież *corpora delicti*".

Wystąpienie wiedeńskiego detektywa prywatnego Leopolda Zipperera całkiem popsuło nastrój. Świadek obrony oświadczył, że nad miejscem morderstwa odkrył ukrytą ścieżkę, która przez gęstą olszynę wiedzie do nowo zbudowanej drogi w kierunku schroniska Friesenberg; jest to droga, którą nieznany morderca mógł się podkraść, a popełniwszy swój czyn, znów niepostrzeżenie oddalić. Kiedy wezwano Zipperera, aby wskazał tajną ścieżkę, ten wdrapał się w towarzystwie prokuratora i przysięgłego

Engelberta Erlsbachera — zapalonego myśliwego i alpinisty — na zbocze, gdzie rzekoma dróżka urywała się niewiele metrów dalej, w gęstych krzakach. Spuszczając z tonu, emerytowany wiedeński policjant, który nie zrobił w górach dobrego wrażenia, musiał przyznać, że nigdy nie sprawdził, dokąd tajna ścieżka wiedzie naprawdę.

„To jawne wprowadzanie w błąd", powiedział oburzony Erlsbacher, kiedy znów stanęli na dole przy drodze. Prokurator Hohenleitner oświadczył, że zastrzega sobie wniesienie przeciw Zippererowi oskarżenia o składanie fałszywych zeznań. W każdym razie obrona doznała przykrej porażki.

Następnie Halsmann poprosił przewodniczącego, aby wolno mu było skierować kilka słów do przysięgłych: „W tym miejscu, w miejscu śmierci mojego ojca, powtarzam raz jeszcze: jestem całkowicie niewinny. Proszę was, drodzy panowie przysięgli: uwierzcie w to!".

Gospodarz Chaty Dominika, Josef Eder, urządził jakieś pięćdziesiąt metrów od miejsca zdarzenia prowizoryczny bufet, przy którym uczestnicy wizji lokalnej pokrzepiali się gorącymi kiełbaskami, kanapkami ze słoniną, piwem i wódką. Bufet cieszył się sporym powodzeniem.

Na koniec cała grupa pokonała krótki odcinek pod górę, do Chaty Dominika. Po drodze Pessler pokazał przysięgłym kilka miejsc, gdzie tuż przy ścieżce pionowe ściany skalne opadały stromo w dół do górskiego potoku. Tu dużo łatwiej byłoby dokonać morderstwa upozorowanego na wypadek. Przy Chacie Dominika przyszła pora na przerwę obiadową. Halsmann uparcie odmawiał przestąpienia progu Ederowego schroniska; pozostał na dworze w otoczeniu żandarmów, którzy troskliwie okryli go kocami, ponieważ spocił się od forsownego marszu. Grupę oblegali fotografowie prasowi, wśród nich operator filmowy Rudi Mayer, który chciał utrwalić już wizję lokalną, na co jednak nie zgodził się sąd. Obecność fotografów raczej nie przeszkadzała Halsmannowi, kiedy jednak zauważył, że Mayer kieruje na niego kamerę, zasłonił twarz ręką. „Nie chcę występować w kronice, nie jestem ciekawym człowiekiem", powiedział.

Rudi Mayer, trzy lata starszy od Halsmanna, był kamerzystą czy też „kinooperatorem", jak wtedy mawiano, i pracował w przedsiębiorstwie rodzinnym „Biuro Aktualności Filmowych Mayera", które założył jego ojciec, Gustav Mayer. Przedsiębiorstwo produkowało pierwsze austriackie kroniki tygodniowe, dokumentując ważne wydarzenia polityczne i społeczne, na przykład pożar wiedeńskiego Pałacu Sprawiedliwości w 1927 roku, lecz także budzące sensację sprawy kryminalne. Wiosną 1929 roku Mayer został zaangażowany przez księcia Ferdynanda z Liechtensteinu oraz węgierskiego podróżnika i badacza, Ladislausa Eduarda Almásyego, znanego z powieści Michaela Ondaatje *Angielski pacjent*, aby towarzyszył z kamerą ich ekspedycji do Afryki Wschodniej, skąd wrócił właśnie minionego lata. Do Doliny Ziller przyjechał znów jako pracownik firmy ojca — spektakularnego procesu Halsmanna nie wolno było przegapić.

Przybysze ze stolicy wprowadzali tylko zamęt w przebieg rozprawy; operator Mayer nie był tu wyjątkiem. Tydzień po wizji lokalnej w Dolinie Ziller zapanowało wielkie wzburzenie. Jeden z przysięgłych biorących udział w pierwszym procesie na własną rękę przyjechał na miejsce zbrodni, aby pobawić się trochę w Sherlocka Holmesa, i buszując w krzakach nad drogą znalazł siekierę! Czy to było narzędzie, którym zadano denatowi straszliwą ranę na czole? Żandarmeria z Mayrhofen niezwłocznie zameldowała o znalezisku do Innsbrucku i o czwartej rano wyruszyła stamtąd komisja sądowa, kierując się w głąb Doliny Ziller; do wyprawy przyłączył się koncepista doktora Mahlera, aby dopilnować interesów obrony. Kiedy komisja przyniosła *corpus delicti* do schroniska Breitlahner, gospodarz natychmiast rozpoznał siekierę jako swoją własność, której już od pewnego czasu potrzebował i szukał. Tydzień wcześniej pożyczył siekierę wiedeńskiemu operatorowi, który chciał wyrąbać nią krzaki zasłaniające mu widok podczas zdjęć. Potem Mayer zwyczajnie porzucił narzędzie, bezmyślnie jak to mieszczuch — nawet do głowy takiemu nie przyjdzie, jaką wartość ma tego rodzaju sprzęt dla wieśniaka.

Z Breitlahner dziennikarze telefonicznie przekazywali swoje sprawozdania. W przeddzień dyrekcja poczty w Innsbrucku nakazała sprawdzenie łącz, aby uniknąć awarii. Telefonistka w Mayrhofen ofiarnie wzięła nadgodziny. W Innsbrucku obawiano się, że proces Halsmanna może zaszkodzić międzynarodowej reputacji miasta i całego kraju. To tłumaczy drażliwość, z jaką gazety tyrolskie wciąż reagowały na krytyczne głosy z zewnątrz, zwłaszcza z Wiednia. W przededniu wizji lokalnej „Neue Freie Presse" wydrukowała artykuł wstępny Emila Klägera, w którym znany autor rozwodził się, nie szczędząc niejasnych aluzji, nad groźnymi nastrojami w sali sądu przysięgłych w Innsbrucku:

„Atmosfera jest naładowana elektrycznie. Zgiełk przetacza się z hukiem po niewielkiej sali, gdzie trwają żmudne, gorące zmagania o prawdę, znad miejsc zajmowanych przez strony dobiegają wściekłe syknięcia. (...) Świszczą ostre naboje — wystrzeliwane z ław obrony do niepewnych celów. Jakich właściwie? Nie chodzi raczej o zeznanie świadka. Strzelają, co osobliwe, ponad celami widocznymi w tej sali, z pozornie niezrozumiałą goryczą i zaciętością. Można się zaledwie domyślać mglistych konturów przeciwnika, którego się bierze na muszkę, a który znajduje się chyba gdzieś poza sceną tego procesowego spektaklu. Niesamowite uczucie: stojący za oskarżonym dwaj adwokaci mierzą jakby bojaźliwie w coś niewidocznego. Robi się nieprzyjemnie, narasta tłumiona wrogość.

Problemem tego procesu jest przede wszystkim ów lęk przed bezgłośnymi nastrojami, przed niewidocznym wpływem, strach obrony przed sądem kapturowym, który bynajmniej nie zasiada na ławie przysięgłych. Czy to strach uprawniony? Pewne sygnały można by tak rozumieć. Adwokaci są chyba o tym lepiej poinformowani. Skarżą się na przeszkody, są z Innsbrucku, pozostają w najintymniejszej zażyłości z ojczystym gruntem, na którym wyrośli. (...) Oto coraz silniej ożywa coś zewnętrznego, czego nie widać. Oskarżony jest obcy w tym kraju, z gruntu obcy wszystkim ludziom, którzy mają osądzić, czy zabił własnego ojca; to obca roślina człowiecza, być może niesympatyczna Tyrolczykowi, budząca jego niechęć. To jednak nakazywało zdwojoną ostrożność, zdwojony rygoryzm sumienia, zdwojoną czujność w obliczu nastrojów wdzierających się do domu sprawiedliwości" („Neue Freie Presse", 12 września 1929).

Chrześcijański „Tiroler Anzeiger" odpowiadał na relację Klägera o nastrojach ciętym artykułem zatytułowanym *Zuchwałe oszczerstwa pod adresem Tyrolu*. Zarzucono w nim obronie, że rozsiewając takie pogłoski o sądzie kapturowym, nie wyświadcza oskarżonemu dobrej przysługi, gdyż każdy mieszkaniec Innsbrucku, każdy Tyrolczyk musi odbierać tę gadaninę jako bezwstydną zniewagę.

Jakby na potwierdzenie mglistych podejrzeń liberalnej gazety wiedeńskiej trzy dni po wizji lokalnej pewien duchowny nazwiskiem Anselm Maria Wimmer wygłosił w kościele serwitów w Innsbrucku kazanie, w którym zajął się trwającym procesem. Sługa boży mówił o sumieniu i o tym, że u niektórych ludzi całkiem już obumarło. Jako przykład podał Filipa Halsmanna, wymieniając go z nazwiska: w bestialski sposób zamordował on ojca, a teraz wypiera się czynu i nie wykazuje ani krzty skruchy. Kazanie stało się tematem rozmów w mieście, gdyż ojciec serwita był znaną postacią. Wimmer organizował religijno-społeczne wieczory kulturalne, podczas których wypowiadał się w aktualnych sprawach jak choćby „śmiertelne niebezpieczeństwa bolszewizmu", a także redagował comiesięczną gazetkę, organ zakonu, gdzie energicznie dął w propagandową tubę na rzecz Obrony Ojczyzny, związku gwarantującego ochronę w obliczu

„groźnych dla świata czerwonych". „Obrona Ojczyzny jest jak zaciśnięta niemiecka pięść, gotowa rozpędzić bezecnych, jeśli będzie trzeba", powiadał Wimmer w jednym z artykułów. Socjaldemokraci w Innsbrucku nazywali kontrowersyjnego zakonnika „Wimmerem kwilącym w Obronie Ojczyzny" i zarzucali mu, że chce zbudować „kościół stahlhelmowców"*.

Obrona Ojczyzny niewątpliwie była w Tyrolu najsilniejszym związkiem paramilitarnym, podczas gdy socjaldemokratyczny Republikański Związek Obronny wyróżniał się słabością. Przywódca Obrony Ojczyzny, deputowany Tyrolskiej Partii Ludowej Richard Steidle, należał w 1919 roku do założycieli Tyrolskiego Związku Antysemitów. W 1923 roku wybrano Steidlego na ogólnokrajowego szefa austriackiej Obrony Ojczystej. W marcu 1929 roku opublikował on oświadczenie, w którym niezbyt szczerze odcinał się od antysemityzmu: Obrona Ojczysta zwalcza tylko destrukcyjne elementy marksistowskie i złowrogich przedstawicieli „demokracji asfaltowej", którzy w głównej mierze rekrutują się właśnie spośród przybyłych ze Wschodu jednostek żydowskiego pochodzenia, pisał tam Steidle i przyznawał, że byłoby niesprawiedliwością „wrzucać te wynaturzone elementy do jednego worka z żydostwem lojalnym wobec państwa".

* *Heimatwehr-Wimmer* — gra słów: niem. *wimmern* — „jęczeć", „kwilić". Stahlhelm — nacjonalistyczny związek weteranów pierwszej wojny światowej, przeciwników republiki weimarskiej (przyp. tłum.).

Okazując tak niezdarnie pewien dystans, Steidle próbował uspokoić wpływowe kręgi żydowskie, na których wsparcie finansowe była zdana jego organizacja.

W dniach po wizji lokalnej obrona zdołała w sali sądowej zapisać na swoim koncie kilka sukcesów. Inspektor rewirowy Johann Weiler z żandarmerii w Mayrhofen, który 10 września 1928 roku pilnował obwinionego w schronisku Breitlahner, w odpowiedzi na inadagację potwierdził, że funkcjonariusze dokładnie obejrzeli Filipa Halsmanna: „Na ciele oskarżonego nie było krwi. Jego tors był nagi, ale nie zakrwawiony. Również na spodniach i pozostałej odzieży nie stwierdziliśmy krwi. Przebadaliśmy oskarżonego pod kątem występowania krwawych śladów".

Pessler chciał następnie usłyszeć od Weilera, czy widział u obwinionego aparat fotograficzny? Nie, Weiler nie widział aparatu. Halsmann oświadczył, że aparat zabrano mu wcześniej, razem z paszportem. Pessler wniósł więc o dostarczenie aparatu. Oskarżony miał go — mówił Pessler — podczas całej wędrówki przy sobie, w drodze do Chaty Dominika robił jeszcze zdjęcia ojcu. Jeśli ktoś atakuje w afekcie, trzeba zakładać, że używa pierwszego lepszego przedmiotu, jaki ma pod ręką, w tym przypadku byłby to aparat fotograficzny, który Halsmann trzymał w rękach. Istotne jest zatem ustalenie, czy można stwierdzić na aparacie ślady uderzeń.

Trybunał dopuścił wniosek o okazanie aparatu fotograficznego i jednocześnie podał do wiadomości, że nie sposób go w tej chwili odnaleźć. Urzędnik, którego pieczy powierzono te przedmioty, przebywa na urlopie.

Jak się miało okazać, aparat fotograficzny Halsmanna nie znalazł się również po powrocie owego urzędnika. Pozostało zagadką, kto go sobie przywłaszczył. Również zdjęcia zrobione przez Filipa podczas wyprawy górskiej w Dolinie Ziller gdzieś przepadły. Kiedy dr Pessler zgłosił wniosek o ich okazanie przysięgłym, ponieważ stanowiły świadectwo dobrych stosunków między ojcem i synem, nie można ich było znaleźć. Dopiero po zakończeniu procesu zdjęcia się pojawiły i zostały przekazane obrońcy. Za późno. Czy ktoś w sądzie usiłował przeszkodzić obronie? Dr Pessler w każdym razie zdawał się tak właśnie sądzić.

Wielkie zainteresowanie, jakim cieszył się proces, stawało się niekiedy przekleństwem dla obrońców. Bombardowano ich anonimowymi listami, wskazówkami, poradami w dobrej wierze, które doręczano im nawet podczas rozprawy. Pewnego ranka dr Mahler stracił cierpliwość, zmiął otrzymany właśnie list i rzucił o ścianę. Kiedy przewodniczący upomniał go, mecenas nie wytrzymał: „Doprawdy, Wysoki Sądzie, człowiek musi wpaść w gniew, jeśli rozprawa nie trwa jeszcze nawet pół godziny, a już uszczęśliwiają go dwoma telegramami i pięcioma anonimowymi listami, zawsze z tym samym odsyłaczem: świadek Eder, świadek Eder, świadek Eder. Cieszylibyśmy się, gdyby zalew tej pisaniny wreszcie ustał. W sobotę na przykład dostałem co najmniej piętnaście anonimów, a wczoraj, w niedzielę, znowu siedem takich pisemek. Dziś nawet wydzwoniono mnie z łóżka o północy. Przekazano mi anonimowy list z Bad Gastein, w którym jest znów to samo: Eder. Każdy osioł sądzi, że musi zwracać uwagę obronie na to czy tamto, a nawet udzielać jej porad odnośnie mowy końcowej".

Pewna wiedeńska gazeta poranna zdobyła list Halsmanna i zleciła grafologowi nazwiskiem Artur Holz ekspertyzę na podstawie trzech linijek. Zdumiewające, co fachowiec potrafił wyczytać z tak skromnego materiału:

„Oto pismo człowieka o miękkim sercu, a zarazem miękkiego charakteru, rozpieszczonego. Przy tej predyspozycji bezwzględnie ujawnia się inteligencja, która dowodzi duchowej samodzielności, ponieważ analiza grafologiczna pozwala stwierdzić, że w profilu emocjonalnym występuje potrzeba oparcia, jakaś dziewczęca wstydliwość, kruchość, oczekiwanie wpływu, niepewność. W związku z tym jest w nim głęboko zakotwiczona wrażliwość, która w stanach słabości przyjmuje wypaczone formy, czyni piszącego dziecinnym i kapryśnym, a w końcu przyprawia go o nieufność i drażliwość. (...) Między pojęciami możności i chęci dochodzi do ostrych konfliktów, które osobliwą koleją rzeczy mogą prowadzić do zerwania z podjętą intencjonalnie myślą przy jednoczesnym pominięciu niezbędnej asocjacji w aspekcie duchowym; w ten sposób predyspozycja taka powoduje kontrastowość działań negatywnych i pozytywnych przy realizacji danej sprawy, a więc z jednej strony prowadzi do wycofania się i wewnętrznego urazu, a w innym znów przypadku do spontanicznego, nerwicowego, narastającego spiralnie, eksplozywnego rozładowania emocji.

Te nieprzewidziane momenty furii natychmiast jednak zacierają się w pamięci. Wydaje się to tym bardziej zrozumiałe, że do predyspozycji piszącego nie należy żądza zemsty — już choćby dlatego, iż wymaga ona brutalności, której ta osoba w sobie nie posiada" („Der Morgen", 16 września 1929).

Ekspertyzę nieodpłatnie udostępniono obrońcom, którzy jednak zrezygnowali z wykorzystania tego elaboratu. Aż w końcu nadeszła z zewnątrz wskazówka, jak mogło im się wydawać, pożyteczna. Dr Pessler odczytał w sali sądowej telegram przebywającego na kuracji w Bad Gastein niemieckiego chemika sądowego, który na podstawie wieloletniego doświadczenia uważał za zupełnie nieprawdopodobne, aby oskarżony był mordercą, jeśli na jego ubraniu niepodobna stwierdzić żadnych śladów krwi. Prokurator zauważył kąśliwie, że to jego zdaniem coś niezwykłego: rzeczoznawca wyrażający na odległość taką opinię, bez bliższej znajomości materii rzeczy. Sąd odmówił też zaproszenia niemieckiego chemika.

Ważnym świadkiem był okulista z Innsbrucku, który zbadał oskarżonego i orzekł u niego bardzo poważną krótkowzroczność. Okulary, które Halsmann nosił podczas wędrówki w Dolinie Ziller, miały trzy i pół dioptrii, a pacjent potrzebuje ośmiu. To oznaczało, że Halsmann nawet z bliskiej odległości nie mógł niezawodnie rozpoznawać dobrze mu znanych osób.

Obrońcom udało się usunąć kilka nieporozumień, które odgrywały pewną rolę podczas pierwszego procesu. Za istotną okoliczność świadczącą przeciw oskarżonemu uznano wówczas fakt, że jego ojciec często mówił w obecności postronnych, jakoby syn chciał po nim dziedziczyć. Czy nie krył się za tym domysł, że potomek czyha na jego życie? Już wówczas wskazywano, że chodzi tu o zwrot często używany w kręgach Żydów wschodnich. Brat zamordowanego, pięćdziesięciosiedmioletni kupiec Moritz Halsmann z Rygi, opowiadał na rozprawie, że Morduch Halsmann nieraz żartobliwie nazywał syna *naslednikiem*, czyli po rosyjsku dziedzicem; takie miał przyzwyczajenie i czasem nawet na swego psa wołał w towarzystwie: *naslednik*.

Tym razem przyjechało z Rygi jeszcze więcej świadków — krewnych, nauczycieli i przyjaciół — niż na pierwszy proces. Również siostra i matka zeznawały, mimo że pani Halsmann wyraźnie dały się we znaki uciążliwości; nieomal straciła przytomność na sali sądowej. Fotograf prasowy zrobił obu kobietom zdjęcie, kiedy opuszczały gmach sądu; ukazało się ono w kilku gazetach. Na gruboziarnistym, rozmazanym obrazku widać z lewej strony matkę Filipa Halsmanna, w czarnej sukni, z wielką torebką w lewym ręku, trzymaną przed sobą, jakby dla obrony. Obok niej córka Ljuba, nieco wyższa, jeszcze szczuplejsza, w ciemnej sukience, krótszej, nad kolano, wczepiona prawym ramieniem w matkę, najwyraźniej, aby ją wesprzeć. Poza nimi nie ma na zdjęciu innych osób, jakby chodziło o podkreślenie, jak samotne i opuszczone są obie te kobiety w obcym mieście.

Wszyscy świadkowie zeznający o charakterze oskarżonego wystawili mu jak najlepsze świadectwo, żaden nie uznawał go za zdolnego do takiego czynu. Tylko dwudziestopięcioletni student, Rafael Jungelsohn z Rygi, który był wieloletnim przyjacielem Halsmanna, dyskredytował go we wcześniejszych zeznaniach.

Przewodniczący: „Dlaczego w jednej z wypowiedzi określił pan Halsmanna jako egoistę?".

Jungelsohn: „Po służbie wojskowej coraz bardziej przechodziłem na stronę ruchu socjalistycznego. Halsmann napisał wtedy do mnie list, w którym chciał mnie od tego odwieść. Dlatego czyniłem mu wyrzuty i nazwałem to egoizmem, że myśli tylko o swoim rozwoju jako jednostki, nie zaś o postępie całej ludzkości".

Przewodniczący: „Czy ma pan coś do powiedzenia o znajomościach starego Halsmanna z kobietami? Według jednego z protokołów policyjnych wspominał pan, że między ojcem i synem dochodziło do nieporozumień z powodu takich znajomości tego pierwszego".

Jungelsohn: „Nigdy nie twierdziłem, że starszy pan utrzymywał znajomości z kobietami, oznajmiłem tylko na policji, że w Rydze krążyły pogłoski na ten temat".

Halsmann (przerywa okrzykiem): „Te pogłoski dotarły do Rygi z Innsbrucku. W Rydze z pewnością nikt tak nie twierdził, gdyż byłoby to jawne oszczerstwo rzucone na mojego zmarłego ojca".

Dr Mahler (do świadka): „Czy w pańskim przeświadczeniu egoistą jest każdy, kto posiada kapitał prywatny lub może się takiego kapitału spodziewać?".

Jungelsohn: „Tak".

Dr Mahler: „Ale to bardzo młodzieńczy pogląd".

Prokurator pojmuje, że z młodym człowiekiem o radykalnych przekonaniach socjalistycznych nie sposób przed tyrolską ławą przysięgłych niczego wskórać, i rezygnuje z przesłuchania.

Wielkie nadzieje natomiast pokłada w świadku Eduardzie Friedmannie z Andritz koło Grazu, który zgłosił się do niego dopiero po rozpoczęciu drugiego procesu. Świadek mieszkał w latach 1921–28 w Rydze i podobno uzyskał tam wiedzę, iż dentysta Halsmann istotnie był wielkim miłośnikiem kobiet. Z tego powodu w rodzinie miało często dochodzić do okropnych niesnasek, w których stający po stronie matki syn uczestniczył w sposób agresywny.

To wreszcie byłby długo poszukiwany motyw.

Jednak podczas przesłuchania Friedmann musi przyznać, że w ogóle nie znał rodziny Halsmannów. Zasłyszał tę gadaninę w jakiejś ryskiej kawiarni i to od obcych, którzy przyjechali tam w interesach; oni z kolei znali rzekomo te pogłoski z ust miejscowych. Friedmann tylko powtórzył oszczercze plotki, które usłyszał w Rydze, nie pozostawiając ostatecznie po sobie dobrego wrażenia jako świadek. Następnego dnia dr Pessler odczytuje telegram austriackiego konsula honorowego w Rydze o lakonicznej treści:

„Świadek Friedmann wydalony z Łotwy jako uciążliwy obcokrajowiec".

Świadek, który w końcu miał podać motyw czynu, stał się powodem blamażu prokuratora.

Podczas rozprawy powraca też ów tajemniczy Rupert Auer, który w maju zgłosił się do Pesslera, ponieważ chciał rzekomo dowieść niewinności Halsmanna. Wtedy jednak świadek zniknął jak kamfora, zanim jeszcze zdołał przesłuchać go sędzia śledczy; osoba przyjaciela w Dolinie Ziller, który miał potwierdzić jego słowa, okazała się wymysłem. Pessler przyznaje: rzekomy Auer najwyraźniej nie stronił od kłamstwa, ujawnił jednak pewne wiadomości dotyczące sprawy, które mógł posiadać tylko prawdziwy sprawca albo naoczny świadek. Toteż obrońca wnosi o przesłuchanie przyjaciela rodziny Halsmannów, Richarda Glasera, jego żony Hedwig oraz ich służących. Spotkanie z Auerem odbyło się w mieszkaniu Glaserów. Glaser powinien też uzyskać wgląd w album przestępców, być może potrafi odnaleźć w nim Ruperta Auera pod jego prawdziwym nazwiskiem. Następnie należy dostarczyć akta dotyczące podwójnego mordu rabunkowego w Brandenbergu i morderstwa popełnionego w pobliżu Chaty Darmsztackiej. Obrońca chce także skonfrontować Glasera z obydwoma sprawcami, aby ustalić, czy ewentualnie jeden z nich nie jest tożsamy z nieosiągalnym Rupertem Auerem. Wreszcie na koniec musi zostać odczytany list niejakiego Karla Hartmanna z Zurychu, w którym donosi on, że pewnego razu podczas górskiej wyprawy w Szwajcarii został zaatakowany przez nieznajomego; bandzior rzucił się na niego z wielkim kamieniem, on zaś zdołał odeprzeć napaść tylko z wielkim trudem.

Sędziowie jednak mają już po dziurki w nosie życzliwych korespondentów oraz ich przeżyć, które nie pozostają w żadnym widomym związku z rozpatrywaną sprawą. Również wszystkie inne wnioski obrony trafiają do kosza. Pozbawione znaczenia.

Wtedy Pessler przedkłada list, którego anonimowy autor podaje się za sprawcę. Obrońca wnosi o zbadanie odcisków palców na liście i porównanie charakteru pisma z innymi anonimami, jakie dostarczono sądowi. Badanie daktyloskopijne nie przynosi rezultatu, porównań pisma nawet nie zadysponowano. Prokurator powiada, że w przypadku anonimowych listów wskazana jest najdalej idąca ostrożność. Nie na wiele przydaje się też publicystyczny występ Richarda Preßburgera, który w wiedeńskim tygodniku żydowskim „Die Stimme" lansuje nową wersję wydarzeń. Oto jak zdaniem Preßburgera mogło dojść do śmierci Morducha Halsmanna:

„Rekonstruuję ten tragiczny wypadek w sposób następujący: stary Halsmann, silny, «pełnokrwisty» pięćdziesięciolatek, często podejmował wyprawy górskie. Czynił tak z próżności, aby się chełpić. Podczas tych wypraw zdarzały mu się zawroty głowy, doznawał ataków serca. W krytycznym dniu maszerował z synem nieprzerwanie przez dziewięć godzin. W stromym miejscu zakręciło mu się w głowie i spadł w przepaść. Słysząc wołanie o pomoc, młody Halsmann nadbiega, a na widok ciężko rannego ojca z rozpaczą pędzi szukać ratunku. W owym nieszczęsnym miejscu znalazł się też młody pasterz, który biegnie potem wraz z nim. Mija pół godziny do czasu, gdy młody Halsmann wraca z ekspedycją ratunkową. Przedtem na drodze pojawił się rabuś (w okolicy aż roi się od takich), obrabował rannego Halsmanna z gotówki i zadał mu śmiertelne ciosy kamieniem. To jest ten zakrwawiony kamień, którego młody Halsmann początkowo nie widział. Dlatego w tym przypadku występuje związek między upadkiem z wysokości i morderstwem rabunkowym. Dowodem na to jest fakt, że dopiero wiele tygodni po tragicznym zdarzeniu znaleziono obok strumienia zakrwawione banknoty. Prawdopodobnie zostały tam porzucone przez mordercę, ponieważ nie chciał nosić przy sobie takich dowodów.

Jestem przekonany, że prawda odniesie w tej sprawie ostateczne zwycięstwo" („Die Stimme", Wiedeń, 19 września 1929).

Richard Preßburger był z pewnością wielkim adwokatem, ale dobrej pamięci ewidentnie nie posiadał. Jego opis wypadku, którym sam się nie tak dawno zajmował, aż się roił od nieścisłości. Stary Halsmann miał w chwili śmierci nie pięćdziesiąt, lecz czterdzieści osiem lat. Pasterz Riederer nie znajdował się w chwili nieszczęścia w owym miejscu, lecz musiał dopiero zostać sprowadzony przez syna. Krwawe banknoty nie zostały wyrzucone, lecz starannie włożone pod kamienie, tak że nie można ich było nie zauważyć. Również nowa wersja Preßburgera nie wyjaśniała, skąd się wzięło tak wiele krwi na drodze dla zwierząt jucznych. I wreszcie lekkomyślna uwaga o rabusiach, których pełno w głębi Doliny Ziller, spowodowała dokładnie to, czego od początku chcieli uniknąć obaj adwokaci z Innsbrucku: podsyciła w wielu Tyrolczykach podejrzenie, że dla sympatyków Halsmanna dobry jest każdy środek, aby zohydzić ich kraj i powstrzymać obcych od przyjazdu do Tyrolu.

Jak się okazało, decyzja sądu, by nie wydawać kart wstępu na drugi proces, zemściła się w drugim tygodniu jego trwania. Proces Halsmanna dawno już stał się w Innsbrucku tematem dnia, pojawiła się nawet przyśpiewka uliczna na melodię znanego szlagieru, zaczynająca się od słów „Halsmann, biedny Halsmann...". Liczba chętnych do oglądania procesu była ogromna. Przed jedną z rozpraw popołudniowych doszło na Schmerlingstraße do regularnego tumultu. Kiedy sala sądu przysięgłych wypełniła się już i zamknięto wejście od ulicy, ciżba niewpuszczonych do środka próbowała sforsować bramę. Trzeba było zmobilizować wszystkich rozmieszczonych w budynku żandarmów oraz oddział policji, aby przywrócić spokój i ład.

Po Innsbrucku rozniosła się wieść, że na procesie mają zostać odczytane pikantne listy miłosne i pisarskie wynurzenia oskarżonego, które członkowie fakultetu medycznego ocenili w swoim orzeczeniu jako świadectwa silnie akcentujące stronę fizyczną, pełne prostackiej erotyki. Czegoś takiego chciano koniecznie posłuchać. Obrona postawiła wniosek o rezygnację z czytania.

Dr Pessler: „To są wiersze miłosne, jakie pisze być może każdy młody człowiek, który musi się zmagać ze swoim popędem seksualnym. Uważam, że to nie w porządku, jeśli takie wiersze mają tu wspierać oskarżenie o ojcobójstwo".

Dr Hohenleitner: „Te wiersze brano też pod uwagę w orzeczeniu psychiatrycznym. Obstaję przy ich odczytaniu".

Halsmann: „W tych wierszach chodzi o świadomy lub nieświadomy persyflaż takich poetów jak Ringelnatz, Morgenstern, Kästner i Peter Panter. Jeśli mają być odczytane, chciałbym prosić o zaznajomienie przysięgłych z tymi poetami, bo w przeciwnym razie nie zrozumieją moich wierszy. Nie pisałem ich przecież dla szerokiej publiczności, tylko dla dwóch albo trzech bliższych mi osób".

Po krótkiej naradzie sąd postanawia odczytać kilka wierszy, ale na czas czytania wykluczyć publiczność. Opróżnianiu sali towarzyszą protesty.

Następnego dnia profesor Karl Meixner z Instytutu Medycyny Sądowej w Innsbrucku objaśnia ekspertyzę sądową, którą wraz z profesorem Antonem Werkgartnerem przedłożył w lipcu. Oskarżony prosi o zgodę na swoją nieobecność podczas wykładu i zostaje wyprowadzony z sali. Znów na stole staje projektor i ukazują się fotografie straszliwych ran denata. Obaj rzeczoznawcy poważnie obciążają Halsmanna. Liczne obrażenia są z pewnością następstwem zadanych ciosów, w żadnym zaś razie upadku. Na szerszym brzegu zakrwawionego kamienia znaleziono przylepione włosy, za pomocą lupy można ich jeszcze naliczyć około pięćdziesięciu — są identyczne jak włosy Morducha Halsmanna. Jak mówi Meixner, wcześniejsze oświadczenie oskarżonego dotyczące krwawych śladów na kamieniu, które jakoby mogły powstać w ten sposób, że wycierał weń ręce po swoich próbach wydobycia ojca z wody, jest całkowicie niewiarygodne. Wydaje się nieprawdopodobne, by wszystkie rany zadano tym samym kamieniem, jednak nie można tego wykluczyć. Niczego nie dowodzi fakt, że znaleziono tylko jeden kamień z krwawymi śladami, ostatecznie sprawca mógł inne kamienie wyrzucić do wody. W istocie nigdy nie znaleziono też złotych okularów ofiary — te być może zabrał sprawca.

„Jeśli spróbujemy teraz na podstawie materiału dowodowego, preparatów uzyskanych ze zwłok Morducha Maksa Halsmanna i pozostałych wyników badań wyobrazić sobie, w jaki sposób Halsmann ojciec stracił życie, to otrzymamy następujący obraz:

Nie potrafimy powiedzieć, wskutek czego Morduch Max Halsmann upadł na drodze. Mógł zostać pchnięty, powalony, mógł się przewrócić po uderzeniu, na przykład w głowę, które nawet nie musiało spowodować rany. Takie sytuacje zdarzają się wszak codziennie. Na zwłokach nie stwierdzono śladów duszenia.

Na rękach nie występowały żadne rany. Jeśli Morduch Max Halsmann został uderzony, to ogłuszył go już pierwszy lub jeden z pierwszych ciosów, ponieważ w przeciwnym razie osoba zaatakowana w ten sposób zasłania się rękoma, na których pozostają ślady po uderzeniach.

Następnie leżącego bez przytomności Halsmanna bito wściekle i na oślep, przy czym jako narzędzie posłużył zapewne znaleziony przy drodze, często już wspominany kamień. Stąd niewątpliwie pochodzi zadeptana kałuża krwi przy drodze, gdzie po rozgrzebaniu ziemi ukazywało się jej coraz więcej, liczne, odkryte w pobliżu i sięgające dość wysoko na krzakach krwawe bryzgi oraz czerwone ziarenka, które świadek Nettermann interpretował jako kawałki mięsa ludzkiego i które w następstwie meldunku żandarmerii już następnego dnia zostały zidentyfikowane jako drobiny ciała ludzkiego. W istocie miękkie części czaszki w okolicy prawej kości potylicznej, gdzie wystąpiły rozległe zranienia, zostały rozbite na miazgę. (...)

Neue Freie Presse.

Morgenblatt.

N° 23391 — Wien, Sonntag, den 27. Oktober — 1929.

Offener Brief an den Präsidenten der Republik.

List otwarty Jakoba Wassermanna do Prezydenta Republiki (27 października 1929 r., „Neue Freie Presse", w: „Presse" Archiv)

Karykatura w „Der Morgen”, 27 stycznia 1930 r.

Wien, Sonntag — Neue Freie Presse — 14. Dezember 1930 — 13

Das Fakultätsgutachten im Prozeß Halsmann.

Von Professor Sigmund Freud.

BILLIGER ALS BEI
AUKTIONEN
KAUFEN SIE
GARANTIERT ECHTE
PERSER-
TEPPICHE
bei
ORENDI
WIEN-I-ROTENTURMSTR-20
UND
TEPPICHHAUS
S.SCHEIN A.G.
WIEN-I-BAUERNMARKT 12
PERSER-VORLEGER .... S 59.-
PERSER-BRÜCKEN u.-LÄUFER S 159.-
GROSSE PERSERBRÜCKEN... S 220.-
PERSER-LÄUFER (bis 3.5 m) S 259.-
PERSER-LÄUFER (bis 5 m)... S 430.-
PERSERTEPPICHE (Täbriz, Heriz, Mahal, Yoraghan, etc.) bis 3×4 m S 895.- per Stück

Stanowisko Zygmunta Freuda, 14 grudnia 1930 r.,
„Neue Freie Presse” („Presse” Archiv)

Wydaje się nam całkiem nieprawdopodobne, by Morduch Max Halsmann znalazł się w położeniu potwierdzonym przez Riederera wskutek stoczenia się do wody. Sądzimy raczej, że musiał przedtem utknąć wśród wielkich bloków skalnych i obcymi rękami został zaciągnięty lub zepchnięty do potoku. Aby jednak przemieścić go na tyle daleko, że spławiłby go nurt, ktoś w owym miejscu musiałby, prawdopodobnie narażając własne życie, wstąpić do rwącej wody.

Zadając liczne ciosy, sprawca musiał poplamić się krwią i nosić jej ślady w postaci bryzgów na rękach lub jednej ręce. Jeśli to Filip Halsmann zabił ojca, mógł bez problemu — ponieważ chodził wtedy rozebrany do pasa — usunąć ślady krwi przez zanurzenie w potoku.

Na butach Filipa Halsmanna nie można w chwili obecnej stwierdzić śladów krwi. Nie można zarazem wykluczyć, że w owym czasie były na nich takie ślady. Filip Halsmann nosił bowiem te buty jeszcze następnego dnia, kiedy padał ulewny deszcz, który musiał zmyć nawet większe ślady krwi. Jak wynika z raportu przejęcia aresztanta, Halsmann miał na nogach buty górskie jeszcze w chwili osadzenia go w areszcie.

Pęcherz moczowy zamordowanego Morducha Maksa Halsmanna zawierał niewiele moczu. Ustalenie to nie umożliwia jednoznacznych wniosków co do momentu ostatniego opróżnienia pęcherza. Albowiem podczas wielkiego wysiłku fizycznego, związanego z silnym wydzielaniem potu — a Halsmannowie, zgodnie z zeznaniami wszystkich świadków, szli bardzo szybko — moczopędność znacznie się zmniejsza. Niemniej jest możliwe, że stary Halsmann na krótko przed śmiercią oddał mocz" (orzeczenie profesora doktora Karla Meixnera i profesora doktora Antona Werkgartnera).

Profesor Werkgartner przyłącza się do opinii Meixnera i powraca jeszcze do wyraźnie słabego punktu w orzeczeniu: braku śladów krwi u Filipa Halsmanna, którego niewiele godzin po śmierci ojca poddali oględzinom funkcjonariusze żandarmerii. Profesor Meixner powiedział, że Halsmann mógł usunąć ślady, zanurzając się w potoku, ostatecznie poruszał się wtedy rozebrany do pasa. Zdarza się, mówi profesor Werkgartner, że sprawca takiego mordu ma po nim na sobie bardzo znikome ślady krwi albo nie ma żadnych, ponieważ: „sprawia to wrażenie, jakby tryskająca krew omijała sprawcę". Dla uzasadnienia tej tezy Werkgartner opowiada przysięgłym przypadek ze swojej praktyki: o kobiecie, która zatłukła ofiarę kilkoma uderzeniami siekiery. Na fartuchu sprawczyni widniały tylko niewielkie ślady krwi, mimo że przedmioty wokół miejsca zbrodni zostały obficie spryskane. Poza tym — wywodził Werkgartner — Halsmann w dniu czynu miał na sobie ciemnobrązowe spodnie, a zatem żandarmi nie mogli przy sztucznym oświetleniu stwierdzić śladów krwi w drodze zwykłych oględzin.

Przynajmniej ten pogląd obrona może obalić natychmiast. Spodnie, które oskarżony nosił 10 września 1928 roku, nie były ciemnobrązowe, lecz jasnoszare. Tak mówią akta.

Kiedy Werkgartner zakończył swoje wywody, przewodniczący pyta od niechcenia:

„Czy panowie przysięgli życzą sobie zobaczyć głowę denata?".

Jeden z przysięgłych woła głośno „tak!", inni kiwają głowami.

Przewodniczący zarządza jej okazanie pod nieobecność publiczności, w gabinecie konferencyjnym. W audytorium rozlegają się protesty. Przysięgli idą do pokoju sędziego, dokąd ktoś ze służby sądowej zanosi odciętą w górnej partii szyjnej głowę, która pływa w szklanym pojemniku, wypełnionym cieczą Kayserlinga. Przysięgli wnikliwie oglądają niesamowity eksponat.

Po ich powrocie na salę rozpraw rozgorzał spór: jak ciężki musiał być kamień, którym sprawca zadał ranę na czole. Dr Pessler przedkłada dokładne wyliczenia, wedle których potrzebny byłby do tego kamień ważący co najmniej cztery kilogramy. Powołuje się na swoje doświadczenia artyleryjskie z wojny światowej i prosi o powołanie rzeczoznawcy w dziedzinie strzelectwa. Leżący na sędziowskim stole kamień z widocznymi jeszcze śladami krwi waży 690 gramów. Trybunał odrzuca wniosek.

Dopiero po rozprawie wychodzi na jaw, że przypadek, na który powoływał się Werkgartner, najpewniej dotyczył Karoliny Kudisch — sam Werkgartner to potwierdza. Sprawa ta wyglądała jednak nieco inaczej niż w jego opowieści: ofiara, kobieta, została zabita niewieloma ciosami, poza tym za pomocą siekiery, a więc narzędzia z długim trzonem, co pozwalało sprawcy pozostać w pewnej odległości od ofiary. Obrażenia zabitej były zupełnie innej natury niż w przypadku Morducha

Halsmanna, krew aż tak nie tryskała. Poza tym przy ofierze znaleziono kubeł z czerwoną od krwi wodą, co świadczyło o tym, że ktoś się w niej, dokonawszy czynu, obmywał. U Kudischowej — aresztowanej zresztą dopiero dwa dni po zbrodni, co oznacza, że miała dość czasu, by wyczyścić się jeszcze dokładniej — wykryto pewne ślady krwi, ale niepodobna było dowieść ich zgodności z grupą krwi ofiary. I wreszcie, profesor Werkgartner zapomniał wspomnieć o jeszcze jednym istotnym szczególe: Karolina Kudisch została przez przysięgłych w majestacie prawa uniewinniona.

Fakt, że obrona rezygnuje z zaznajomienia się jeszcze w trakcie procesu z przypadkiem Kudischowej, który w 1926 roku był przedmiotem rozprawy przed Sądem Krajowym do Spraw Karnych numer 1 w Wiedniu, jest brzemiennym w skutki zaniechaniem. Naprawią je dopiero po zamknięciu przewodu renomowani juryści, wśród nich profesor Uniwersytetu Wiedeńskiego, Josef Hupka, który podda medycznych rzeczoznawców w drugim procesie Halsmanna ostrej krytyce. Ale — będzie za późno.

20 września ma zostać odczytane orzeczenie fakultetu. Obrona składa w tej sprawie protest. Orzeczenie — twierdzą adwokaci — doszło do skutku niezgodnie z prawem; wbrew postanowieniom ustawy w konsultacjach i formułowaniu opinii uczestniczyli, poza kolegium profesorskim fakultetu medycznego, także docenci, a nawet asystenci. Przede wszystkim jednak w dotychczasowym postępowaniu pojawiły się nowe okoliczności, które w momencie wydawania opinii nie były znane, przede

wszystkim orzeczenie specjalisty chorób oczu wskazujące na poważną krótkowzroczność Halsmanna. Fakultet nie mógł też zapoznać się z licznymi zeznaniami świadków odciążającymi oskarżonego.

Trybunał oddala krytykę dotyczącą powstania ekspertyzy, chce jednak fakultetowi dać okazję do zajęcia stanowiska względem nowości, które wynikły z dotychczasowego przebiegu procesu. Szczególnie ważne wydaje się w tym kontekście orzeczenie o krótkowzroczności oskarżonego.

Z tego powodu rozprawa główna zostaje odroczona na czas nieokreślony.

Podczas gdy przewodniczący, dr Ziegler, odczytuje to postanowienie, Halsmann podrywa się z miejsca i woła:

— Czy nie można nic na to poradzić? To przecież straszne. Niewiarygodne. Trzyma się mnie tu przez cały rok za coś, czego nie zrobiłem. Nie wytrzymam już!

Obrona szuka ugodowego rozwiązania. Może da się kontynuować proces. Adwokaci wyrażają teraz zgodę na odczytanie ekspertyzy fakultetu pod warunkiem, że przedtem poda się do wiadomości przysięgłych treść psychologicznego orzeczenia profesora Erismanna; to niezbędne, by zrozumieć orzeczenie fakultetu.

Prokurator: „Kompromis w ujęciu doktora Pesslera jest nie do przyjęcia, bo — jest niezgodny z prawem".

Dr Pessler: „Dam sobie upuścić ostatnią kroplę mojej serdecznej krwi za niewinność oskarżonego. Proszę o wybaczenie".

Przewodniczący: „Sąd udaje się na naradę".

Trybunał ponownie się oddala. Ostateczna decyzja: odroczyć. Przewodniczący dziękuje przysięgłym, mogą się rozejść. Zostaną zawiadomieni, gdy proces będzie można kontynuować. Kiedy Halsmann wychodzi pod eskortą, woła za nim przyjaciel z Drezna: „Odwagi, wszystko będzie dobrze".

Halsmann potrząsa głową i mówi z przygnębieniem: „Przecież oni mnie skażą".

ROZDZIAŁ TRZYNASTY

W niedzielę 22 września, dwa dni po ogłoszeniu przerwy w postępowaniu sądowym, dwaj obrońcy Halsmanna pojechali ekspresem „Arlberg" do Wiednia i o godzinie 20.15 wysiedli na dworcu zachodnim. W hotelu Kummer przy Mariahilfer Straße oczekiwali ich Richard Preßburger i adwokat Czerwonej Pomocy z Niemiec, Kurt Rosenfeld, który na prośbę rodziny Halsmannów przyjechał do Wiednia, aby wesprzeć obronę. Pessler zreferował przebieg rozprawy do chwili jej odroczenia i opowiedział o niezwykłej inicjatywie dziennikarzy, którzy z Innsbrucku relacjonowali proces. Po odroczeniu wysłali do austriackiego prezydenta Wilhelma Miklasa wspólny telegram, w którym zarzucili wymiarowi sprawiedliwości w Innsbrucku poważne błędy. Pessler przywiózł ten telegram:

„My, dziennikarze sprawozdawcy, przedstawiciele wymienionych poniżej gazet krajowych i zagranicznych, zgromadzeni w Innsbrucku w związku z procesem Halsmanna, kierując się poczuciem wartości ogólnoludzkich uważamy za swój obowiązek powiadomić Pana

Prezydenta, że dziesięć dotychczasowych posiedzeń sądu przekonało nas o wielkich i ciężkich grzechach zaniechania, jakich dopuszczono się w postępowaniu sądowym, a także o nietrafności założeń przyświecających orzeczeniu fakultetu medycznego. Wszyscy niżej podpisani sprawozdawcy nabrali szczerego i opartego wyłącznie na faktach przeświadczenia, że zachodzi tu przypadek zgubnej w skutkach pomyłki wymiaru sprawiedliwości. Wskutek dzisiejszego odroczenia rozprawy na czas nieokreślony Filip Halsmann, który jako osoba w naszym przekonaniu całkowicie niewinna od ponad roku przebywa w areszcie, a także jego rodzina znaleźli się w sytuacji tak okropnej, że uznaliśmy za konieczne uczynić ten niezwykły krok i poinformować o tym Pana Prezydenta, a także skierować do Pana uniżoną prośbę, aby z powodów humanitarnych i w interesie wymiaru sprawiedliwości zechciał Pan interweniować w niniejszej sprawie, korzystając ze środków władzy, jakie przysługują Panu na mocy konstytucji".

Tekst podpisali przedstawiciele trzydziestu jeden gazet i agencji, takich jak „Vossische Zeitung", „Berliner Tageblatt", Ullstein Nachrichtendienst, „Frankfurter Zeitung", „Dresdner Neueste Nachrichten", „L'Evènement" z Paryża, „Sjewodnia" z Rygi, „New York Times", „Chicago Tribune" i najważniejsze gazety w Innsbrucku. Redaktor chrześcijańskiego „Tiroler Anzeiger", Franz Baldauf, wycofał jednak niedługo później swój podpis — pod naciskiem prokuratury, jak utrzymywał Pessler, czemu właściciel podpisu zaprzeczył.

Adwokaci Halsmanna chcieli wysondować, jak telegram został przyjęty w Kancelarii Prezydenta, i wraz z Preßburgerem postanowili złożyć wizytę u ministra sprawiedliwości, Franza Slamy, oraz u innych ważnych osobistości. Dr Kurt Rosenfeld miał się trzymać raczej w cieniu, aby nie prowokować niepożądanych pogłosek politycznych, które mogłyby się okazać w najwyższym stopniu szkodliwe dla sprawy. Mimo to podróż obrońców Halsmanna do Wiednia i spotkanie z Preßburgerem oraz Rosenfeldem wywołały lawinę plotek. Kilka gazet sugerowało, że sprawdzenia i ewentualnego uzupełnienia ekspertyzy ma dokonać nie fakultet medyczny w Innsbrucku, lecz zagraniczny uczony; podano też od razu jego nazwisko: Julius Ritter von Wagner-Jauregg, znany psychiatra, który w 1927 roku otrzymał Nagrodę Nobla w dziedzinie medycyny. Tę sensacyjną wiadomość przyćmiło doniesienie radiowe, które w poniedziałek po południu zelektryzowało cały Wiedeń. Opowiadano, że państwowa rozgłośnia radiowa Ravag ogłosiła wypuszczenie Filipa Halsmanna na wolność. Podobno znaleziono prawdziwego mordercę i już go aresztowano; chodzi o jednego ze świadków z Doliny Ziller. Wiadomość niosła się po mieście lotem błyskawicy i przyprawiała ludzi o regularną histerię. Na ulicach tworzyły się spontaniczne zgromadzenia, debatowano gorączkowo, jedni wiwatowali na cześć Halsmanna, inni mieszali go z błotem. Dziennikarze i zwykli ludzi telefonowali do Ravagu i do Innsbrucku, aby się dowiedzieć, skąd ten nieoczekiwany przełom i o co tu chodzi. Pracownicy Ravagu odpowiadali, że stacja nie nadała takiej informacji; również w Innsbrucku nic podobno nie wiedziano o zwolnieniu Halsmanna. Wkrótce zaczęto podejrzewać, że to jakiś radioamator pozwolił sobie na głupi żart i nadał na częstotliwości Ravagu fałszywą wiadomość. „Szczeniacki wybryk", powiadano w Ravagu z oburzeniem. Dyrekcja generalna poczty i telegrafu zarządziła surowe śledztwo i również policja włączyła się w poszukiwania sprawcy. Przez cały dzień próbowano wyłowić na fali 516,3 nielegalny sygnał radiowy. Ostatecznie jednak dochodzenie przyniosło niespodziewany rezultat. Ani policja, ani generalna dyrekcja poczty nie potrafiły odnaleźć żadnej osoby, która na własne uszy słyszałaby tajemniczy meldunek. Wszystkie przepytywane osoby zeznawały, że dowiedziały się o nim od innych. Najwyraźniej nie chodziło w tej niejasnej sprawie o mistyfikację; po prostu wiedeńczycy padli ofiarą masowej psychozy. Fałszywej wiadomości wcale nie rozpowszechniło radio, lecz ktoś puścił w obieg plotkę o takim radiowym doniesieniu, a plotka rozeszła się błyskawicznie.

25 września o dziesiątej rano Preßburger, Pessler i Mahler złożyli wizytę ministrowi sprawiedliwości Franzowi Slamie. Wręczyli mu petycję, w której prosili, aby spowodował wycofanie przez prokuraturę w Innsbrucku aktu oskarżenia przeciw Filipowi Halsmannowi. W materiale dowodowym zaszły tak radykalne zmiany — twierdzili — że oskarżenie musi runąć. Ponadto zdarzyły się incydenty, które sugerują stronniczość przysięgłych oraz ich uzależnienie od „zatrutego środowiska". Na dowód tego wymieniono zapowiedź przysięgłego Demetza, że trzeba będzie ugotować Żyda, puszczane

w obieg pogłoski o Pesslerze i profesorze Erismannie, jakoby byli Żydami, oraz kazanie ojca Wimmera.

Minister sprawiedliwości przyjął delegację uprzejmie, ale — nie zaciągnął zobowiązań. Obiecał niezwłocznie zażądać sprawozdania Prokuratury Krajowej w Innsbrucku, niczego więcej nie chciał przyrzec. Dzień wcześniej dał już do prasy krótkie oświadczenie.

„W chwili obecnej nie mogę żadną miarą przedstawić swego punktu widzenia w kwestii procesu Halsmanna. Nie mam w każdym razie zamiaru wtrącać się w trwające postępowanie, zwłaszcza że nie posiadam wystarczającej wiedzy odnośnie jego bieżącego stanu. Przeprowadziłem dotąd tylko dwie rozmowy telefoniczne z Innsbruckiem i nie mam na biurku nawet pisemnej relacji z obecnego biegu sprawy. Mój zasadniczy punkt widzenia jest taki, że dopóki postępowanie nie zostanie zakończone, nie zajmuję wobec niego żadnego stanowiska".

Tymczasem sprawa wzbudziła taką sensację w kraju i za granicą, że kanclerz Ernst Streeruwitz zwrócił się do ministra sprawiedliwości o zajęcie wobec niej stanowiska. Slama szeroko naszkicował w swojej nocie dotychczasowy rozwój wydarzeń procesowych i zakończył oceną:

„Według dotychczasowych sprawozdań Prokuratury Krajowej, które jednak nie uwzględniają jeszcze doręczonej mi petycji obrońców, żadne przyczyny rzeczowe ani też względy celowe nie przemawiają za odrzuceniem oskarżenia i odebraniem powołanej na tę okoliczność ławie przysięgłych prawa do rozstrzygania w rzeczonej sprawie".

Tym samym wyprawa obrońców do Wiednia okazała się krokiem chybionym. W Innsbrucku przyjęto ten fakt z wielką ulgą. Proces nadal był odroczony i, co ważniejsze, pozostał w gestii sądu przysięgłych w Innsbrucku. Jednak tamtejszy Sąd Krajowy dopominał się teraz o jak najszybsze uzupełnienie ekspertyzy przez fakultet medyczny, tak aby po upływie ustawowego terminu trzydziestu dni można było kontynuować proces. Nie chciano ryzykować, że z takiego powodu może dojść do jego zerwania. Radca Wyższego Sądu Krajowego Ziegler kilka razy osobiście fatygował się do siedziby fakultetu, aby przynaglać rzeczoznawców.

Halsmann pokładał w podróży swoich obrońców do Wiednia wielkie nadzieje. Kiedy wrócili z pustymi rękoma, był bardzo rozczarowany. Jego matka i siostra przygotowały już wszystko do wyjazdu z Austrii. „Chcemy stąd wyjechać, jak najszybciej, nie mamy tu czego szukać", mówiła Ljuba Halsmann do dziennikarza, zwierzając mu się też, że coraz trudniej zdobyć lektury dla aresztowanego brata. Połyka książki i nie wiadomo już, skąd brać nowe tytuły. Z Berlina, Drezna i Paryża idą do niego całe paczki z książkami. Kiedyś w jednym tygodniu odebrała dla niego z poczty nie mniej niż czterdzieści jeden egzemplarzy — w ciągu dziesięciu dni przeczytał je wszystkie. Jego przyjaciółka Ruth posyła mu *Lejzorka Rojtszwanca* Ilji Erenburga, *Błogosławieństwo ziemi* Knuta Hamsuna i *Trzy skoki Wang-luna* Alfreda Döblina, który się jednak Filipowi nie spodobał. Koresponują o literaturze, tańcu nowoczesnym, sztukach teatralnych, filmach, marzeniach i oczywiście — o miłości. Początkowo ironiczny, nacechowany rezerwą ton listów zmienia się, nabiera czułości, intymności.

Ruth Römer kilka razy podróżowała do Innsbrucku, by zobaczyć się z przyjacielem, nie uzyskała jednak zgody na odwiedziny. Zaprzyjaźniła się z Ljubą Halsmann i zaprosiła ją do Gaienhofen na kilkudniowy wypoczynek w domu szwagra Ruth, Waltera Waentiga. Żydowską wielkanoc Ruth obchodziła z matką i siostrą Filipa oraz z rodziną Glaserów w Innsbrucku; Filip spytał ją w jednym z listów, jak się jej ten wieczór podobał. Ma nadzieję, że się nie nudziła. Napisał też, że czyta teraz nawet Talmud. „Właśnie w ciągu ostatniego roku często mi zarzucano, że myślę zbyt talmudycznie, no to chciałem się przynajmniej z Talmudem zapoznać". Pisał o więziennej codzienności, o nieznośnej monotonii i dolegliwym dlań niedostatku ruchu. Więźniom wolno było spacerować godzinę dziennie po dziedzińcu, w kółko, zawsze w tym samym kierunku. Kiedy Filip poprosił o zgodę na pokonywanie kółek krokiem biegowym, aby w ciągu tej jednej godziny zażyć więcej ruchu, dyrekcja prośbę odrzuciła. Spacerniak to w końcu nie boisko. Poza tym więzień był zadowolony z traktowania i nawet dla żandarmów, z którymi miał kontakt, znalazł ciepłe słowa. Zawsze byli dla niego dobrzy.

Żandarmeria zbierała pochwały także skądinąd. Kiedy kilka gazet podało, że przeciw dwóm funkcjonariuszom, Ottonowi Moserowi i Augustowi Feistmantlowi z Mayrhofen, wszczęto postępowanie dyscyplinarne, ponieważ rzekomo podczas pierwszego śledztwa nie wykazali należnej staranności w badaniu obwinionego i miejsca zdarzenia na okoliczność śladów, dyrektor żandarmerii krajowej natychmiast tę wiadomość zdementował. Sąd Krajowy w Innsbrucku wyraził nawet szczególnie pozytywną opinię o funkcjonariuszach posterunku Mayrhofen, którzy w tym trudnym okresie dowiedli „wielkiej gorliwości służbowej". Stosownym pismem powiadomiono o tym Ministerstwo Sprawiedliwości w Wiedniu. Na początku października ukazało się rozporządzenie kompetentnych władz, zgodnie z którym żandarmeria austriacka ma otrzymać w przyszłości, „odpowiednio do pozostających w dyspozycji środków", aparaty fotograficzne, ażeby funkcjonariusze mogli od razu sami robić zdjęcia w odległych miejscach zdarzeń i nie musieli czekać na policyjnych ekspertów z dyrekcji. Można zakładać, że to rozporządzenie zainspirowały doświadczenia, jakie stały się udziałem władz sądowych przy okazji śledztwa w sprawie Halsmanna — tymi słowy pewna gazeta w Innsbrucku skomentowała modernizację sprzętu żandarmerii.

W październiku zdarzył się kolejny incydent potwierdzający „zatrucie środowiska", przed którym obrońcy ostrzegali w swojej petycji do ministra sprawiedliwości. Tyrolscy narodowi socjaliści uznali sensacyjny proces żydowskiego studenta za wyśmienitą okazję do zwrócenia wreszcie na siebie uwagi szerszych kręgów opinii publicznej. Sami jednak nie zdobyli się na skuteczne wykorzystanie propagandowe całej sprawy. Toteż zaprosili do Innsbrucku niemieckiego towarzysza partyjnego. W nocy z 8 na 9 października w całym Innsbrucku rozklejono czerwone plakaty, na których było napisane:

Mieszkańcy Innsbrucku! Mieszkańcy Innsbrucku!

Proces Halsmanna
Ukazuje wszystkim, którzy chcą widzieć, potworny wpływ
I zwartość żydostwa.

Żyd jest panem Narodu niemieckiego!
Na ten temat przemówienie Ernsta Grimma
W sobotę, 12 października, w małej hali miejskiej.
Antysemici, przybądźcie i pomóżcie nam w walce
Z żydowskim ciemiężycielem
O wolny Naród niemiecki!
Żydom wstęp wzbroniony! Składka na wydatki 40 gr.
Narodowosocjalistyczna Niemiecka Partia Robotnicza

Ernst Grimm był deputowanym bawarskich narodowych socjalistów, którego członkowie NSDAP — „Ruchu Hitlera" często zapraszali do Innsbrucku jako prelegenta. Tyrolscy zwolennicy Hitlera wciąż pozostawali niewielką garstką, której brakowało własnych mówców. W 1929 roku lokalna grupa „Ruchu Hitlera" w Innsbrucku liczyła osiemdziesięciu siedmiu zapisanych członków, w całym Tyrolu było ich stu osiemdziesięciu.

Prokuratura natychmiast nakazała policji skonfiskować plakaty, a te już rozlepione — zakleić. Rząd krajowy zawiadomił lokalną grupę „Innsbruck" o braku zezwolenia na zapowiadany wiec, ponieważ organizatorzy powołują się w obwieszczeniu na zawieszony proces Filipa Halsmanna. Całkowicie niepożądana jest sytuacja — głosiło uzasadnienie — „gdy przed zapadnięciem wyroku wskutek dalszego wzburzenia opinii publicznej będzie wywierany wpływ, który uprzedza wyrok sądu".

Organ tyrolskich socjaldemokratów komentował zakaz wiecu, ciesząc się złośliwie: „Swastykowcy chcą na procesie Halsmanna upichcić partyjną zupkę, ale prokurator napluł im w kaszę!". W sumie jednak sympatia socjaldemokratów dla Halsmanna miała swoje granice: im samym nie były obce antysemickie uprzedzenia, przede wszystkim zaś w szerokiej kampanii na rzecz „bogatego syna mieszczańskiego" dostrzegali niezbity dowód na wołającą o pomstę niesprawiedliwość, jaka panuje w jurysdykcji i w więziennictwie. Halsmann — mówili — cieszy się w więzieniu wszelkimi możliwymi przywilejami, może sobie zamówić książki do celi i dosłownie nie wychodzi z gabinetu pewnego dentysty w Innsbrucku. „Tak z ręką na sercu: czy biedny Filip Halsmann mógłby dokładnie tak samo jak bogaty syn dentysty uruchomić wszelkie dźwignie w maszynerii wymiaru sprawiedliwości, aby dostali mu się łagodniejsi sędziowie?", pytała „Volks-Zeitung".

17 października, niespełna miesiąc po przerwaniu procesu, postępowanie zostało wznowione. Na wstępie przewodniczący rekapituluje jego dotychczasowy przebieg i rezygnuje z ponownego wezwania wysłuchanych już świadków. Obrona protestuje i stawia zasadnicze pytanie: czy to zgodne z prawem przerywać na tak długo rozprawę przed sądem przysięgłych? Czy po takim czasie można oczekiwać, że przysięgli bez żadnej wąt-

pliwości potrafią rozróżnić, co przyniosło postępowanie dowodowe, a co w okresie przerwy w procesie słyszeli o nim albo czytali? Trybunał oddala zarzut, a obrona zastrzega sobie, że z tego powodu wniesie zażalenie od wyroku. Rozprawie od początku towarzyszy agresywny i rozdrażniony ton.

Następnie zostają okazane bryczesy, które Filip Halsmann miał na sobie podczas wędrówki. Rzeczoznawcy medyczni, Meixner i Werkgartner, utrzymywali, że są one ciemnobrązowe, a zatem niepodobna było gołym okiem dostrzec na nich śladów krwi. Ewidentna pomyłka, bo spodnie są jednoznacznie szare, a w dodatku z ciężkiego materiału, który długo schnie. Nawet profesor Meixner musi przyznać, że większe plamy krwi byłyby z pewnością dużo lepiej widoczne na okazanych spodniach niż na ciemnobrązowych, dodaje jednak, iż małe plamy można przeoczyć również na szarych. Poza tym profesor Werkgartner i on nie przywiązywali szczególnej wagi do badania spodni, ponieważ ewentualne ślady krwi mogły przecież brać się stąd, że oskarżony krzątał się przy zalanym krwią ojcu. To jednak, że z całkowitego braku śladów krwi można by też wyciągnąć wnioski korzystne dla obwinionego, najwyraźniej nie interesowało panów biegłych — komentuje obrona.

Zaraz potem zaczyna się dyskusja, ile czasu miałby do dyspozycji ewentualny sprawca, żeby podkraść się do Morducha Halsmanna, podczas gdy oddawał on mocz. Ile przeciętnie czasu potrzebuje dorosły mężczyzna na tę czynność? Obrona poprosiła zaprzyjaźnionego psychologa, aby w publicznych szaletach Innsbrucku przeprowadził obserwację mężczyzn w średnim wieku załatwiających tę drobną potrzebę i za pomocą stopera ustalił, ile czasu zabiera ona każdemu z nich; to samo zarządził prokurator, który wysłał do pisuarów własnego obserwatora. Czy wyposażeni w stopery wywiadowcy wywołali w miejskich ustępach niepokój lub wręcz oburzenie, pozostaje niewyjaśnione.

Rzecz zdumiewająca: wyniki pomiarów czasu odbiegają od siebie wyraźnie. Rezultat eksperymentu przeprowadzonego przez obronę jest taki, że mężczyźni powyżej czterdziestego piątego roku życia potrzebują na wypróżnienie pęcherza od minuty do dwóch, natomiast prokuratura ustaliła dużo krótszy odcinek czasu. Profesor Meixner wtrąca się i mówi, że u pięćdziesięciolatka minuta to bardzo dużo. Profesor zapewne dobrze o tym wie, sam ma pięćdziesiątkę. Pessler oponuje i powiada, że sam obserwował Meixnera i zmierzył mu czas — wyszły dwie minuty.

— Tak — mówi profesor Meixner — ale ja ze szczególną starannością doprowadzam do porządku ubranie.

Następnie raz jeszcze dyskutuje się o tym, czy Morduch Halsmann mógł spaść na skutek ataku serca, co Meixner wyklucza.

Jeden z przysięgłych: „Chciałbym spytać pana profesora, czy to możliwe, że stary pan Halsmann jeszcze w wodzie żył, parskał, poruszał ręką?".

Meixner: „Tak, to możliwe, nawet przy ciężkim urazie głowy nie umiera się od razu. Nawet gdyby stary Halsmann się utopił, mógłby jeszcze wykonywać mimowolne ruchy rękami i nogami".

Jak stwierdza oskarżony, jest możliwe i wręcz prawdopodobne, że ułożenie ciała ojca kilka razy owego wrześniowego popołudnia ulegało zmianie. Pokazuje, jak leżał ojciec, kiedy zobaczył go po raz pierwszy w potoku. Kiedy wrócił z pasterzem Riedererem, zwłoki leżały inaczej, z głową w wodzie. „Po moim odejściu ojciec został przez trzydzieści minut sam. Zakładam, że pod moją nieobecność ktoś zszedł na dół, ktoś, kto miał w tym interes, żeby mój ojciec nie żył. Kiedy byłem przy ojcu, nie zauważyłem też nic w rodzaju rany na czole ani żadnych rozrzuconych rzeczy. Ale po znalezieniu ojca przez pozostałych świadków miał on jednak tę ranę, a jego drobiazgi leżały dookoła. Jak to się ma do prawa i sprawiedliwości, że syn, który tak kochał swego ojca, jest podejrzewany o to, że go zabił?"

Po południu znów głos zabiera rzeczoznawca, rektor Uniwersytetu w Innsbrucku, Jego Magnificencja profesor Seefelder, lekarz, specjalista chorób oczu, który miał ustalić stopień krótkowzroczności Halsmanna, o czym była mowa przed odroczeniem rozprawy. W orzeczeniu fakultetu ustalono, że krótkowzroczność oskarżonego odpowiada trzem i pół dioptriom, podczas gdy inny ekspert mówił o ośmiu dioptriach. Profesor Seefelder określił moc rogowych okularów, które Halsmann nosił w dniu nieszczęścia, na 3,25 dioptrii, a jego wadę na trzy i pół dioptrii, przy czym dla osiągnięcia pełnej ostrości widzenia potrzebne byłyby szkła o sile czterech i pół dioptrii. Profesor wyjaśnia: ostrość wzroku Halsmanna należy oznaczyć symbolem ½, z czego nie wynika jednak, że jest ona obniżona o połowę — to tylko oznaczenie fachowe. Aby wytłumaczyć to przysięgłym, mówi, że w myśl zasad poboru do dawnej armii austriackiej mężczyźni o ostrości widzenia ½ uchodzili za całkowicie zdatnych do służby, mimo że w wojsku trzeba się liczyć z odległościami dużo większymi niż sto osiemdziesiąt kroków. Z odległości stu osiemdziesięciu kroków człowiek o tej ostrości widzenia może jeszcze rozpoznać znajomą osobę.

Przewodniczący: „Filip Halsmann twierdzi, że tylko przez krótką chwilę widział gwałtownie poruszony obraz. Czy to możliwe, że w związku z powyższym widział niewyraźnie?".

Profesor Seefelder: „Ta możliwość niewątpliwie istnieje. Do widoku gwałtownie poruszonych przedmiotów oko często nie potrafi się tak szybko dostosować. To dotyczy również osób normalnie widzących".

Prokurator: „Czy to możliwe, że człowiek o ostrości widzenia ½ jest jeszcze w stanie rozpoznawać z tej odległości szczegóły?".

Profesor Seefelder: „Uważam to za możliwe. Ale subtelnych szczegółów w rysach twarzy nie będzie umiał rozpoznać".

Halsmann: „Panowie rzeczoznawcy dali mi podczas badania także szkła o sile ośmiu dioptrii. Jak to możliwe, że widziałem przez nie wszystko jak wyrzeźbione, nawet najdrobniejszy druk, a przez swoje okulary widzę tak niewyraźnie? Twarze ludzi na sali widzę tylko jako białe plamy".

Przewodniczący: „Jak długo nosi pan te okulary?".

Halsmann: „Cztery lata".

Przewodniczący: „A dlaczego nie kupił pan sobie innych?".

Halsmann: „To kosztuje. Nowe okulary kosztowałyby trzy marki, a wcześniej nie przeszkadzało mi to w pracy".

Przewodniczący: „Proszę zaprotokołować tę odpowiedź".

Ekspertyza oznacza cios dla obrony. Podobnie jak odczytanie wypowiedzi niemieckiego komisarza kryminalnego Schuhmanna z Monachium, który badał Halsmanna w schronisku Breitlahner, zanim zjawili się żandarmi. Schuhmann mówi wprawdzie w zeznaniu, że nie odkrył na obwinionym ani na jego odzieży śladów krwi, ale poza tym jest ono dla Halsmanna niezbyt pochlebne. Zaledwie kilka godzin po śmierci ojca syn z wyraźną rozkoszą spożył w gospodzie pieczeń wieprzową, a kiedy Schuhmann zwrócił mu uwagę na ten brak szacunku, odparł tylko, że po prostu jest głodny.

Halsmann oświadcza, że pamięta spotkanie z niemieckim komisarzem zupełnie inaczej; komisarz był dla niego bardzo miły i on, Halsmann, nie potrafi sobie wytłumaczyć tej zmiany w nastawieniu. Ale pieczeń wieprzowa pozostawia na przysięgłych wrażenie.

Obrona musi się pogodzić z jeszcze jedną porażką: biegły psycholog, tajny radca, profesor Störring z Bonn po wznowieniu rozprawy nie zasiada już w sali sądu przysięgłych. Trybunał prosił niemieckiego eksperta o udział w rozprawie, ale zastrzegł jego przesłuchanie do własnej decyzji. Störring do ogłoszenia przerwy nie został wezwany na miejsce dla świadków, a do uczestnictwa we wznowionym procesie już go nie zaproszono. Mimo to renomowany psycholog z Bonn, który przez dwanaście dni przysłuchiwał się rozprawie i przeprowadził kilka rozmów z oskarżonym, sformułował swoje orzeczenie i przekazał je trybunałowi. Ekspertyzy Störringa nie włącza się jednak do akt, ponieważ, jak orzeka przewodniczący, chodzi tu o wypowiedź prywatną, której sąd nie żądał. Obrona znów protestuje. Protest zostaje oddalony.

A w istocie ekspertyza niemieckiego profesora, którego *Psychologia życia uczuciowego człowieka* od lat uchodzi za dzieło kanoniczne, miałaby dla oskarżonego wielkie znaczenie, ponieważ Störring broni tezy, że morderstwo najprawdopodobniej zostało popełnione przez nieznaną osobę trzecią. W każdym razie w kilku punktach przekonująco wyjaśnia sprzeczne samousprawiedliwienia oskarżonego, które od początku wydawały się podejrzane. A więc po pierwsze: obraz upadającego ojca, opisywany przez syna jako zatrzymany w kadrze, migawka jakby utrwalona na płycie fotograficznej. Powołując się na ten obraz, oskarżony długo usiłował uzasadnić swoje twierdzenie, jakoby ojciec spadł z drogi, co biegli medycy w sposób bezsporny obalili. A jeśli owo twierdzenie okazało się bezspornie fałszywe — czy można było nie podejrzewać syna?

Störring przytacza w swojej ekspertyzie dwa objaśnienia, w jaki sposób powstał tamten obraz, obydwa uważając za możliwe do przyjęcia. Po pierwsze mogło wystąpić złudzenie w akcie postrzegania. Oskarżony słyszy boleściwy okrzyk, który łączy z osobą swojego ojca. Ten okrzyk budzi w nim uczucie lęku o niego i kiedy się odwraca, rzeczywiście w miejscu na drodze, gdzie spodziewa się zobaczyć ojca, dostrzega przelotnie — Störring pisze: „jak w okamgnieniu" — sylwetkę, która jednak nie jest postacią ojca, lecz mordercy. Z powodu krótkowzroczności Halsmann nie może jej rozpoznać. Ponieważ niedługo później widzi ojca leżącego na dole przy potoku, umacnia się w nim przekonanie, że widział go w chwili upadku.

Druga wersja zakłada, że oskarżony w rzeczywistości w ogóle nie widział opisanego obrazu. Jego opis wziął się z pozytywnego złudzenia pamięci. By wyjaśnić, co przez to należy rozumieć, boński psycholog relacjonuje eksperyment przeprowadzony w Bonn przez profesora Erismanna podczas wykładu na temat psychologii stosowanej: w czasie trwania wykładu do sali wszedł mężczyzna — bez pukania, zgodnie z wcześniejszym ustaleniem. Dopiero kiedy znajdował się on już w środku, profesor krzyknął głośno „wejść!". Jegomość wręczył profesorowi dwa telegramy. Erismann przeczytawszy je, wszczął awanturę z posłańcem, która przybierała na intensywności, aż wreszcie profesor zażądał, aby obcy natychmiast opuścił salę. Jegomość oddalił się, z pozoru wielce wzburzony, jednak wychodząc, zamknął za sobą drzwi bardzo cicho.

Kwadrans później profesor Erismann zapytał studentów o incydent, którego właśnie byli świadkami. Na pytanie, czy mężczyzna pukał przed wejściem, jedna czwarta odpowiedziała „tak". Na pytanie, czy wychodząc trzasnął drzwiami, dwie trzecie odpowiedziało „tak" — głośna kłótnia wywarła na nich takie wrażenie, że pamięć sprawiła im psikusa.

Störring uważa za możliwe, że Filipowi Halsmannowi owego nieszczęsnego dnia we wrześniu przytrafiło się coś bardzo podobnego:

„Widok ojca leżącego bez życia budzi myśl o upadku, wywołuje obraz padającego na plecy ojca (tak jak upada on zazwyczaj, gdy ma swoje ataki serca). Spowodowane przez zgrozę wzburzenie umysłu sprawiło, że oba stany rzeczy zlały się w jedno. Stąd też ilekroć później wracał we wspomnieniu widok ojca leżącego bez życia, świadomości narzucała się myśl o osobliwym obrazie ojca w trakcie upadku. Ta narzucająca się myśl nabiera charakteru wspomnieniowego, to znaczy łączy się z nią przekonanie, że chodzi tu o coś przeżytego wcześniej — zupełnie jak w przypadku eksperymentu przeprowadzonego podczas wykładu".

To pozbawiłoby podstaw jedną z ważnych poszlak. Jednak wskutek decyzji sądu ekspertyza Störringa nie zostaje podana do wiadomości przysięgłych. Dopiero trzy lata później opublikuje ją pewne niemieckie czasopismo fachowe.

Poważne zagrożenie pozycji oskarżonego stanowi odczytana drugiego dnia rozprawy trzydziestopięciostronicowa ekspertyza fakultetu medycznego w Innsbrucku. Podjęta przez obrońców krytyka niedostatków pierwszego orzeczenia doprowadziła do przerwy w rozprawie. Nowe orzeczenie bynajmniej nie wypada korzystniej dla oskarżonego. Na wstępie wyrzuca mu się szczegółowo, jak często zmieniał zeznania dotyczące odległości, jaka dzieliła go od ojca. Najpierw było to pięć do dwunastu kroków, potem siedem do piętnastu metrów, aż w końcu podał odległość około stu siedemdziesięciu kroków. Czy tak znaczące różnice można tłumaczyć silnym działaniem strachu, jakiego oskarżony doznał z powodu okrzyku i rzekomego obrazu padającego ojca, jak argumentuje obrona? Ekspertyza mówi: nie. Założenie, że Filip Halsmann pod wpływem owego strachu nie zwrócił dostatecznej uwagi na odległość dzielącą go od ojca, a zatem mógł ją oceniać całkowicie błędnie, kłóci się z codziennym doświadczeniem i z autoobserwacją. Z drugiej strony dane dotyczące czasu, według których potrzebował dwóch do pięciu minut, żeby pokonać ów odcinek — co rzeczywiście wskazywałoby na większe oddalenie — są pozbawione znaczenia, ponieważ sam oskarżony przyznaje, że ich nie zapamiętał, lecz określił je w drodze dedukcji.

Również możliwość, że Halsmann ujrzawszy ciężko rannego ojca przy potoku, doznał silnego wstrząsu emocjonalnego, który spowodował następnie ciężkie zaburzenia pamięci, w wyniku czego nie umiał on już później jasno określić faktycznego dystansu, jaki go dzielił od ojca — również ta wersja zdarzeń zostaje odrzucona przez biegłych:

„Staranne zbadanie wszystkich okoliczności oraz rozważenie ewentualności medyczno-psychologicznych i psychopatologicznych, wchodzących w rachubę wyłącznie ze względu na tak sformułowaną tezę, doprowadziły do wniosku, że ani teza, jakoby Filip Halsmann pod wpływem strachu nie zwrócił uwagi na dzielącą go od ojca odległość, ani kolejna teza, jakoby pamięć o tym odcinku drogi zatarła się pod wpływem wstecznego zaburzenia pamięci, nie nabiera cech prawdopodobieństwa, i wreszcie — że nie istnieją żadne przesłanki wskazujące na to, iż w krytycznym momencie umysł Halsmanna znajdował się w stanie zaćmienia, którego następstwem byłaby luka w pamięci".

Rzeczoznawcy zgadzają się z obroną tylko w jednej kwestii: że informacje podane przez Halsmanna — te wcześniejsze i te obecne — opierają się na konstrukcjach, nie są to jednak konstrukcje służące pokonaniu dziury w pamięci, lecz takie, które „z dialektyczną zręcznością i elastycznością" dostosowują się do bieżącej sytuacji procesowej.

Przysięgli kiwają głowami potakująco. Naszpikowane obcymi słowami zdania-wygibasy, rzucane przez młodego człowieka z ławy oskarżonych, nie były więc niczym innym jak tylko sprytnymi wymówkami. Obwiniony siedzi na swoim miejscu z kamienną twarzą.

Ale to nie koniec przykrości, wręcz przeciwnie. Druga część ekspertyzy fakultetu jest poświęcona osobowości Halsmanna. Fakultet — głosi orzeczenie — nie ma powodu wątpić w uczciwość świadków wypowiadających się w samych superlatywach o charakterze oskarżonego. A jednak nie potrafią oni przejrzeć go na wylot: z jednej strony idealistyczne wyżyny, z drugiej — jałowa autodestrukcja i zjadliwy sarkazm, w sumie trudno dostępny, zamknięty w sobie charakter. Nie oznacza to, że występują u niego symptomy choroby umysłowej. Nie, z pewnością można go traktować jak człowieka całkowicie normalnego. Uderzający wydał się biegłym jego stosunek do ojca, który miał usposobienie tak odmienne od syna: był człowiekiem otwartym, kochającym życie, szukającym kontaktu, pełnym wiary w siebie, zarazem jednak nerwowym, rozdygotanym, skłonnym do kiepskich dowcipów, kapryśnym, mądrym i przebiegłym. Z tych przeciwieństw nieuchronnie musiały wynikać napięcia między ojcem i synem, który na próżno buntował się przeciw silniejszej osobowości. Czy takie pęknięcie w nastawieniu do ojca mogło w pewnych okolicznościach doprowadzić do wybuchowej reakcji? Biegli uważają to za absolutnie możliwe.

Ówczesne okoliczności, wyprawa w góry odczuwana przez Filipa jako przymus, wczesne pobudki na przekór jego potrzebie snu, wycieńczenie, które w końcu prowadziło do totalnej apatii — wszystko to zdaniem biegłych mogło wywołać u syna atak wściekłości, przywieść go do stanu, w którym rzucił się na ojca i go zabił. Aby to uzasadnić, przypominają o podobnych doświadczeniach z czasu wojny i przeżyciach myśliwych oraz turystów, którzy jakoby opowiadali, że wśród najlepszych towarzyszy pod wpływem zmęczenia i dokuczliwych wyrzeczeń może dochodzić do drażliwości, utajonej agresji, a nawet — do rękoczynów. Przykładów na to w orzeczeniu nie wymieniono.

Na koniec również w drugiej ekspertyzie nawiązuje się zwięźle do Freudowskiej teorii kompleksu Edypa i stwierdza, że w stosunku Halsmanna do rodziców ujawniają się cechy, które można interpretować w tym duchu.

W pewnym miejscu orzeczenie mówi, że fakultet jest jak najdalszy od zajmowania stanowiska w kwestii sprawstwa oskarżonego i od uprzedzania wyroku sądu przysięgłych, jednak ta uwaga w niczym nie zmienia wymowy dokumentu. W jego świetle to, co oskarżony ma na swoją obronę, wydaje się niewiarygodne, wyłania się natomiast pewna interpretacja czynu, choć nie jego prawdziwy motyw: do wybuchowej reakcji mogło doprowadzić totalne przemęczenie.

Odczytana na rozprawie ekspertyza fakultetu jest dla obrony i oskarżonego nokautem. Dr Mahler próbuje nieśmiało podważyć wiarygodność fakultetu, wnosząc o odczytanie fragmentów pierwszego orzeczenia; była tam mowa o mechanizmie wyparcia, który być może sprawił, że oskarżony całkowicie zapomniał o czynie. Sąd odrzuca wniosek, orzekając, że wraz z odczytaniem drugiego orzeczenia pierwsze traci ważność; wszelka dyskusja w tej kwestii jest zbędna.

Wtedy wstaje prokurator i powiada, że po mieście krążą pogłoski, jakoby urząd prokuratorski w tajemnicy ścigał nieznaną dotąd osobę, która niebawem ma zostać przedstawiona jako morderca. To nie odpowiada prawdzie. Prawdą jest tylko, że ścigano niejakiego Franza Platzera, który znajduje się obecnie w areszcie śledczym w Innsbrucku, jednak nie z powodu podejrzenia o morderstwo. I następnie prokurator opowiada niesłychaną historię:

Przed tygodniem posterunek żandarmerii w Mayrhofen otrzymał list od rzeczonego Franza Platzera, urodzonego w południowym Tyrolu, a przebywającego wówczas w areszcie Sądu Krajowego w Wiedniu; informował on, że we wrześniu 1928 roku spotkał w Dolinie Ziller kłusownika, który podał nazwisko Josef Gruber, cały był opryskany krwią i prosił Platzera o pomoc w przekroczeniu granicy z Włochami. W nagrodę obiecał mu dwieście szylingów. Ów człowiek miał przemoczone nogi, więc Platzer pożyczył mu swoje skarpetki, a do tego jeszcze całkiem nowy płaszcz. Później miał te rzeczy dostać z powrotem. Następnie poprowadził nieznajomego przełęczą Pfitscher do Bruneck, gdzie ten wręczył mu pięćdziesiąt franków szwajcarskich i dwadzieścia szylingów, resztę pieniędzy i rzeczy obiecał przysłać. Tego jednak nie zrobił. Później Platzer spotkał rzekomego Grubera w Jenbach, gdzie przycisnął go do ściany, dopytując o swoje ubranie i pieniądze. Gruber znów nie szczędził obietnic. Ponieważ Platzer wie z całą pewnością, że Gruber przebywa w Mayrhofen, gdzie handluje drewnem, prosi więc pana komendamta żandarmerii w Mayrhofen, aby ten odzyskał jego pieniądze. Kilka dni później komendant posterunku Eicher otrzymał drugi list przysłany z Sądu Krajowego w Wiedniu. Nadawcą był znów Franz Platzer.

Wiedeń, 6 X 1929

Do Pana Komendanta Żandarmerii,

niżej podpisany zapytuje się najuprzejmiej czy znalazł pan Grubera Josefa handlarza drewnem w Maierhof i Breitbach. Proszę oświecić go, że nie mogę przyjść sam, a na żadne przełożenie nie godzić się, bo on przełoży i tyle go będę widział.

Co będzie to Pana Komendanta kosztowało Proszę sobie odliczyć.

I przysłać mi na adres.

Platzer Franz oddz. 26

Sąd Krajowy I Wiedeń

Wielkie dzięki z Góry za Pana trudy i proszę o odpowiedź. Uniżony Platzer Franz.

Komendant posterunku Eicher uznał oba listy za ciężkie oszustwo, ale mimo to przekazał je do prokuratury w Innsbrucku, która wystąpiła o przewiezienie autora listów do tutejszego Sądu Krajowego, a kiedy to się stało, natychmiast go przesłuchała. Podczas przesłuchania pochodzący z Meranu, kilkakrotnie już karany Platzer ubarwił swoją historię dalszymi szczegółami i danymi topograficznymi. Wydawało się, że nie ma wątpliwości: w przypadku rzekomego kłusownika mogło chodzić tylko o mordercę starego Halsmanna.

Kiedy przywieziono Platzera do Doliny Ziller, szybko się jednak okazało, że w ogóle nie orientuje się w terenie i wymyślił całą historię. A więc — kolejny oszust, jeden z wielu, którzy się zgłaszali. Wszelako Platzer miał na podorędziu kolejną historię: został rzekomo zbałamucony przez dwóch nieznanych mężczyzn, ażeby opowiedział bajkę o kłusowniku; mężczyźni zaoferowali mu za to osiem tysięcy szylingów, cały majątek. Jeden był Niemcem z Rzeszy, drugi obcokrajowcem, czasem porozumiewali się w obcym języku, który on brał za węgierski albo rosyjski.

— Tak zatem pracuje się na rzecz uniewinnienia Halsmanna — powiada prokurator na koniec i po krótkiej pauzie dodaje: nie chce bynajmniej utrzymywać, że obrona wiedziała cokolwiek o tym przestępczym zamachu na prawdę, której poszukuje się w tym procesie. Niepodobna bowiem wykluczyć, iż Platzer wywiódł w pole nie tylko sąd. Obronę również.

Oburzeni obrońcy podrywają się z miejsc i protestują przeciw podejrzeniu.

Dr Mahler: „W ciągu wielu bezsennych nocy mozolnie dochodziliśmy do przekonania: Filip Halsmann jest niewinny. I dlatego domagamy się pełnego wyjaśnienia sprawy Platzera. Należy natychmiast przesłuchać tego obdartusa jako świadka i zapytać, kto go nakłonił do przestępczego czynu. Dla obrony to i tak ciężkie brzemię stało się teraz jeszcze cięższe. Proces Halsmanna jest sprawą polityczną. Być może Platzer został przez kogoś wykorzystany, aby pogrążyć nieszczęsnego oskarżonego w niedoli".

Trybunał po naradzie oświadcza, że sprawa Platzera znajduje się jeszcze we wstępnej fazie śledztwa. Sąd chce najpierw uzyskać wgląd w akta i dopiero wtedy zadecydować o przesłuchaniu Platzera.

Dr Pessler opowiada o podobnym przypadku. Pewien człowiek w zamian za pięć tysięcy szylingów zaoferował się złożyć pisemne zeznanie, następnie usiłował sfingować samobójstwo przez utonięcie. Obrońca przekazał go policji kryminalnej.

Dr Pessler: „Sprawa Platzera to zatruta strzała, miejmy nadzieję, że na koniec nie trafi z powrotem w tych, którzy życzą sobie skazania Filipa Halsmanna".

Przewodniczący gniewnie oddala zarzut, jakoby trybunał traktował proces Halsmanna w kategoriach politycznych.

Dr Mahler: „W to nie wątpię, ale ogół uczynił z niego sprawę polityczną".

Następnie Mahler wyjaśnia, że w Innsbrucku pojawiły się pewne artykuły prasowe, najwyraźniej z półoficjalnej inspiracji. Przypomina też o nazistowskich plakatach, które rozlepiono w mieście. A teraz prokuratura oświadcza, że podjęto próbę przekupstwa, i mówi: tak się pracuje na niewinność Halsmanna. Dr Mahler prosi o przerwę w rozprawie do następnego dnia, aby mógł się naradzić z kolegą mecenasem.

Prokurator stanowczo odrzuca insynuację, jakoby prasa została półoficjalnie zainspirowana — a więc przez sąd lub urząd prokuratorski. Za to stwierdzenie przewodniczący nakłada na Mahlera karę porządkową w wysokości dwustu szylingów. Pessler mówi, że obrona dołoży starań, aby wszystko bez reszty wyjaśnić. „Mleko się wylało. Że też oskarżenie próbuje ratować je w taki sposób!"

Słowa Pesslera nagradza głośne „brawo!" z ław publiczności. Przewodniczący ostrym tonem oświadcza, że jeśli jeszcze raz dojdzie do wyrażających aplauz lub niechęć okrzyków, każe niezwłocznie opróżnić salę. Mahler raz jeszcze prosi o przerwę w rozprawie. „Chcemy się upewnić, czy nie powinniśmy solidarnie złożyć mandatu".

W sali wybucha niepokój. Przewodniczący okazuje nerwowość. Jeśli obrona teraz się wycofa, proces posypie się w ostatnim momencie. Filip Halsmann prosi o chwilę rozmowy z matką. Rozprawa zostaje przerwana na piętnaście minut. Ita Halsmann błaga adwokatów, żeby nie rezygnowali z obrony i szybko doprowadzili sprawę do końca.

Po przerwie Mahler i Pessler składają szereg nowych wniosków dowodowych. Mają zostać odczytane kolejne ekspertyzy — wszystkie co do jednej korzystne dla Halsmanna. Znów pada nazwisko profesora Erismanna, następnie psychologa, ojca Magera z Salzburga, profesora Uniwersytetu w Jenie Paula Linkego i innych znanych psychologów. Ale obrońcy chcą też przepytać jezuitę z Innsbrucku, ojca Aloisa Gatterera, znanego w mieście specjalistę od telepatii. Bliscy krewni często bowiem otrzymują sygnały od ofiary; jezuita nazywa to „zgłoszeniami".

Wnioski, wszystkie razem i każdy z osobna, zostają oddalone. — Kierując się regulaminem, nie mogę ich przecież dopuścić — mówi dr Ziegler przepraszająco. Dr Mahler stwierdza z goryczą: — Wszystko, co sprzyja oskarżonemu, trafia do kosza!

Ta uwaga przynosi mu ostrzeżenie, że jeśli się to powtórzy, Mahler zostanie wyłączony ze sprawy. Następnie przewodniczący pospiesznie ogłasza zamknięcie postępowania dowodowego. Mimo późnej pory trybunał zbiera się na naradę, by omówić pytania, jakie należyć postawić przysięgłym. Sędziowie uzgadniają dwa pytania:

Pytanie główne: Czy Filip Halsmann jest winny zbrodni morderstwa z premedytacją na swoim ojcu?

Pytanie dodatkowe w przypadku negatywnej odpowiedzi na pytanie główne: czy Filip Halsmann jest winny zbrodni zabójstwa na swoim ojcu — zbrodni popełnionej nie w zamiarze bezpośrednim, lecz ewentualnym?

ROZDZIAŁ CZTERNASTY

Sobota, 19 października. Jest piękny, niemal bezchmurny dzień, rześkie powietrze, północny łańcuch gór wydaje się bliski jak na wyciągnięcie ręki. Od wczesnych godzin rannych gęsty tłum oblega gmach sądu przy Schmerlingstraße, wejścia pilnują funkcjonariusze policji. Rozprawa zaczyna się o dziesiątej; jako pierwszy ma przemawiać prokurator. Dr Pessler sprzeciwia się późnej godzinie rozpoczęcia rozprawy, wskazując, że prawdopodobnie na jego mowę końcową przyjdzie kolej akurat w południe, w chwili najmniej sprzyjającej, ponieważ ludzie będą już zmęczeni i głodni, i nie będą mogli się skupić. Przewodniczący odrzuca sprzeciw.

Prokurator krótko rekapituluje postępowanie, przypomina najważniejsze zeznania świadków oraz ekspertyzę fakultetu i powiada, że teraz przysięgli z czystym sumieniem i maksymalną pewnością mogą odpowiedzieć twierdząco na pytanie o winę oskarżonego. Oskarżenie opiera się na dwóch spójnych grupach faktów — mówi Hohenleitner — po pierwsze na okoliczności, że stary Halsmann został zabity przy użyciu kamienia, po drugie na odpowiedzialności samego oskarżonego, który stale podkreślał: byłem przy tym. Jeśli to prawda, wynika stąd nieodparty wniosek, że tylko on i nikt inny popełnił ów czyn, ponieważ w tym przypadku nie istniała ani przestrzenna, ani czasowa możliwość dokonania napadu rabunkowego. Odcinek drogi, jaki przebyły zwłoki, wytyczają ślady krwi, co można wyjaśnić tylko tym, że Morducha Halsmanna zabito przy drodze i zaciągnięto w dół do potoku. Już sam fakt, że syn pozostawił ciężko rannego ojca w wodzie, wystarczyłby, żeby dowieść zamiaru zabójstwa. W sprawie motywu prokuratura nie może służyć informacją. Ale na świecie dzieje się wiele rzeczy, choć niepodobna dokładnie powiedzieć dlaczego; właśnie przyczyny działań ludzkich skrywa mrok i często ludzie, o których myślimy, że dobrze ich znamy, ni stąd, ni zowąd, ku naszemu zaskoczeniu, dopuszczają się działań, o jakie nikt by ich nie posądzał. Nawet sam sprawca nie zawsze potrafi powiedzieć, dlaczego popełnił swój czyn. Właśnie tu, na tej sali, słyszy się sprawców mówiących: sam nie wiem, po prostu tak się stało.

„Oskarżony jest człowiekiem bardzo zamkniętym w sobie, nadal obcym dla nas w wymiarze jego wychowania, otoczenia, sposobu życia. Lekarze wykluczają, by mógł dokonać od dawna przemyślanego morderstwa, dopuszczają jednak możliwość, że działał w afekcie, że długo istniejące napięcie rozładowało się na skutek jakiegoś impulsu. Wszyscy, którzy odbywaliśmy długie wyprawy górskie, wiemy, że zmęczenie prowadzi do szczególnej drażliwości, że może dojść do bardzo przykrych incydentów z udziałem najlepszych towarzyszy wyprawy.

Co jednak było tu decydującą pobudką, nie potrafimy powiedzieć".

Na koniec prokurator mówi: „A teraz, panowie przysięgli, oddaję los oskarżenia w wasze ręce. Zróbcie z niego mądry użytek — bez lęku i wahań. Dajcie światu dowód, że tu, w Tyrolu, są sędziowie ludowi, którzy potrafią niezłomnie kroczyć drogą obowiązku i prawa. W imieniu państwa, które mam zaszczyt reprezentować, w imię sprawiedliwości proszę was: na pytanie o winę odpowiedzcie «tak»".

Obawy Pesslera potwierdzają się: prokurator mówi ponad godzinę, następnie przewodniczący zarządza krótką przerwę. Obrońca może rozpocząć swoje wystąpienie dopiero około dwunastej. Przysięgli są wyraźnie znużeni i nieuważni.

Pessler przypomina na wstępie proces poszlakowy z 1923 roku, w którym przed sądem stanął oskarżony o zabójstwo urzędnik celny z Lustenau, Hans Plank. Obwiniono go o zastrzelenie kolegi podczas patrolu. Wtedy również wiele poszlak wskazywało na Planka jako sprawcę; miał spór ze swoim kolegą i był z nim na patrolu sam. Sprawstwo osoby trzeciej, jak utrzymywał wówczas prokurator, nie wchodziło w rachubę. Kiedy w dodatku psychiatrzy nazwali Planka obłudnikiem i orzekli, że z pewnością stać go na popełnienie krwawego czynu, przysięgli uznali go za winnego i skazali na osiem lat więzienia — mimo że Plank, tak jak Halsmann, do końca się zaklinał, iż jest niewinny. Dwa i pół roku później prawdziwy sprawca przyznał się do czynu, a Plank wyszedł na wolność — jako złamany człowiek.

W przypadku Halsmanna nie ma cienia motywu i nawet biegli, którzy nie chcą dać wiary jego zapewnieniom, nie posądzają go o morderstwo z premedytacją, lecz uważają, że zabił ojca w afekcie, z przemęczenia i totalnego wycieńczenia. Następnie Pessler wskazuje luki w postępowaniu dowodowym. Wielu kwestii nie wyjaśniono, na przykład — co się stało z gotówką starego Halsmanna. Jak wytłumaczyć, że zniknęły franki szwajcarskie, które ofiara miała przy sobie? I dlaczego pięćdziesiąt szylingów z jej portfela odnalazło się dopiero dziewiętnaście dni po zajściu? Kto zdeponował te pieniądze w miejscu zdarzenia? Wszystkie te nierozstrzygnięte kwestie wskazują na osobę trzecią jako sprawcę. „W przypadku dowodów poszlakowych wszystkie okoliczności poboczne muszą zostać wyświetlone w sposób perfekcyjny. Wokół sprawcy musi się zamknąć podwójny łańcuch dowodów, zewnętrzny i wewnętrzny. Owe okoliczności poboczne muszą na niego wskazywać, ale ponadto musi on mieć w sobie zdolność do czynu. Nic takiego nie dotyczy Halsmanna. Jego charakter przemawia przeciw czynowi, a miejsce zdarzenia — za morderstwem rabunkowym".

Również Pessler kończy apelem do przysięgłych: „Moi panowie przysięgli, mogę tylko prosto z serca powiedzieć wam: Filip Halsmann jest niewinny. To wykluczone, aby był sprawcą. Doszedłem do końca przemówienia, w którym starałem się być tylko rzeczowym. W miarę możności wypełniłem obowiązek. Teraz przychodzi czas na wypełnienie obowiązku przez was. Wszystko, czego od was oczekuję, to prawo i sprawiedliwy wyrok — abyście rozstrzygali zgodnie z nakazem przysięgi, zgodnie z waszą odpowiedzialnością przed Bogiem. Rozstrzygajcie, panowie, czy chcecie zwrócić niewinnemu wolność, czy też go skazać. Rozstrzygajcie!".

Na koniec udzielono głosu oskarżonemu. Mówi spokojnie i pewnie.

„Chciałbym powiedzieć tylko jedno: nikt, żaden świadek, żaden biegły ani nawet prokurator nie zakwestionował tego, że szczerze kochałem swojego ojca i że również on naprawdę kochał mnie. Wyobraźcie sobie, panowie, proszę, co oznacza taki stosunek między ojcem i jego jedynym synem. Czy ktokolwiek poza złymi, prymitywnymi lub nienawistnymi ludźmi może uwierzyć w to, co mi się zarzuca? Nie wiem, co się działo za moimi plecami na drodze z Chaty Dominika do Breitlahner, wiem tylko, że jestem niewinny i że przez rok trzymano mnie w więzieniu za coś, czego nie zrobiłem. Proszę was tylko o rzecz oczywistą: proszę was, abyście uniewinnili człowieka, który nie zrobił nic złego".

Po apelu Halsmanna przerwano rozprawę na dwie godziny. W chwili jej wznowienia mała sala pęka w szwach. Jest tak duszno, że trzeba otworzyć drzwi na korytarz. Matka i siostra Halsmanna zajęły miejsca w jednym z tylnych rzędów. W korytarzach wszędzie widać żandarmów. Przed gmachem sądu tłoczą się ludzie, których nie wpuszczono do środka. W ulicach wokół budynku rozstawiono posterunki, aby zapobiegły manifestacjom i zapewniły płynność ruchu ulicznego. Panuje jednak spokój.

Przewodniczący wygłasza podsumowanie, w którym raz jeszcze przypomina przysięgłym wyniki postępowania dowodowego. Kiedy wzorowo dotychczas prowadzący rozprawę dr Ziegler poucza przysięgłych o dochowaniu reguł prawnych, wymyka mu się brzemienny w skutki błąd: zapomina poinstruować ich, że muszą uniewinnić oskarżonego, jeśli żywią wątpliwości co do jego winy. Przewodniczący w pierwszym procesie bardzo dobitnie wskazywał przysięgłym tę okoliczność.

Przysięgli obradują ponad dwie godziny. Następnie ich zwierzchnik, emerytowany mistrz rzemieślniczy, Heinrich Landerer z Völs, ogłasza rozstrzygnięcie.

W odpowiedzi na pytanie główne dotyczące zbrodni morderstwa padło siedem głosów „tak" i pięć głosów „nie".

W odpowiedzi na pytanie dodatkowe dotyczące zbrodni zabójstwa padło osiem głosów „tak" i cztery głosy „nie". A więc — zabójstwo.

Dwaj strażnicy sądowi wprowadzają oskarżonego na salę. Halsmann spogląda w stronę Pesslera, który tylko potrząsa głową. Wyraz twarzy obrońcy mówi wszystko. Halsmann nie czeka na odczytanie sentencji, lecz oświadcza bardzo zdenerwowany, że popełniono tu okrutną zbrodnię sądową; został skazany, ponieważ szczuto przeciwko niemu przysięgłych. Przewodniczący przerywa mu i mówi, że wobec takiego zachowania każe wyprowadzić oskarżonego. Halsmann krzyczy: „Nie chcę tego słuchać. To haniebne — po raz drugi!".

Obrońcy próbują go uspokoić.

Halsmann (krzyczy): „Jestem niewinny! W tym kraju nie ma dla mnie sprawiedliwości!".

Przewodniczący: „Trybunał postanowił, że zostanie pan wyprowadzony z sali, ponieważ nie zachowuje się pan przyzwoicie".

Halsmann: „Nie chcę już mieć nic wspólnego z tymi zbrodniarzami sądowymi! Co za hańba!".

Zostaje wyprowadzony z sali. Matka i siostra oskarżonego przechodzą do pokoju obok, gdzie zazwyczaj czekają na wezwanie świadkowie. Siostra oświadcza, że Filip i jego rodzina są w tym kraju zupełnie bezbronni i nie mogą liczyć na praworządność. Matka woła bezustannie: „Chcą nas zniszczyć! Chcą nas do cna wytępić!".

Po dłuższej naradzie sąd ogłasza wyrok: Filip Halsmann zostaje uznany za winnego zbrodni zabójstwa na swoim ojcu i skazany na cztery lata ciężkiego więzienia. Na poczet kary zalicza się okres spędzony w areszcie śledczym.

Przewodniczący oświadcza, że wzięto pod uwagę szereg okoliczności łagodzących, takich jak dotychczasowa niekaralność oskarżonego, dobra opinia o nim oraz jego stosunkowo młody wiek, i skorzystano z prawa do nadzwyczajnego złagodzenia kary. Obrona natychmiast wnosi zażalenie od wyroku.

Gdy tylko brzmienie sentencji dociera do tłumu przed gmachem sądu, rozlegają się wiwaty. Silny oddział policji zaczyna usuwać ludzi z ulicy.

Trzej sędziowie udają się do aresztu śledczego, by odczytać wyrok przebywającemu w celi oskarżonemu. Halsmann wrócił do równowagi i mówi spokojnie, że liczył się z takim finałem. Po sędziach wchodzą do celi obaj obrońcy. Deklarują swoją przyjaźń i proponują

Filipowi bruderszaft — na znak, że nadal wierzą w jego niewinność; następnie całują się z nim i obejmują.

Obrońcy chcą natychmiast wszcząć wszelkie kroki, by uzyskać ułaskawienie Filipa, on jednak nie chce o tym słyszeć. Nie chce zostać ułaskawiony, nawet jeśli musiałby odsiedzieć dwadzieścia lat, ponieważ, jak mówi, nie jest ojcobójcą i nie życzy sobie wyjść na wolność ze stygmatem człowieka ułaskawionego, który w bestialski sposób zamordował własnego ojca.

Na znak protestu przeciw wyrokowi Halsmann rozpoczyna strajk głodowy. I mimo że w nadchodzących dniach wszyscy, rodzina, pan Glaser, obrońcy i nawet dyrektor więzienia, namawiają go do przerwania strajku — wszak w ten sposób pogarsza tylko sprawę i szkodzi przede wszystkim sobie i swojej matce — dopiero po dziewięciu dniach Halsmann przerywa strajk i znów przyjmuje pożywienie. Lekarz, który badał go w tym okresie regularnie, mówi, że był to ostatni moment, bo w przeciwnym razie jego osłabiony organizm poniósłby nieodwracalne szkody.

Innsbruck, 21 października 1929

Ruth, wielkie, serdeczne dzięki za telegram. To pierwszy znak, jaki dostałem z zewnątrz po rozprawie, i bardzo mnie on ucieszył.

Swojego nastroju nie mogę Ci opisać; z dwóch powodów. Drugi jest taki, że wszystkie słowa, jak oburzenie itd., brzmią pięknie i strasznie pusto, a ja mam nadzieję, że jeśli mnie znasz, nie potrzebujesz takich opisów. Jednocześnie: ten wyrok nie był przecież dla mnie niespodzianką, bo odkąd Sąd Najwyższy odrzucił wniosek o przeniesienie procesu, musiałem być na to przygotowany.

Ale co do nadziei — to osobliwa sprawa: naprawdę wierzę, że nigdy się jej nie traci.

Nie wierzę, że Sąd Najwyższy potwierdzi wyrok. Najgorszy dla mnie czynnik to niewiarygodnie niski wymiar kary, choć nie może to — nie powinno — mieć znaczenia, jeśli Austria jest państwem prawa.

Pomijając ewentualność, że wszystko się wyjaśni, jakiś szczęśliwy, ale raczej nieprawdopodobny przypadek — uznanie wyroku oznaczałoby moją całkowitą klęskę, mianowicie w sensie społecznym (wykluczałoby zawód akademicki, na który jestem w tej chwili zdany), a także, co dużo gorsze, w wymiarze moralnym i w ogóle każdym. (...) Niestety, mam w tej chwili bardzo wyrobione poczucie odpowiedzialności — „niestety", bo nic na świecie nie ułatwia życia bardziej niż brak odpowiedzialności, a bycie przesadnie odpowiedzialnym tylko życie utrudnia. Toteż proszę Cię, droga Ruth, nie zrozum mnie źle i przyjmij, że to, co Ci teraz mówię, jest tylko spełnieniem obowiązku i nie ma mowy o zmianie mego stosunku do Ciebie.

W swoim pierwszym albo czwartym liście do mnie pisałaś, że chciałabyś zostać sama, bo tylko przeszkadzałbym Ci w pracy i w zdążaniu drogą, którą wybrałaś. Cóż, myślę, że wtedy nie przeszkadzałem Ci zanadto, a może wcale. Teraz jednak — owszem. Jest nieodpowiedzialnością z mojej strony, jeśli przez cały rok piszę do Ciebie wzruszające listy z więzienia. Przeszkadzam Ci, brużdżę we wszystkim i ta myśl bardzo mi doskwiera. Proszę Cię więc, żebyś mniej się mną przejmowała, żebyś spróbowała wyprzeć mnie ze swoich myśli. Nie pozwól, żebym Ci bruździł w jakiejkolwiek sprawie, bo nie wiem, jakim prawem pakuję Ci się w ten sposób do życia. (...)

Pozdrów, proszę, serdecznie ode mnie wszystkich Twoich. I proszę Cię, wybacz, że mimo Twego nastroju, który przecież potrafię sobie wyobrazić, piszę Ci o tym w takim tonie. Ale — nie mogę inaczej.

Pozdrawiam Cię bardzo serdecznie i mocno ściskam Twoją dłoń. Wszystkiego dobrego! Twój przyjaciel — Filja.

Innsbruck, 30 października 1929

Droga Ruth!

(...) Nie musisz się teraz mną przejmować, bo stałem się zapiekłym maniakiem, fanatykiem, którego opętała jedna tylko chora idea i który nie myśli o niczym więcej. I powiadam Ci, Ruth, zostanę maniakiem, dopóki mnie całkowicie nie zrehabilitują, i tak długo nie dam za wygraną, i będę dopóty walczył, aż doczekam się sprawiedliwości — choćby trwało to lata albo dziesięciolecia, wszystko mi jedno. (...)

Wszystkiego, co najlepsze i najpiękniejsze. Ściskam dłoń. Twój Filja.

ROZDZIAŁ PIĘTNASTY

Trzy dni po ogłoszeniu wyroku na cmentarzu zachodnim w Innsbrucku poświęcono grób Morducha Maksa Halsmanna. Na kamieniu widniał napis:

Max Halsmann
Lekarz stomatolog z Rygi
27 VIII 1880 — 10 IX 1928

Strażnik sądowy i dwaj policjanci z wydziału kryminalnego eskortowali syna na cmentarz, gdzie czekały na niego matka i siostra. Poświęcenia dokonał rabin krajowy Tyrolu, Josef Link, który po ceremonii religijnej wygłosił krótką mowę:

„Mamy dziś Chaul Hamoed, dzień, w którym według żydowskiego prawa religijnego należy zaniechać wizyt na grobach i jakichkolwiek cmentarnych uroczystości. Jeśli mimo to spełniam usilną prośbę ciężko doświadczonej rodziny, czynię tak przez wzgląd na wyjątkowość tego przypadku. Trzeba bowiem pocieszyć i wesprzeć duchowo żydowskie dziecko, które wskutek nieszczęśliwego splotu okoliczności popadło w głęboką niedolę i rozpacz".

Rabin Innsbrucku, pochodzący z górnowęgierskiego miasteczka Neutra, w 1906 roku przejął gminę żydowską Hohenems w Vorarlbergu, skąd w 1914 roku przeniósł się do stolicy Tyrolu. Proces studenta z Rygi przepełnił rabina wielką troską. Już sam fakt, że młody Żyd, mimo że obcy, został w Innsbrucku postawiony przed sądem i skazany za ojcobójstwo, był groźny dla tutejszej gminy. A jednak Link nie wahał się ani chwili: publicznie wziął w obronę skazańca i nieraz odwiedzał go w areszcie śledczym. W ukazującym się w Wiedniu tygodniku żydowskim rabin Tyrolu zajął stanowisko wobec procesu Halsmanna. Podkreślał, że nie chce czynić wyrzutów przysięgłym; ci prości ludzie z pewnością usiłowali orzekać w zgodzie ze złożoną przysięgą i w zwykłym procesie na pewno by im się to udało, tu jednak mieli przed sobą oskarżonego, którego skomplikowane życie wewnętrzne musiało pozostać zagadką dla tyrolskich górali. Ten brak kontaktu między tyrolskimi przysięgłymi a oskarżonym pochodzącym ze środowiska wschodniożydowskiego okazał się zgubny dla studenta. Nikt nie zdołał odkryć motywu okrutnego czynu. „A bez motywu niepodobna zrozumieć morderstwa, niepodobna w nie uwierzyć", pisał rabin z Innsbrucku.

Link był bardzo powściągliwy w swojej krytyce wyroku, musiał brać wzgląd na własną pozycję w Innsbrucku i na swoją gminę. Inni Żydzi jednak ciskali gromy. „Wiener Neue Welt" pisała o antysemickim tendencyjnym procesie najgorszego rodzaju, porównywalnym tylko z niegdysiejszymi procesami o mord rytualny, na przykład ze sprawą Hilsnera. Wyrok ludowego sądu można tłumaczyć tylko antyżydowskim terrorem, który panoszy się w tyrolskiej stolicy. Artykuł przyniósł wydawcy, Robertowi Strickerowi, zawiadomienie prokuratury o podżeganiu. Berlińska „Jüdische Rundschau" nazwała przewód sądowy w Innsbrucku typowym procesem Żyda, który został skazany niezależnie od swojej winy bądź niewinności — po prostu jako Żyd. Wreszcie wrocławska „Jüdische Zeitung für Ostdeutschland" gromiła całą Austrię. Najwyraźniej wciąż jeszcze są w Europie kraje — pisała — gdzie większość ludności ślepo i tępo wierzy, że Żydzi dążą do władzy nad światem, od czasu do czasu popełniają mordy rytualne i stale hańbią chrześcijańskie dziewczęta. Toteż choćby z myślą o własnym bezpieczeństwie można wyciągnąć z afery Halsmanna tylko jedną naukę: „Żydzi, unikajcie austriackich Alp!".

W nastawionym na turystykę zagraniczną Tyrolu takie wezwanie naturalnie budziło lęk. Co będzie, jeśli goście żydowscy rzeczywiście chętniej pojadą do Szwajcarii czy w Dolomity niż do Doliny Ziller lub Innsbrucku? Burmistrz tyrolskiej stolicy, Franz Fischer, członek Partii Chrześcijańsko-Społecznej, dopiero od pół roku na urzędzie, publicznie wyraził ubolewanie, że nieszczęsny proces wywołał takie reakcje, które w żadnym razie nie przyniosą pożytku krajowi tyrolskiemu i miastu Innsbruckowi. Dla Tyrolczyków byłoby najlepiej, gdyby proces w ogóle został przeniesiony „do kraju właściwego dla Halsmanna". Z Doliny Ziller już dochodzą informacje o znacznym zmniejszeniu ruchu turystycznego i nieobecności „gości mojżeszowych", wielu Żydów bowiem — skarżył się Fischer — najwyraźniej sądzi teraz, że Tyrolczycy mają nastawienie antysemickie. A przecież w Tyrolu nikogo nie pytamy o wyznanie, „lecz po prostu spodziewamy się przyzwoitych i miłych turystów".

Dla wydawanej przez Maximiliana Schreiera wiedeńskiej gazety „Der Tag", z którą współpracował Robert Musil, korespondencje z Innsbrucku pisywał Hanns Margulies. Po procesie ten znany autor reportaży sądowych, nie stroniący w nich od krytyki społecznej, napisał o „prawdziwym tle wyroku w sprawie Halsmanna". Margulies opowiadał, jak zwierzchnik ławy przysięgłych, emerytowany mistrz rzemieślniczy Heinrich Landerer z Völs, w przeddzień ogłoszenia wyroku podczas przerwy obiadowej wędrował bezradnie po Innsbrucku i pytał wszystkich napotkanych po drodze, nawet ludzi najzupełniej obcych: „Jak pan sądzi, Halsmann zabił ojca czy nie zabił?". To mogą potwierdzić świadkowie. Margulies przypomniał też kazanie ojca Anselma Marii Wimmera, nazistowskie plakaty i inne symptomy zatrutej atmosfery, w której toczył się proces. Artykuł kończyła zapowiedź: „Walka o Halsmanna rozpoczęta".

Margulies stanął w pierwszym szeregu walczących; wygłaszał wykłady i pisał artykuły do wiedeńskiego „Der Tag" i „Der Morgen", ale także do berlińskiej „Weltbühne", a kiedy Austriacka Liga Praw Człowieka zorganizowała w Wiedniu manifestację na rzecz Halsmanna, Margulies wystąpił obok Franza Pesslera jako główny mówca. W wielkiej sali koncertowej w Wiedniu redaktor „Neue Freie Presse", Emil Kläger, wygłosił wykład o swoich wrażeniach z procesu w Innsbrucku i powiedział, że nie wie, czy Filip Halsmann jest winien śmierci ojca. „Natomiast jestem pewien, że proces poszlakowy był pełen luk i niedoskonałości". Sala wypełniła się do ostatniego miejsca i Klägerowi stale przerywały długotrwałe oklaski. Nieco później w wielkiej sali koncertowej o sprawie mówił też pierwszy obrońca Halsmanna, Richard Preßburger. Zmiażdżył on argumenty, które doprowadziły do wyroku, i określił je jako całkowicie niewiarygodne. Przede wszystkim jednak skoncentrował się raz jeszcze na gospodarzu Chaty Dominika, Josefie Ederze, który rzucając pierwsze podejrzenie na Halsmanna, wywarł zgubny wpływ na śledztwo, akt oskarżenia i wreszcie na przysięgłych. „Ten wyrok to robota Edera".

„Tiroler Anzeiger" nazwał to czymś wręcz niesłychanym, że obrońca ośmiela się w publicznym wykładzie „tak dyskredytować i obrażać zaprzysiężonego świadka".

27 października „Neue Freie Presse" otwierał artykuł znanego pisarza Jakoba Wassermanna: *List otwarty do Prezydenta Republiki*. Autor *Golgoty życia* i *Sprawy Mauriziusa*, od lat żyjący w styryjskim Ausseerland, uważnie śledził proces Halsmanna w prasie i w końcowej fazie nawet pojechał do Innsbrucku, aby na miejscu wyrobić sobie pojęcie o atmosferze w mieście. Kiedy wieczorem 19 października po ogłoszeniu wyroku wrócił do hotelu, windziarz powiedział do niego z uśmiechem satysfakcji: „No to koniec naszego procesu". Wassermann miał wrażenie, że wyczytuje z twarzy prostego tyrolskiego chłopaka radość całego miasta, jaką wywołał wyrok na Żyda. W liście otwartym do prezydenta Wilhelma

Miklasa Wassermann nazwał ów wyrok najzupełniej niepojętym. Jeśli Halsmann był winien, to cztery lata więzienia wydają się karą śmiesznie niską.

„Kto morduje ojca, ten jest mordercą i już; ten pozbawił się prawa do naszej ochrony i już; tego nie chcemy za cztery lata przyjmować znów do naszej wspólnoty, odmawiamy przyznania jego motywom choćby cienia prawomocności, choćby śladu wyższej konieczności. Przy wszystkich racjach i drugich dnach naszej psychologii, przy wszelkich zaułkach i meandrach naszych formuł duchowych nie życzymy sobie mieć z tym osobnikiem nic wspólnego. Niech znika.

Ale w rzeczywistości, Panie Prezydencie, sprawy mają się inaczej. Filip Halsmann jest niewinny. Jeśli to *dictum* wydaje się Panu zbyt zuchwałe i bezwarunkowe, to dla jego poparcia mogę się powołać na opinię całej Europy, to znaczy, wszystkich ludzi przyzwoitych, nieuprzedzonych, żywiących jasne odczucia i nie zarażonych jeszcze dżumą nienawiści rasowej na tym kontynencie, chrześcijan i Żydów. (...)

Nie wzywam Pana, Panie Prezydencie, do okazania łaski skazańcowi. Nie chodzi o łaskę, sam Pan to wie. Nie muszę dodawać, że chodzi o zwykłe, prymitywne prawo, o królewską, haniebnie podeptaną sprawiedliwość. Wyrok, który zapadł, zapadł nie przeciw czynowi, ten człowiek bowiem owego czynu żadną miarą nie popełnił; zapadł on przeciw niemu, przeciw temu człowiekowi i jego pochodzeniu. Pan to wie równie dobrze jak ja, Panie Prezydencie. Wie Pan, co się wydarzyło, zna Pan katastrofę i jej przebieg, nagonkę i jej cel. (...)

Panie Prezydencie, ja, piszący te słowa, jestem Żydem. Nigdy nie wahałem się stawać z podniesioną przyłbicą, pośrodku mostu, naprzeciw wiatru, wolny. Znajdując się w niebezpiecznym położeniu, zdziałałem to i owo w obu obozach, po tej i po tamtej stronie mostu, a dotyczą te moje drobne zasługi w niemałej mierze idei sprawiedliwości. Jeśli ktoś Panu teraz mówi: no proszę, znowu widać, jak się Żydzi trzymają w kupie, to nie potrafię odrzec na to nic innego, jak tylko: szkoda, że jedynie Żydzi, a nie ludzie. Żyję w Austrii od trzydziestu jeden lat. Kocham ten kraj jak własne strony rodzinne. Boli mnie, że coraz bardziej staje się on widownią nienawiści, prześladowań i krzywd. Mój głos, który przypadkiem dociera do Pana, jest tylko jednym z wielu, a podnoszę go w najwyższej potrzebie, bo ja i tacy jak ja pojęliśmy już stopniowo daremność gadania, choć gorycz wymuszonego milczenia powoli nas niszczy. Niech Pan, Panie Prezydencie, jako głowa tego państwa, używając wszelkich dostępnych Panu środków, nie dopuści do tej jednej bezprzykładnej krzywdy, a w ten sposób nie dopuści Pan do tysiąca krzywd, bo przecież każdy czyn nosi w sobie nieprzeliczone zarodki innych czynów. Czekamy. Ja czekam".

Dzień później wychodzący w poniedziałki wiedeński „Der Morgen" zamieścił krótkie stanowisko prezydenta Miklasa w sprawie Halsmanna, która po liście otwartym pisarza ostatecznie stała się „aferą". Jak oświadczał prezydent Miklas, naturalnie wyrobił sobie rzetelną opinię w owej sprawie, jednak niestety musi ją zachować dla siebie, a zwłaszcza nie wolno mu się wypowiadać w kwestii ułaskawienia. „Przede wszystkim dlatego, że kwestia ułaskawienia może zostać rozstrzygnięta tylko w porozumieniu z rządem. Poza tym jednak dlatego, że chodzi tu o postępowanie bynajmniej nie zakończone, możliwe bowiem, że dojdzie do trzeciego procesu".

Maximilian Schreier, wydawca i redaktor naczelny gazet „Der Morgen" i „Der Tag", częsty gość w Innsbrucku podczas procesu, zaraz po wyroku nazwał „tragedię" Halsmanna „katastrofą upadku wymiaru sprawiedliwości". Teraz jednak opublikował w „Der Morgen" odpowiedź na list Wassermanna, w której przeciwstawia się jego opinii, jakoby wyrok miał u swego podłoża hecę antysemicką. „Filip Halsmann zostałby uznany przez sąd przysięgłych w Innsbrucku za winnego, gdyby — będąc oskarżonym w analogicznych okolicznościach — musiał prowadzić swoją walkę o niewinność jako berlińczyk, Czech czy Węgier. Nie Żyd stał się ofiarą zbrodni sądowej, lecz obcy, który stanął naprzeciw tyrolskich górali w roli oskarżonego". Ten sam pogląd wyznawał Heinrich York-Steiner, jeden z pierwszych współpracowników Teodora Herzla, również przekonany o tym, że to obcość Halsmanna, niezwykły sposób mówienia i zachowania owego studenta, wzbudziły pierwsze podejrzenia wobec niego.

Deklaracja prezydenta Miklasa, że być może będzie trzeci proces, ponownie uskrzydliła obrońców Halsmanna. Pessler odwiedzał więźnia, kiedy tylko mógł, informował go o kolejnych krokach, donosił o licznych głosach sympatii, jakie podnosiły się w jego sprawie i pośredniczył w kontaktach z dziennikarzami. W styczniu 1930 roku do Innsbrucku przyjechał Maximilian

Schreier, aby zrobić wywiad z Halsmannem. Schreierowi w celi odwiedzin towarzyszył Richard Glaser. Więzień przyniósł w prezencie dla ojcowskiego przyjaciela swój autoportret. Schreier był zachwycony obrazem i Glaser odstąpił mu go — za zgodą artysty, który od razu umieścił na autoportrecie dedykację. Rysunek przedstawia młodego mężczyznę z sypiącym się wąsikiem, ciemnowłosego, w okularach, o poważnym spojrzeniu i w istocie wyglądającego ponuro — zgodnie z tym, co Halsmann często sam o sobie pisał.

Największe wrażenie wywarł na nim oczywiście list otwarty Wassermanna. Halsmann z wielkim zachwytem przeczytał *Sprawę Mauriziusa*, nie domyślając się, że u źródeł powieści leżała prawdziwa historia kryminalna o pewnych analogiach do jego własnej. Był to przypadek Carla Haua, w latach 1906–07 dzielący niemiecką opinię publiczną na dwa obozy. Carl Hau, wielce inteligentny młody człowiek z wyższych sfer, został obwiniony o zamordowanie teściowej. W sensacyjnym procesie skazano go na śmierć, chociaż do końca zaklinał się, że jest niewinny. Ostatecznie karę śmierci zamieniono na dożywotnie więzienie. Również w tym przypadku nie znaleziono przekonującego motywu. W 1924 roku Hau opuścił więzienie i napisał dwie książki, w których starał się dowieść swojej niewinności. W 1926 roku popełnił samobójstwo.

List Wassermanna do prezydenta Miklasa odczytano w listopadzie na wiecu protestacyjnym, zorganizowanym w związku z wyrokiem na Halsmanna przez Niemiecką Ligę Praw Człowieka w Berlinie. Interpretator listu, aktor

Fritz Kortner, zebrał za swój występ rzęsisty aplauz. Na wiecu przemawiali też wiedeński dziennikarz Hanns Margulies i lewicowy autor oraz adwokat Czerwonej Pomocy, Rudolf Olden.

Obrońcy Halsmanna podejmowali wszelkie próby, aby jednak wydostać skazańca na wolność. Wiedeński zastępca doktora Mahlera, mecenas Erich Saxl, wziął na siebie opracowanie psychiatrycznej części zażalenia od wyroku. Uznał, że można powołać się na „wykluczające egzekucję kary zmącenie zmysłów", nie wnikając zarazem w kwestię sprawstwa. Kiedy Halsmann kategorycznie zaprotestował, Saxl osobiście pofatygował się do Innsbrucku, aby mu rzecz wyjaśnić. Powołanie się na ten powód unieważnienia ma charakter czysto formalny, otwiera jednak drogę do nowego przewodu. Jeśli Sąd Najwyższy przychyli się do tego argumentu, musi unieważnić wyrok i zwrócić sprawę do pierwszej instancji. Halsmann może wtedy przed nowymi przysięgłymi na nowo podjąć walkę, aby dowieść swojej całkowitej niewinności. Ale Halsmann nie dał się przekonać i nawet pisemnie sformułował swoje stanowisko: „Mimo że pojmuję dalekosiężne skutki swojej decyzji, pozostaję przy niej. Ponieważ nie jestem sprawcą, argument o zmąceniu zmysłów uważam za coś poniżej mojej godności i coś, co urąga moim dobrym prawom. Czuję wstręt, gdy do ich zwycięstwa mają dopomóc formalne sztuczki, nawet jeśli w sensie jurystycznym są poprawne i stosowne do okoliczności. Zanadto cenię sobie swoje prawa. Wolę pozostać w więzieniu niż odzyskać wolność z takiej przyczyny".

Saxl z najgłębszym żalem przyjął tę decyzję. Widział w Halsmannie szaleńca, człowieka opętanego „walką przeciw wyrządzonej mu krzywdzie" i złożył pełnomocnictwo do zajmowania się zażaleniem.

Ważnego i aktywnego wsparcia udzielił adwokatom Halsmanna senior austriackiej teorii prawa karnego, Carl Stooß, rodowity Szwajcar, który właśnie z wielkimi honorami obchodził swoje osiemdziesiąte urodziny. Pionier austriackiej i niemieckiej reformy prawa karnego przysłał z Grazu, gdzie mieszkał od swojej emerytury, do redakcji „Neue Freie Presse" tyleż krótkie, co treściwe oświadczenie:

„W sprawie Halsmanna pozwalam sobie stwierdzić: 1) Z wyników obdukcji i orzeczenia lekarzy sądowych wynika, że nieznany sprawca używając kamienia od tyłu rozbił Morduchowi Halsmannowi czaszkę. 2) Sprawca działał w zamiarze zabicia Halsmanna; było to morderstwo. 3) Przysięgli uniewinnili Filipa Halsmanna od zarzutu popełnienia morderstwa. 4) Przysięgli orzekli jednak, że jest winien zabójstwa. 5) Według austriackiego prawa karnego zabójstwa dokonuje ten, «kto zabija człowieka nie w zamiarze bezpośrednim, lecz ewentualnym, wskutek innego wrogiego zamiaru». 6) Ponieważ prawny stan rzeczy dotyczący zabójstwa wyklucza bezpośredni zamiar sprawcy rozumiany jako zamierzone zabicie człowieka, a wedle ustalonych okoliczności sprawca zabił Halsmanna w sposób bezpośrednio zamierzony, zatem na płaszczyźnie pojęciowej zabójstwo należy wykluczyć. 7) Błędem procesowym było stawianie pytania o zabójstwo, ponieważ nie sposób go pogodzić z ustalonymi okolicznościami. C. Stooß" („Neue Freie Presse", 15 grudnia 1929).

Frontalna krytyka wyroku, wywołała, jak należało oczekiwać, ostry sprzeciw w niektórych kręgach. „Tiroler Anzeiger" potępił „obelżywe ataki" na sposób postępowania procesowego, przysięgłych oraz świadków i wyraził przypuszczenie, że ma to być zemsta, „ponieważ władze i sędziowie ludowi w Tyrolu nie poszli za skinieniem tajnej potęgi światowej". Za „komitetem Halsmanna" z siedzibą w Berlinie, kierującym kampanią w obronie skazańca, kryje się — donosiła gazeta — „Alliance Israélite", która założyła fundusz w wysokości dziewięćdziesięciu tysięcy dolarów do finansowania dalszych akcji.

Obrońcy Halsmanna w Innsbrucku, którzy rozumieli, jak niebezpieczne są takie pogłoski, natychmiast oświadczyli publicznie, że nie posiadają żadnej wiedzy o istnieniu takiego komitetu.

Gazety antysemickie, jak choćby ukazująca się w Wiedniu „Deutsche Arbeiter-Presse", główny organ Niemieckiej Partii Robotniczej, w której zgromadzili się pierwsi narodowi socjaliści, odbierały wyrok jako o wiele zbyt łagodny, a krytyczne głosy na temat procesu — jako bezwstydną prowokację: „Syn Izraela, ojcobójca Halsmann, stał się tym razem pretekstem do żydowskich zniewag ciskanych na aryjski naród! Aryjczyku, baczność!".

Również owi profesorowie z Innsbrucku, którzy odważnie wstawili się za Halsmannem, odczuli na własnej skórze antyżydowskie nastroje. Na tablicy ogłoszeń hołdujących pojedynkom korporacji studenckich na

Uniwersytecie w Innsbrucku zawisło pewnego dnia zawiadomienie, że profesorowie Theodor Rittler, Theodor Erismann, Ferdinand Kogler i Alfred Kastil założyli „Towarzystwo im. Halsmanna", a na drzwiach sali wykładowej, gdzie prowadził zajęcia profesor Erismann, wypisano kredą: „Dziś teatrzyk kukiełkowy Morducha Erismanna" — obelżywa aluzja do prób, jakie psycholog przeprowadził na miejscu zdarzenia w Dolinie Ziller, wykorzystując naturalnej wielkości manekin.

Kiedy się okazało, że Theodor Rittler, uczeń Stooßa i jeden z największych specjalistów od prawa karnego w Austrii, zgodził się bronić przed Sądem Najwyższym zażalenia od drugiego wyroku, oburzeni studenci korporanci z Innsbrucku interweniowali u „Górnoaustriackich Germanów", do których Rittler należał jako aktywny dawniej członek. Ci zaś istotnie wykluczyli seniora ze swoich szeregów — za to, że ośmielił się stawać w obronie Żyda. Narodowi socjaliści odgrywali wtedy w Innsbrucku wciąż jeszcze dość podrzędną rolę polityczną, jednak wśród studentów ich wpływy były poważne.

Kuriozalne spotkanie przydarzyło się prokuratorowi Hohenleitnerowi nazajutrz po ogłoszeniu wyroku. Otóż zgłosił się do niego człowiek żądający wypłaty premii w wysokości dziesięciu tysięcy szylingów, jaką wyznaczyła rodzina Halsmanna za wykrycie prawdziwego sprawcy. W uzasadnieniu swojego żądania ów człowiek oświadczył, że podczas całego procesu przebywał w sali sądu i podobnie jak siedmiu przysięgłych, którzy uznali Halsmanna za winnego morderstwa, uzyskał niezbitą pewność, iż oskarżony rzeczywiście popełnił rzeczony czyn. Wszelako jak wiadomo, przysięgli nie mogą rościć sobie prawa do premii, on natomiast owszem: „Żądam więc dziesięciu tysięcy szylingów, ponieważ jako pierwszy wykryłem sprawcę". Zdumiony prokurator usiłował mu uprzytomnić, że z racji jego pewności jeszcze nie przysługuje mu prawo do premii, poza tym nie wyznaczył jej urząd, lecz rodzina oskarżonego — za wykrycie sprawcy dotąd nieznanego. Interesant jednak upierał się przy swoim punkcie widzenia i opuścił plac boju dopiero, kiedy prokurator energicznie wyprosił go za drzwi.

Pogłoski o wysokich sumach, jakie rzekomo wypłacano, ażeby tylko wydostać skazańca z więzienia, budziły pożądliwość także poza Innsbruckiem. Ita Halsmann otrzymała przesyłkę od nieznajomego z Wiednia, w której donosił on, że wie, jak uratować jej syna; matka ma przyjechać do Wiednia i spotkać się z autorem listu na dworcu zachodnim. Zbolała kobieta zawiadomiła doktora Mahlera, który pojechał do Wiednia i wraz z młodą znajomą udał się na umówione miejsce. Istotnie czekał tam niechlujnie ubrany młody człowiek, który przystrojonej w żałobę i podającej się za siostrę Halsmanna towarzyszce Mahlera przedstawił się jako Johann Schneider. Złożył on propozycję, że zgłosi się do władz jako morderca jej ojca. Młoda dama poprosiła go, aby nazajutrz przyszedł do Café Westbahn — tam został aresztowany. Policja kryminalna poszukiwała już dwudziestoośmioletniego Schneidera, wszelako tylko w związku z kradzieżą roweru. W obecności sędziego Schneider zeznał, że podlega jurysdykcji wiedeńskiej i pochodzi z biedoty. Przez jakiś czas usiłował utrzymać się jako robotnik rolny, jednak będąc dzieckiem wielkiego miasta, raczej nie znajdował upodobania w życiu wiejskim, toteż już od lat jest bezrobotny i bezdomny.

Sędzia: „Co też właściwie przyszło panu do głowy, żeby mieszać się w aferę Halsmanna i brać na siebie winę?".

Schneider: „Chciałem wreszcie wybić się jakoś w życiu, długo szukałem i myślałem, jak mógłbym zapewnić sobie byt, i tak wpadłem na pomysł wmieszania się w tę aferę".

Sędzia: „Niech pan nam powie, jak pan wpadł na pomysł, żeby podać się za mordercę starego Halsmanna i być może odpokutować za nieistniejącą winę całymi latami ciężkiego więzienia?".

Schneider: „Czytałem w ostatnim czasie bardzo dużo artykułów prasowych o procesie Halsmanna i długo zajmowałem się tą sprawą. Nie wiem, panie sędzio, czy Halsmann jest winny, czy nie jest; wiem tylko, że stale się zaklinał, że ojca nie zabił. I wiem, że wielu ludzi na świecie uważa go za niewinnego. Halsmann jest jeszcze młody, student, może dojść do czegoś w życiu, ja swoje przepuściłem przez palce. Myślałem, że jak wezmę winę na siebie, to w przyszłości urządzę się lepiej".

Prokurator: „Jest pan przecież inteligentnym człowiekiem. Jak mógł pan sądzić, że pański plan się powiedzie i przyniesie panu jakąś korzyść?".

Schneider: „Trzeba myśleć o przyszłości. Myślałem, że zapewnię sobie byt".

Ponieważ nie można dowieść Schneiderowi zamiaru popełnienia oszustwa, z braku dowodów zostaje on wypuszczony na wolność.

Również przy okazji sprawy Halsmanna, jak w przypadku niejednej tragedii, dochodziło do sytuacji groteskowych. W Innsbrucku przed sądem staje Anna Maria Gründler, włóczęga, którą we wrześniu 1929 roku ujęto w krainie salzburskiej za żebractwo; wtedy twierdziła, że ma do powiedzenia coś ważnego w sprawie Halsmanna; szybko okazało się to czczym wymysłem, który miał ją uchronić przed odesłaniem do gminy, skąd pochodziła. Przed sądem ławniczym pojawiła się drobna, pomarszczona kobiecinka z wielkim garbem, oskarżona o zaniechanie działań zapobiegających przestępstwu i o fałszywe zeznania. Ponieważ proces ma pewien marginalny związek z aferą Halsmanna, wypowiedzi żebraczki, i to w dialekcie, trafiają do gazety.

Przewodniczący: „Pani Gründlerowa, co też strzeliło wam do głowy? Po co, u licha, te wszystkie kłamstwa?".

Oskarżona: „Sądzie wysoki, najwyższy! Toć lepiej już za kraty, byle nie doma, byle nie do Fließ!".

Przewodniczący: „No, a dlaczego nie? Co takiego jest we Fließ, że się wam nie podoba?".

Oskarżona: „Wicie, tam ja do przytułku dla bidaków musza, aleć tam, to nie przytułek, ino zwykło budo, z jednom izbom i cztyryma chłopami we środku. Z nimi mom spać, a toć oka zmrużyć nie dadzo" (wybuch wesołości).

Przewodniczący: „Kobieto, nie wygadujcież takich rzeczy, toż macie tam dach nad głową".

Oskarżona: „Iiii, toć to nie dom, nic piknego, a na ulicy smarkate jeszcze i kamuchem za mno rzuco".

Anna Maria Gründler została uznana za winną i skazana na sześć miesięcy więzienia. Jak z zadowoleniem stwierdził przewodniczący, był to dokładnie sześćdziesiąty trzeci wyrok we włóczęgowskim życiu sześćdziesięciotrzylatki. Kobieta przyjęła karę z wdzięcznością, a obrońca z urzędu rzucił: szczęście, że nie składała apelacji z powodu zbyt niskiego wymiaru kary.

ROZDZIAŁ SZESNASTY

21 stycznia 1930 roku przed Sądem Najwyższym w Wiedniu rozpoczęła się rozprawa w sprawie zażalenia od wyroku. Postępowanie sądowe było otwarte dla publiczności i odbywało się, tak jak pierwszy proces rewizyjny, w prowizorycznym pałacu sprawiedliwości przy Herrengasse. Już od wczesnych godzin rannych ludzie oblegali budynek, aby zdobyć miejsce w sali rozpraw, większość jednak odeszła z kwitkiem, bo sala na trzecim piętrze mieściła tylko pięćdziesiąt krzeseł, które zarezerwowano głównie dla dziennikarzy, adwokatów i członków sądu. Wśród publiczności zasiadły też matka i siostra oskarżonego oraz Richard Glaser. Mieli nadzieję, że również Tomasz Mann zawita do Wiednia, aby swoją obecnością przydać moralnej wagi ich zabiegom o sprawiedliwość dla Filipa. Autor *Buddenbrooków* stale od pierwszego procesu dowiadywał się o przebieg sprawy. W Monachium, gdzie Tomasz Mann mieszkał, dobrze wiedziano, co się dzieje w nieodległym Innsbrucku. 3 stycznia 1930 roku Mann napisał w liście do Zygmunta Freuda, że nagabnięto go, aby wziął udział

w rozprawie przed Sądem Najwyższym — „miałbym na to sporą ochotę. Gdybym się zdecydował (choć trochę za dużo tego podróżowania), czy wolno mi zgłosić się do Pana?". Ale w styczniu 1930 roku pisarz nie zdołał jednak przyjechać na wiedeńską rozprawę. Zaszczyty i podróże po otrzymaniu Nagrody Nobla w grudniu 1929 roku zanadto go angażowały.

Zażalenia bronili przed sądem profesor Theodor Rittler i dr Paul Mahler. Szanowany karnista raz jeszcze wyraził swoją krytykę wobec faktu, że obok ekspertów fakultetu medycznego nie powołano też specjalistów psychologów. Następnie wyliczył cały szereg poważnych powodów zażalenia, w świetle których konieczny jest nowy proces. Kiedy pojawiło się pierwsze podejrzenie wobec Halsmanna — mówił Rittler — sędzia śledczy zaniechał podjęcia innych tropów, które mogłyby wskazywać na sprawstwo osoby trzeciej. W toku przewodu nie wzięto pod uwagę licznych elementów odciążających, które ujawniła obrona. Rittler wymienił eksperymenty z manekinem, przeprowadzone na miejscu wypadku przez profesora Erismanna, oraz brak śladów krwi na ciele i ubraniu Filipa Halsmanna. Powodu do unieważnienia wyroku Rittler upatrywał również w tym, że po długiej przerwie wznowiono rozprawę z udziałem tych samych przysięgłych. Zresztą — w ciągu całego przewodu urzędowi prokuratorskiemu ani razu nie udało się rozświetlić mroku, jaki spowija śmierć Morducha Maksa Halsmanna, ani też przytoczyć przekonywających dowodów winy Filipa Halsmanna. Również drugi proces, mimo że trwał tak długo, nie pozwolił odkryć choćby cienia wiarygodnego motywu. Fakultet medyczny uznał, że mogła wystąpić wybuchowa reakcja oskarżonego, jednak nie przedstawiono żadnego dowodu na faktyczne wystąpienie takiej reakcji. Poza tym teza o zaistnieniu tego rodzaju reakcji wybuchowej musiałaby „również skutkować uniewinnieniem oskarżonego z powodu zmącenia zmysłów. Tak oto krytyczni obserwatorzy procesu niezmiennie dochodzą do wniosku: wyrok skazujący Halsmanna jest bezzasadny".

Prokurator generalny, dr Pietsch, który już w pierwszym postępowaniu kasacyjnym reprezentował urząd prokuratorski, odrzucił krytykę pod adresem śledztwa i oświadczył, że w końcu to sam oskarżony stale podkreślał, w jak niewielkiej odległości przed ojcem maszerował: zaledwie o kilka kroków. Nawet jeśli ten dystans wynosił sto siedemdziesiąt dwa kroki, Filip Halsmann musiałby bezwarunkowo zobaczyć trzecią osobę. A długa przerwa w rozprawie głównej jest dopuszczalna w myśl regulaminu postępowania sądowego.

Obie strony przytaczały argumenty dobrze już znane. Niespodzianką była replika Mahlera na wywody prokuratora generalnego. Obrońca przedstawił rekonstrukcję wydarzeń, która zdumiała nawet profesora Rittlera. Radykalnie odstąpił od dotychczasowej linii obrony i ponownie zaprezentował wersję mówiącą o wypadku: stary Halsmann, który, jak wiadomo, cierpiał na nerwicę serca, a w związku z tym zdarzały mu się kolejne ciężkie omdlenia i upadki, nagle znów miał atak serca, padając uderzył głową o kamień i doznał straszliwych obrażeń. „Siłą woli, nierzadko spotykaną właśnie u osób cierpiących na nerwicę serca, bierze się w garść, wtacza na drogę — rozdeptując przy tym krew, która płynie z rany — i dopiero wtedy spada. Nie mniej niż pięć razy musiał przy tym uderzyć się o kamienie. Tak wyobrażam sobie przebieg tego wypadku na górze, a nie tak, że kochający syn w budzący zgrozę sposób zabił uwielbianego przezeń ojca. W moim najgłębszym przeświadczeniu starszy pan — by użyć tyrolskiego zwrotu — po prostu się «skulał»".

Okoliczność, że dwaj rzecznicy obrony przedstawili dwie wykluczające się wersje, nie przyczyniła się do przekonania najwyższego trybunału o zasadności ich roszczeń. Zażalenie od wyroku zostało bezceremonialnie oddalone. Tym samym wyrok opiewający na cztery lata więzienia za zbrodnię zabójstwa stał się prawomocny. Po ogłoszeniu decyzji sądu również w sali rozpraw przy Herrengasse doszło do incydentów. Wśród publiczności rozległy się protesty, matka i siostra oskarżonego wołały: „Został skazany niewinnie!", aż w końcu wyprowadzono je z sali. Kiedy wieczorem wróciły do hotelu, zastały tam wielką kompozycję kwiatową, którą przysłała im nieznajoma dama.

W numerach 827–833 pisma Karla Krausa „Die Fackel" znajduje się krótka, lakoniczna nota:

„Zażalenie od wyroku na Filipa Halsmanna zostało we wszystkich punktach odrzucone, a zatem wyrok czterech lat ciężkiego więzienia nabrał mocy prawnej".

Jest to jedyna w „Die Fackel" wzmianka o tej sensacyjnej sprawie. Dlaczego Karl Kraus, któremu zazwyczaj nie brakowało werwy do ataków na austriacki wymiar sprawiedliwości i który nie przepuścił żadnej okazji, by piętnować „góralski kretynizm" tyrolskiego sądownictwa, tym razem narzucił sobie taką powściągliwość — trudno powiedzieć. Może dlatego, że publicystyczny prym w aferze Halsmanna wiodła znienawidzona przez Krausa „Neue Freie Presse"? A może nie chciał występować w jednym szeregu z pewnymi gazetami żydowskimi, którymi głęboko pogardzał?

W wiedeńskim „Der Morgen" ukazała się 27 stycznia 1930 roku — obok relacji Hannsa Marguliesa pod tytułem *Halsmann w nieludzkiej pętli* — nawiązująca do rozstrzygnięcia najwyższego trybunału karykatura: przedstawiała Halsmanna w pozycji ukrzyżowanego, który za pomocą paragrafów został przytroczony do miecza Iustitii.

Kilka dni później deputowani Partii Chrześcijańsko-Społecznej postawili w parlamencie pytanie pod adresem rządu, co zamierza on przedsięwziąć w reakcji na to bluźnierstwo. Interpelacja była zbędna. Prokuratura z własnej inicjatywy wszczęła przeciw odpowiedzialnemu redaktorowi postępowanie karne za przestępstwo przeciw religii i zniewagę Sądu Najwyższego.

Innsbruck, 28 stycznia 1930

Moja bardzo droga Ruth!

Za godzinę jadę do zakładu karnego w Stein n. D. Będzie mi towarzyszyć dwóch funkcjonariuszy. Dotrę tam jutro rano. Skazaniec (nim właśnie teraz jestem) ma prawo napisać list raz na dwa tygodnie. Toteż piszę do Ciebie w wielkim pośpiechu przed wyjazdem. (...) Jak Ci już pisałem, spodziewałem się takiego finału i uważałem, że jestem gotów. W nocy z 22. na 23. śniłem, że mnie uniewinnili. Ze szczęścia obudziłem się i niecierpliwie czekałem na rozstrzygnięcie. Nie wiedziałem, że wyrok ma być ogłoszony dopiero o dziesiątej, byłem więc dość podenerwowany, kiedy dr Pe. odwiedził mnie o wpół do jedenastej. Kiedy zobaczyłem jego bynajmniej nie promienną minę, całkiem upadłem na duchu. Dr Pe. uspokoił mnie jednak natychmiast, mówiąc, że nadal brak wiadomości. Potem dodał, że ma niewiele nadziei i to, jak zaznaczył, nie bez powodu, a w końcu powiedział: zadzwonili do niego z Wiednia, skarga została odrzucona, choć to jeszcze nieoficjalna wiadomość. Wtedy zacząłem go naiwnie wypytywać, kiedy w takim razie nadejdzie definitywna odpowiedź. Na to dr Pe. przyznał, że wiadomość jest ostateczna, nie można już na nic liczyć. Po czym usiadł przy stole i regularnie się rozpłakał. On, obcy człowiek, płakał tak, że musiał potem wycierać blat chusteczką, natomiast ja, którego to dotyczyło, nie uroniłem ani jednej łzy. (...) Jeśli coś mną wstrząsnęło w tamtej chwili, to tylko łzy dra Pe. Nigdy ich nie zapomnę i wręcz nie potrafię tego wyrazić, jak bardzo go w tamtym momencie, kiedy wycierał stół, kochałem. (...)

Jutro w Stein ogolą mi głowę, ubiorą mnie w więzienny drelich i zamkną w celi. Raz na cztery tygodnie będę pisał list, raz na pięć tygodni mam prawo do odwiedzin.

„Po prostu" się temu poddam. Poczucie, że muszę mieć wzgląd na matkę, nigdy nie kosztowało mnie aż tyle co teraz, bo gdyby nie to, nie poddałbym się, w każdym razie nie „po prostu".

I jeszcze parę słów o Nas. Kiedyś do stopy skazańca przykuwano kulę, która utrudniała mu ruchy. Nie chciałbym, droga

Ruth, aby myśl o mnie podobnie Cię krępowała, przeszkadzała Ci w normalnym życiu. Proszę Cię, droga Ruth, mówię to serio. Nie chcę Ci przeszkadzać. Pomyśl, proszę, o liście ode mnie, który posłałem Ci trzy miesiące temu, i żyj tak, jakby mnie nie było. Bo przecież już mnie nie ma. (...) Wszystkiego, co najpiękniejsze, droga Ruth —

Twój Filja.

28 stycznia w godzinach wieczornych Filip Halsmann został przetransportowany na dworzec główny w Innsbrucku, aby udać się w drogę do męskiego zakładu karnego w Stein nad Dunajem. W towarzystwie dwóch strażników sądowych wsiadł do nocnego pociągu, który następnego ranka miał dotrzeć do Krems. Podróżowali w przedziale zarezerwowanym dla przewozu więźniów, Halsmann w kajdankach, chociaż zapewnił, że nie zamierza podejmować próby ucieczki. W jaki sposób i dokąd miałby uciekać? Funkcjonariusze jednak oświadczyli, że muszą się trzymać surowych przepisów, w końcu jest on teraz prawomocnie skazanym przestępcą. Skrępowany i nie nawykły do takich więzów Filip rozbił sobie podczas jazdy okulary, co uznał za zły omen. Rozbite okulary przypomniały mu coś, co wydarzyło się podczas ostatniej podróży z ojcem. Było to w Dolomitach. Otworzył drzwi do swojego pokoju hotelowego i w tej samej chwili wiszące przy oknie lusterko do golenia spadło i pękło. Wtedy jeszcze Halsmann nie był przesądny, teraz jednak zaszła w nim zmiana. Jeśli rozbite lustro mogło przynosić nieszczęście, to dlaczego nie rozbite okulary?

W Krems czekał na nich samochód administracji więziennej, który zawiózł więźnia do Stein. Wkrótce po osadzeniu Halsmann poprosił naczelnika zakładu, radcę rządowego Alfreda Adamka, o przydział do prac piśmienniczych — był to przywilej zazwyczaj bez problemu udzielany więźniom z wyższym wykształceniem. Dyrektor chciał zobaczyć próbkę pisma. Uwagę Halsmanna o pechu z okularami i prośbę, aby zaczekać z próbą, aż okulary będą naprawione, gdyż bez szkieł korekcyjnych nie może należycie pisać, Adamek zbył: próba albo od razu, albo wcale. Wypadła ona, jak należało oczekiwać, źle i Halsmann na cały okres swojej kary został przydzielony do klejenia papierowych worków.

Radca rządowy Adamek był jednym z najbardziej doświadczonych urzędników w austriackim systemie penitencjarnym oraz gorliwym członkiem Obrony Ojczystej. Traktował prominentnego więźnia z pedantyczną surowością, dokładnie tak samo jak wszystkich innych wyrokowców. Halsmann zgodnie z własnym życzeniem siedział w pojedynczej celi. Długi pobyt w areszcie śledczym nadwerężył jego zdrowie, lekarz specjalista w Innsbrucku zdiagnozował symptomy tuberkulozy, znalazł stare gruźlicze blizny, ale również świeże ogniska. W Stein stan Halsmanna nadal się pogarszał. Przyczynił się do tego także więzienny wikt, który w Innsbrucku był o wiele lepszy. Inni więźniowie potrafili zapewnić sobie dodatkowe racje żywnościowe, ale nie Halsmann, który ze względów pryncypialnych odmawiał wszelkich udogodnień, zwłaszcza jeśli musiał o nie prosić. Dla ludzi o sztywnych zasadach moralnych pobyt w więzieniu jest dużo cięższy niż dla zwykłych skazańców, którzy dostosowują się do systemu. W końcu sierpnia 1930 roku stan zdrowia Halsmanna tak się pogorszył, że lekarz kazał go przenieść do więziennego szpitala. Tu Halsmann często przyjmował wizyty izraelickiego duszpasterza więziennego, wiedeńskiego rabina profesora Karla Kupfera, który prowadził z nim długie rozmowy o sztuce i literaturze.

Tego samego dnia, kiedy Halsmann wyruszył w drogę do zakładu karnego Stein, Austriacka Liga Praw Człowieka opublikowała „ostry protest przeciw nieludzkiemu wyrokowi, a zarazem przeciw systemowi, który taki wyrok umożliwia". Również liczni przyjaciele i rodzina Halsmanna nie zamierzali składać broni. Dla Ljuby Halsmann wyrok skazujący brata oznaczał podwójne nieszczęście. Po jego ewentualnym uniewinnieniu chciała wziąć ślub w Paryżu, teraz jednak zdecydowała się odwlec uroczystość, mimo że Filip błagał ją, aby tego nie robiła i poza wszystkim nie poświęcała dlań jeszcze i szczęścia osobistego. Ona jednak uważała za nieznośną myśl o zamążpójściu, gdy jednocześnie brat niewinnie siedzi w więzieniu. W najbliższych miesiącach Ljuba z całą energią oddała się kampanii na rzecz Filipa. Jeździła do Paryża i odwiedzała kolejno znane osobistości, wśród nich pisarza Georges'a Duhamela i przywódcę socjalistów Léona Bluma, których chciała pozyskać dla sprawy. Reakcje były bez wyjątku pozytywne. We Francji już wcześniej szczegółowo informowano o sprawie Halsmanna, w niemałej mierze również ze względu na paralele do afery Dreyfusa, którego niektórzy obrońcy wciąż jeszcze byli aktywni, wśród nich przede wszystkim Georges Clemenceau.

Także austriacka publicystka Berta Zuckerkandl, która prowadziła w Wiedniu znany salon i utrzymywała znakomite stosunki z wpływowymi sferami w Austrii i Francji, zaoferowała swoją pomoc. Pozostawała w ścisłym kontakcie z Georges'em Clemenceau, który był jej szwagrem. W swoim czasie Zuckerkandl wstawiała się już za kapitanem artylerii Alfredem Dreyfusem i z dumą mówiła o sobie, że jest „dreyfusardką pierwszej godziny". Teraz interweniowała w Paryżu u zaprzyjaźnionego polityka Paula Painlevé, podówczas ministra lotnictwa i prezesa Towarzystwa Francusko-Austriackiego. Painlevé zagadnął w sprawie afery świeżo nominowanego kanclerza Austrii, Johanna Schobera, podczas jego pierwszej wizyty w Paryżu w kwietniu 1930 roku. Schober obiecał, że będzie zabiegał o ułaskawienie Halsmanna.

W liście do zamężnej w Paryżu siostry Berta Zuckerkandl przedstawiła całkiem nową wersję wydarzeń w Tyrolu, które wywołały znaną już w całej Europie aferę. Według tej wersji, radykalnie odbiegającej od wszelkich dotychczasowych wykładni, Morduch Halsmann podczas wyprawy górskiej doznał nagle niedyspozycji: „Osunął się na ziemię. Zawał serca. Chłopak jął rozpaczliwie szukać pomocy. W dość odległej gospodzie zastał osamotnionego gospodarza. Aż do chwili stwierdzenia przyczyny zgonu zwłoki pozostawały w miejscu wypadku. Nie było na nich najdrobniejszej rany. Nieszczęsny syn pogrzebał ojca". Teraz dopiero — pisze Zuckerkandl — zaczęto poszeptywać i przebąkiwać, złe języki puściły w ruch plotkę. Nagle gospodarz zeznał, że widział ze swojego domu, jak syn zadał ojcu cios, aż ten stoczył się w dół zbocza. „Ta wypowiedź wystarczyła, by wnieść okrutne oskarżenie o ojcobójstwo".

Mówiąc o gospodarzu, Zuckerkandl mogła mieć na myśli tylko Josefa Edera z Chaty Dominika. On jednak nic podobnego nie zeznał, nigdy też nie twierdził, że widział syna w chwili czynu. Również w innych punktach opis był czystym wymysłem — zwykłym kłamstwem. Berta Zuckerkandl powoływała się w liście na relację profesora prawa z Uniwersytetu w Wiedniu, wymieniając tylko inicjał H. Mogło tu chodzić wyłącznie o profesora Josefa Hupkę, który chciał nadać sprawie nowy bieg. Ale profesor Hupka dobrze znał prawdziwy stan rzeczy, był jurystą i wystrzegałby się rozpowszechniania takich niedorzeczności. Czy pani Zuckerkandlowa padła ofiarą mistyfikacji? List do siostry, opublikowany w jej wspomnieniach po śmierci Berty, nosi jedynie datę roczną: 1929. Wszelako w ciągu owego roku we wszystkich gazetach roiło się od sprawozdań z procesu Halsmanna, wszelkie detale były świetnie znane i wałkowane przez opinię publiczną aż do przesytu. Tym bardziej zdumiewające, że wersja puszczona w obieg przez Bertę Zuckerkandl, nie mająca żadnego związku z faktami, do dziś widnieje w przekazach i wręcz uchodzi za gwarantowaną prawdę historyczną.

„Gmina Halsmanna", jak prokurator Siegfried Hohenleitner z Innsbrucku nazwał kiedyś przyjaciół studenta, nie pomijała żadnej sposobności do pozyskania prominentnych stronników. Zaliczał się do nich Albert

Einstein, który w liście do prezydenta Wilhelma Miklasa prosił o łaskę dla skazanego. List Einsteina nie został opublikowany, gdyż obawiano się, że kolejny znany żydowski głos tylko może zaszkodzić skazańcowi w oczach austriackiej opinii publicznej. Walcząca o prawa kobiet pacyfistka Marianna Hainisch, matka prezydenta Michaela Hainischa (1920–28), zabiegała o to, by chrześcijańskie organizacje kobiece zbierały podpisy w sprawie ułaskawienia Halsmanna. W krótkim czasie zgromadzono tych podpisów dwadzieścia tysięcy. Najbardziej zadziwiająca inicjatywa wyszła jednak z Innsbrucku. Z inspiracji Franza Pesslera przysięgli, którzy w drugim procesie uznali Halsmanna za winnego, wystosowali do prezydenta prośbę o łaskę. Nie podpisało jej tylko dwóch spośród dwunastu.

„Niżej podpisani uczestniczyli w drugim procesie karnym przeciw Filipowi Halsmannowi jako przysięgli. Niżej podpisani wydali w tym procesie werdykt w zgodzie z najlepszą wiedzą i sumieniem. Opinie w kwestii winy i niewinności były rozbieżne. Osiem głosów opowiedziało się za winą, cztery za niewinnością. Przysięgli są jednak zgodni co do tego, że chodzi tu o ciężko doświadczoną przez los rodzinę, która została pozbawiona swego żywiciela, oraz że skazany cieszył się dotąd nieskazitelną opinią. Przez wzgląd na fakt, że orzeczenie winy zapadło wyłącznie na podstawie dowodu poszlakowego i że egzystencja rodziny jest narażona na szwank, niżej podpisani przysięgli proszą, w pełni podtrzymując wydany przez siebie werdykt, o okazanie łaski”.

Do Kancelarii Prezydenta przy wiedeńskim Ballhausplatz napływały z kraju i zagranicy liczne prośby o ułaskawienie. Syndyk dr Wilhelm Geilenkirchen z Bonn, jeden ze świadków w procesie, wystosował petycję, w której na ośmiu stronicach wyliczał powody swojego przekonania o niewinności skazańca. Z Drezna pisali koledzy Halsmanna ze studiów, którzy poznali go jako pilnego, mądrego, kochającego prawdę i szlachetnego człowieka, a zatem żadną miarą nie mogą uwierzyć, że popełnił tę okrutną zbrodnię. Również znany filozof prawa, Gustav Radbruch, w latach 1920–24 deputowany do Reichstagu z ramienia SPD, a w 1921 i 1923 roku niemiecki minister sprawiedliwości, prosił prezydenta o łaskę dla Halsmanna. Do petycji Radbrucha była dołączona prośba z podpisami dwustu heidelberskich studentów i siedmiu profesorów. W Rydze swoją petycję podpisali deputowani do łotewskiego parlamentu i profesorowie uniwersyteccy. Tylko jedna osoba nie chciała prosić o ułaskawienie, mianowicie sam skazany, który nie pragnął łaski, lecz sprawiedliwości. Wbrew woli Filipa również jego najbliżsi krewni wysłali prośby do prezydenta: Moritz Halsmann i Dora Grekpec z Rygi jako ostatni z żyjącego rodzeństwa zamordowanego i wreszcie matka oraz siostra skazańca, które 26 kwietnia 1930 roku pisały do głowy państwa:

„Ponieważ droga prawna jest już zamknięta, błagamy o łaskę, która spowoduje zwrot w jego nieszczęsnym losie. Zapewne łaska nie zapewni tego, do czego przede wszystkim pragniemy dążyć: rehabilitacji naszego syna i brata".

W obliczu licznych petycji Kancelaria Prezydenta zwróciła się do Ministerstwa Sprawiedliwości o dane dotyczące trwania kary. Ministerstwo zasięgnęło języka w Stein, skąd przekazano precyzyjne informacje:

Początek odbywania kary: . . . . 23 I 1930
Osadzony w dniu: . . . . 29 I 1930
Areszt zaliczony w poczet
odbywania kary: . . . . 10 IX 1928 — 19 X 1929
Areszt niezaliczony w poczet
odbywania kary: . . . . 19 X 1929 — 23 I 1930
Początek odbywania kary w celi jednoosobowej: 31 I 1930
Aktualnie nadal w celi jednoosobowej.
Koniec odbywania kary
przy zwolnieniu warunkowym: . . . . 11 III 1931
Przy dalszym zatrzymaniu w celi jednoosobowej: 30 I 1932
Koniec kary według orzeczonego wyroku: . . . 14 XII 1932

Narastający nacisk opinii publicznej, aby przez ułaskawienie Halsmanna skończyć z aferą, nie umknął też uwadze Sądu Krajowego w Innsbrucku. Łamano tam sobie głowę nad sposobami pokrycia kosztów postępowania. Prezydium Sądu Krajowego wysyła w tej sprawie sprawozdanie do Ministerstwa Sprawiedliwości, informując, że wystosowano już do Filipa Halsmanna nakaz płatności, ponieważ „senat jednomyślnie uznał sumę kosztów za ściągalną". Bądź co bądź ojciec Halsmanna posiadał między innymi nieruchomości w Rydze, dom w Berlinie i dom w Zurychu. Ewentualne próby egzekucji należy więc zapewne podejmować za granicą, przy czym istnieje możliwość, „że Halsmann dla uniknięcia tych kosztów formalnie wyzbędzie się prawa do spadku, a nawet że na podstawie orzeczonego przeciw niemu wyroku, którego słuszności jednak nie uznaje, złoży deklarację o swojej niezdolności do objęcia spadku".

Najwyraźniej okoliczność, że skazany mógłby za pomocą tego triku uzyskać status osoby bez majątku, a zatem niewypłacalnej, bardzo martwiła urzędników wydziału rachunkowego, toteż nie omieszkano zastrzec, że w przypadku zamierzonego ułaskawienia „nie należy pominąć uprzedniej opłaty kosztów, a to nie tylko przez należny wzgląd na skarb państwa, lecz także dlatego, iż wobec psychicznej dyspozycji Filipa Halsmanna należy się liczyć z propagandowym wykorzystywaniem przezeń faktu nieuiszczenia owej opłaty jako skutecznej obrony jego postawy negującej zasadność wyroku".

Dalej następowało zestawienie kosztów w sprawie karnej przeciw Filipowi Halsmannowi oskarżonemu o zbrodnię morderstwa. Lwią część stanowiły wypłaty dla rozmaitych biegłych, w sumie 8 tys. 794 szylingi i 74 grosze, następnie koszty eskorty, razem 683 szylingi i 16 groszy, koszty aresztu śledczego od 10 września 1928 roku, godz. 23.00, do 31 stycznia 1930 roku, godz. 10.00: 499 dni po jednym szylingu i 50 groszy za dzień dawało w sumie 748 szylingów i 50 groszy. Cała suma wynosiła 10 tys. 381 szylingów i 40 groszy.

Kwota była pokaźna i zamierzano wyegzekwować ją od oskarżonego lub od jego rodziny. W każdym razie jeszcze zanim zostanie ułaskawiony i — w związku z tym — wydalony z Austrii.

ROZDZIAŁ SIEDEMNASTY

Władze miały nadzieję, że po drugim procesie kasacyjnym, w którym wyrok na Halsmanna został utrzymany w mocy, przykra afera wreszcie przestanie być źródłem niepokoju. Ale gazety bynajmniej nie zamierzały pozbyć się sprawy z nagłówków. Głos zabierali kolejni eksperci, psychologowie, psychiatrzy i prawnicy, którzy krytykowali ten lub ów aspekt postępowania. Były wśród tych fachowców sławy jak profesor Karl Marbe, dyrektor norymberskiego Instytutu Psychologii, jeden z najbardziej szanowanych w Niemczech biegłych psychologów, szwajcarski psychiatra Eugen Bleuler, który zasłynął jako teoretyk, lecz również jako szef rozmaitych placówek lecznictwa psychiatrycznego, psychiatra Willi Gutmann z Wiednia i uczony jurysta, profesor Josef Hupka. Młody socjolog i psychoanalityk Erich Fromm, który później stał się twórcą psychoanalizy socjologicznej i psychoanalitycznej antropologii, opublikował w styczniu 1930 roku w „Vossische Zeitung" fundamentalny szkic pod tytułem *Edyp w Innsbrucku. O procesie Halsmanna.* Oprócz miażdżącej krytyki pod adresem psychiatrów z Innsbrucku znalazła się tam przekonująca hipoteza, pozwalająca zrozumieć „samobójcze" zachowanie Filipa Halsmanna przed sądem.

„Przypadek Halsmanna jest psychologiczną zagadką. Tym bowiem, co ściąga podejrzenie na Halsmanna, nie jest, jak zwykle, narzędzie zbrodni czy plama krwi, ani też dowiedziony motyw morderstwa, lecz fakt, że uparcie trzyma się on opisu pewnego stanu rzeczy — mianowicie: ojciec zginął wskutek nieszczęśliwego wypadku — rzeczoznawcy zaś dowodzą, że ten opis jest fałszywy: śmiertelne rany nie mogły wszak wziąć się z upadku, lecz są następstwem napaści z użyciem przemocy. Gdyby Halsmann powiedział, że nie wie, jak zginął ojciec, gdyby nie bronił z takim uporem i pewnością tezy o nieszczęśliwym wypadku, to raczej nie wniesiono by przeciw niemu oskarżenia, a jeszcze mniej prawdopodobny byłby wyrok skazujący".

Obrona usiłuje wyjaśnić — ciągnie Fromm — dlaczego oskarżony tak kurczowo uchwycił się ewidentnie fałszywego opisu, i obstaje przy takiej oto możliwości, że widok śmiertelnie rannego ojca spowodował u syna coś w rodzaju szoku, a właściwie ciężką traumę i lukę w pamięci, którą wypełnił on potem własną fantazją. Wszelako nie zdołała przekonująco wytłumaczyć, dlaczego ten całkowicie normalny, jak by się wydawało, człowiek zareagował na widok umierającego ojca amnezją.

Psychiatrzy z Innsbrucku — pisze dalej Fromm — napomknęli, że można zakładać u Halsmanna występowanie Freudowskiego kompleksu Edypa, zrezygnowali jednak z pójścia tym śladem, ponieważ jakoby zabrakło im danych. Najwyraźniej wyobrażali sobie kompleks Edypa jako pragnienie zabicia ojca, jakie żywią różni chorzy ludzie. Gyby jednak eksperci z Innsbrucku doczytali kilka rozdziałów u Freuda, to odkryliby nie tylko, że kompleks Edypa nie jest anomalią, lecz również, „że nieświadoma wrogość między ojcem i synem wyraża się w snach, symptomach neurotycznych, właściwościach charakteru, ale zazwyczaj nie prowadzi do prawdziwego morderstwa. (...) Gdyby było inaczej, większość ludzi popełniałaby ojcobójstwo".

Zdaniem Fromma to i owo rzeczywiście przemawiało za istnieniem nieświadomych napięć między ojcem i synem. Choćby ów nawyk ojca: żartobliwe wzmianki, wygłaszane przy każdej okazji, że gdyby coś mu się przytrafiło, to syn tylko czyha na spadek po nim. Taki żart, zwłaszcza często powtarzany, z reguły wskazuje na nieświadome, wrogie napięcia, które w chwili wypadku być może się nasiliły, ponieważ ojciec zmuszał syna do wyczerpujących wypraw.

„W takim nastroju syn wędruje z ojcem i nagle słyszy jego krzyk, widzi go leżącego ze śmiertelnymi ranami. Ten widok działa na niego jak ciężka trauma, gdyż nagle staje mu plastycznie przed oczyma wszystko to, co stanowiło treść jego najtajniejszych, najgwałtowniej potępianych przez sumienie i całkowicie wypieranych ze świadomości życzeń i emocji. Wprawdzie nigdy nie uczynił ojcu nic złego i nigdy w życiu nie wyrządziłby mu zła, ale nagły widok umierającego ojca otwiera otchłań tego, co nieświadome, otchłań, przed którą można się ratować tylko ucieczką w amnezję. Przez mgnienie oka być może triumfują agresywne pragnienia w stosunku do ojca, ale już w następnym okamgnieniu poczucie winy z powodu tych pragnień — stale tłumionych i całkowicie wykluczonych ze sfery ewentualnej realizacji — nabiera takiej mocy, że pozostaje tylko jedno wyjście: wyprzeć całą tę sytuację i trwać przy fantazji, która przynosi ulgę. Najdrobniejszy ślad nieświadomych pragnień musi ulec zatarciu, nie po to, by zapewnić oskarżonemu przychylność sędziów (bo akurat w ten sposób pogarsza on przecież swoją pozycję i być może wolno nam dostrzegać w tej niezręcznej postawie przed sądem znamię nieświadomej kary nałożonej przezeń na samego siebie). Owo zatarcie ma uśmierzyć nieświadome poczucie winy Halsmanna — właśnie dlatego utrzymuje on, że ojciec nie mógł zginąć z ręki mordercy, lecz wskutek zawinionego przez siebie wypadku.

Wniesionego przez oskarżenie materiału, który dotyczy wrogości syna względem ojca, nie wystarczy więc nigdy do wyjaśnienia morderstwa, ale wystarczy go być może, żeby wyjaśnić szokowe oddziaływanie nagłego widoku umierającego ojca, to znaczy — amnezję (lukę w pamięci)".

Szkic Fromma w „Vossische Zeitung" przedrukował niebawem renomowany dwumiesięcznik „Die psychoanalytische Bewegung", w którym publikował również Freud. Nawiązanie do kompleksu Edypa w ekspertyzie fakultetu medycznego skłoniło wreszcie Zygmunta Freuda do zajęcia stanowiska, które jednak ujrzało światło dzienne zbyt późno, by wywrzeć jeszcze wpływ na bieg wydarzeń.

Freud pisał: „Gdyby obiektywnie dowiedziono, że Filip Halsmann zabił swojego ojca, wolno byłoby oczywiście powoływać się na kompleks Edypa dla umotywowania czynu w przeciwnym razie niezrozumiałego. Ponieważ takiego dowodu nie dostarczono, wzmianka o kompleksie Edypa wydaje się myląca; w każdym razie jest ona daremna. Badania, które odsłoniły istniejące w rodzinie niezgodności między ojcem a synem, w żadnej mierze nie wystarczają jako uzasadnienie tezy o złym stosunku syna do ojca. Nawet gdyby było inaczej, trzeba by powiedzieć, że droga stąd do takiego czynu jest jeszcze daleka. Właśnie z powodu swojej wszechobecności kompleks Edypa nie pozwala wnioskować o sprawstwie. Łatwo wytworzyć sytuację ze znanej anegdoty: dochodzi do włamania. Jako sprawca zostaje skazany człowiek, u którego znaleziono wytrych. Zapytany po ogłoszeniu wyroku, czy ma jakieś uwagi, żąda on, aby ukarać go również za zdradę małżeńską, ponieważ niezbędne do tego narzędzie też ma przy sobie" (*Orzeczenie fakultetu w procesie Halsmanna*, w: „Neue Freie Presse", 14 grudnia 1930).

Wiedeński adwokat, dr Ernst Ruzicka, w całej serii artykułów w „Neue Freie Presse" próbował zrekonstruować śmierć Morducha Maksa Halsmanna i zbliżyć się do rozwiązania zagadki. Przestudiowawszy wnikliwie dostępny materiał, Ruzicka doszedł do wniosku, że czyn według wszelkiego prawdopodobieństwa został popełniony przez nieznaną osobę trzecią; syn ofiary był w jego oczach niewinny.

Jednak wciąż chodziło tylko o hipotezy, detektywistyczne zabawy umysłowe, a one nie stanowiły wystarczającej podstawy, żeby ponownie nadać bieg zamkniętej już sprawie. Do tego potrzeba było nie teorii, lecz nowych świadków, nowych niezbitych dowodów, a najlepiej prawdziwego sprawcy. Ale żaden ślad prawdziwego sprawcy się nie pojawiał.

I nagle na scenę znów wkroczyła osoba znana już z krótkiego występu w prasie i przed sądem: bezdomny, niejaki Schneider, który swego czasu proponował rodzinie Halsmanna, że zgłosi się jako morderca. Najwyraźniej Schneiderowi spodobała się drugoplanowa rola, jaką miał okazję krótko odegrać w aferze, bo kilka tygodni po uniewinnieniu z braku dowodów zameldował się znów, tym razem u Ernsta Ruzicki, którego nazwisko znał z gazet. Najpierw napisał do niego list, opowiadając w nim, że przypadkiem poznał w wiedeńskiej winiarni podpitego człowieka, który wyjawił mu, że jest mordercą starego Halsmanna. Ruzicka wiedział oczywiście o licznych mistyfikacjach, jakie już się zdarzyły w tej sprawie, a również nazwisko autora listu nie było mu obce. Mimo to spotkał się kilkakrotnie z bezdomnym, który wreszcie 24 lutego 1930 roku złożył w jego kancelarii list z zastrzeżeniem, że dopiero kiedy wyjdzie za drzwi, wolno otworzyć kopertę. Rojące się od błędów pismo oprócz życiorysu zawierało „Przyznanie się do winy! 10 IX 28 w Vallée de Ziller".

Schneider przedstawiał swoją drogę życiową — syna prostych ludzi, który popadł w złe towarzystwo, nigdzie nie zagrzewał miejsca i żył głównie z drobnych kradzieży — a następnie opisywał, jak we wrześniu 1928 roku przybył do Tyrolu, skąd zamierzał przez zieloną granicę dostać się do Włoch. W pobliżu Mayrhofen spotkał starszego jegomościa, którego nagabnął o jałmużnę, na co ten go zbeształ i przegnał. Z Mayrhofen Schneider powędrował potem do Doliny Zamser, gdzie wyczerpany długim marszem zasnął przy drodze, aż obudziły go podniesione głosy. Rozpoznał człowieka, który wcześniej go łajał. Teraz kłócił się on z młodszym towarzyszem, który wnet się oddalił.

„Gościu zatrzymał się nagle i mocował z czymś – – – tom cisnął w niego kamieniem (nie żebym chciał albo myślał ubić). Co było później nie wiem bom musiał leżyć co by się nie zdradzić. Po jakim tam czasie chciałem zyrknąć gdzie poszedł alem nikogo w bliskości nie widział tylko głos usłyszałem bo żem szukał a rozglądał się za jakim to inszym miejscem i żem się zbliżył do zbocza. Co widzę – – – Chciałem pomóc człowiekowi wyciągnąć gościa co by podejrzanym nie być bo żem sam na pewniaka tego nie wiedział czy to nie mój kamień go trafił. To żem się cafnął co by tam podejść od boku. Przy zakręcie (małym) żem wylazł. Słyszę tylko tamtego jak skamle ociec — ociec. Szarpał się z czemś i poszedł zaraz jak pijany. Stałem tam jakby w ziemię wrośnięty ze strachu (aż dziw że Halsmann mnie nie widział bo się parę razy obrócił) — a jak żem do sił przyszedł chciałem gościa sam wyciągnąć — żyw był jeszcze!! — ręce żem miał czerwone od krwi wykopyrtnąłem się na śliskim parę razy to i buty żem przemoczył. – – – Wtedy żem zaczął po inszemu kombinować. Buty żem miał kiepskie to chciałem jego wziąć i kieszonki przepatrzyć. Akurat żem go trochę przewracać zaczął a tu chyta mnie łapa od tylca za brzeg kapoty — strach mnie wziął — kamucha chyciłem – – – co dalej było nie chcę opowiadać. (...) Taka moja przeszłość i część tajemnicy na dnie serca skrytej – – – A jednegom jest pewien że będą się dziwować żem jest mordercą Halsmanna i taki zły ze mnie chłopak!!! Ale taka to prawda!

Schneider Johann (manu propria)
Wiedeń, d. 24 II 29
Wiedeń, x. Gänzbachergasse 3"

Dr Ruzicka przekazał datowane na luty 1929 roku „przyznanie się" policji, która najpierw poprosiła Innsbruck o wytyczne, jakie ma zająć stanowisko; ostatecznie nie brakowało dotąd rzekomych świadków i sprawców, którzy po bliższym sprawdzeniu okazywali się oszustami — samego Schneidera nie wyłączając. Dwa dni później Schneider znów zjawił się w kancelarii Ruzicki i dopytywał, dlaczego jeszcze go nie aresztowano. Ruzicka w obecności świadków odebrał od niego uzupełniającą relację, w której Schneider stwierdził, że od pierwszego zetknięcia ze starym Halsmannem do czynu mogły upłynąć dwa lub trzy dni. Poza tym przyznał, że być może doszło między nim a ofiarą do walki, której jednak już nie pamięta. Powiedział też, że przywłaszczył sobie szwajcarskie pieniądze z portfela Halsmanna; austriackich pieniędzy nie widział. Jego koszula po dokonaniu czynu była cała we krwi. Kamień odrzucił, drugi kamień ukrył w trawie. A w ogóle to przyszedł do adwokata z własnej woli i bynajmniej nie oczekuje wynagrodzenia finansowego.

Wtedy Ruzicka zwrócił się do policji o pojmanie bezdomnego. Policja jednak nadal nie wierzyła w wyznania Schneidera, a również obrońcy Halsmanna uważali go za kłamcę i notorycznego lumpa. Większość gazet określała Schneidera po prostu jako błazna. Tylko Ernst Ruzicka, znany wiedeński obrońca karny z dobrze prosperującą kancelarią, wierzył Schneiderowi, który został postawiony przed Sądem Krajowym do Spraw Karnych numer 1 w Wiedniu — jednak tylko w związku z podejrzeniem zaniechania działań zapobiegających przestępstwu.

Dwa tygodnie później Schneider odwołał to, co powiedział, i dodał, że w pierwszym tygodniu września 1928 roku pojechał na rowerze do Niemiec, a stamtąd do Alzacji, gdzie w przededniu morderstwa zgłosił się w koszarach francuskiego batalionu strzelców, ponieważ chciał się dostać do legii cudzoziemskiej. Rzeczywiście się zaciągnął, spędził w koszarach parę dni, potem jednak przeszła mu ochota na legię i zażądał zwrotu paszportu. Następnie został wydalony z Francji. Władze francuskie potwierdziły zeznania Schneidera. Istotnie 7 września 1928 roku, trzy dni przed morderstwem, francuski patrol graniczny pojmał Schneidera i dostarczył do koszar w Weißenburgu, skąd zwolniono go 13 września i odstawiono do granicy. Na czas, w którym popełniono czyn, Schneider miał więc żelazne alibi. Pytany o motyw fałszywego wyznania winy znów mówił o nadziei, że w ten sposób jakoś zapewni sobie byt. Jak miałoby się to udać, nie potrafił powiedzieć. Potrzebne wiadomości o miejscu i przebiegu zdarzenia zaczerpnął jakoby z „Kronen-Zeitung".

Znów zatem kłamca, ważniak, człowiek o chorobliwej potrzebie bycia kimś, pragnący przeczytać w gazecie własne nazwisko — choćby nawet jako fałszywy morderca. Również Ruzicka miał Schneidera za kłamcę, zarazem jednak dumał nad jego alibi, które wydawało mu się zbyt dobrze zmajstrowane. Ruzicka uważał, że przyznanie się Schneidera do morderstwa było prawdziwe. Jestem być może ostatnim człowiekiem na świecie, który jeszcze w to wierzy, pisał Ruzicka do profesora Rittlera w Innsbrucku, również adresata niejednego listu od Schneidera: „Przypadek przywiódł do mnie Johanna Schneidera, sprawił, że zaznajomiłem się ze wszystkim, co odgrywa rolę w tej sprawie, i uważałbym, że nie dopełniłem obowiązku — choćby przez wzgląd na to minimalne prawdopodobieństwo — gdyby miało mi zabraknąć energii potrzebnej do rozjaśnienia mroku, jaki spowija w tej chwili Johanna Schneidera i jego udział w tej straszliwej historii".

Ernst Ruzicka jeszcze przed zetknięciem ze Schneiderem intensywnie zajmował się sprawą Halsmanna, teraz jednak pochłonęła go ona bez reszty. W najbliższych tygodniach i miesiącach przekopał się przez wszystkie dostępne dokumenty, korespondował z obrońcami, świadkami, biegłymi i podjął własne śledztwo, również na miejscu zdarzenia. W końcu przedstawił nową teorię, czyli własną opinię na temat ewentualnego przebiegu krwawego zajścia. Wstępnie zakładał, że wyznanie Schneidera zgadza się w najdrobniejszych szczegółach ze współrzędnymi miejsca i okolicznościami czynu, należy je tylko prawidłowo odczytać.

Jak pisał Schneider, w dniu morderstwa spał on w krzakach powyżej drogi nad potokiem Zamser; zbudziła go rozmowa Halsmannów, zobaczył, że młodszy z nich się oddala, i cisnął kamieniem w starszego, powalając go w ten sposób na ziemię; następnie wściekle natarł na ofiarę, ściągnął ją w dół zbocza i ukrył się, ponieważ usłyszał nadchodzącego syna. Kiedy syn pospieszył szukać pomocy, Schneider dokończył krwawego dzieła, zabrał z portfela ofiary franki szwajcarskie, rozrzucił trochę papierów i w końcu zniknął jak kamfora.

Ale co z alibi, które potem przedstawił Schneider? Wydawało się niepodważalne, potwierdziły je przecież władze francuskie. To nie zbiło Ruzicki z tropu. Schneider odwołując swoje wyznanie winy, wymienił drugiego Austriaka, który przebywał z nim we francuskich koszarach w Weißenburgu. Adwokat odnalazł go; ten świadek również był niebieskim ptakiem i podobnie jak Schneider miał plan, by pójść do legii cudzoziemskiej, wkrótce go porzucił, po czym został wydalony z Francji. Widocznie był to dość częsty przypadek i władze francuskie już wiedziały, jak postępować z takimi ladaco. Adwokat ustalił miejsce pobytu świadka: wylądował on w Konstantynopolu, dokąd Ruzicka wysłał list. W imię dotarcia do prawdy w jednej z najstraszliwszych spraw kryminalnych — pisał adwokat — prosi świadka o kilka ważnych informacji.

Minęły tygodnie i adresat listu zjawił się w kancelarii Ruzicki. Podał do protokołu, że istotnie spotkał Schneidera w weißenburskich koszarach. Ale w niedzielę, 9 września, Schneidera już tam nie było. Nie należy jednak zakładać, że opuścił koszary drogą legalną, raczej wymknął się potajemnie. Być może przekroczył potem nielegalnie granicę niemiecką i zatrzymał w Niemczech jakiś samochód. Tym sposobem można w stosunkowo krótkim czasie pokonywać wielkie odległości — świadek to wie z własnej praktyki. Istotnie obecność Schneidera w koszarach potwierdzają jedynie wpisy w książce stołówkowej. Zgodnie z nimi w dniach 7–13 września 1928 roku wydano Johannowi Schneiderowi jedenaście posiłków. Ale Ernst Ruzicka jako audytor wojska austriackiego podczas wojny światowej wiedział z własnego doświadczenia, że takie dokumenty prowadzi się często bardzo niechlujnie. Być może inny kandydat do legii meldował się za Schneidera u wydającego posiłki, aby dostać drugą porcję? Istnieje kilkudniowa luka i wtedy to Schneider mógł pojechać do Tyrolu, by zabić starego Halsmanna, a następnie być może wrócił do koszar, gdzie jego nieobecność nie rzuciła się w oczy.

Tę teorię Ruzicka wyłożył nawet w książce, którą wydał później w Wiedniu: *Morderstwo Maksa Halsmanna. Klucz do prawdy.* Napisał tam:

„Demon prowadził swoją okrutną grę, wszystko pogmatwał, zwiódł na manowce wszystkich uczestników sprawy: dotkniętego nieszczęściem syna i tych, co chcieli spieszyć mu z pomocą, znalazcę zakrwawionego kamienia i tych, którzy sądzili, że muszą przykryć noszami kałużę krwi, sędziego, co zapomniał udzielić pouczeń prawnych, i owych biegłych, którzy nie cofając się przed ostatnią konsekwencją, podporządkowali swoje orzeczenie własnej pomyłce co do osoby sprawcy. Włóczęga cisnął kamieniem i z tego rzutu wynikły ciężkie *errores in procedendo*, z nich zaś — wielki *error in iudicando*, który miał zniszczyć trzy egzystencje ludzkie, a austriacki wymiar sprawiedliwości postawić w centrum światowej dyskusji. Na taki los nie zasłużyło sobie ani to skądinąd nieposzlakowane sądownictwo, ani osoby bezpośrednio dotknięte sprawą".

Władze nie dały wiary teorii Ruzicki. W czerwcu 1930 roku gremium ławnicze w Wiedniu skazało Johanna Schneidera na cztery miesiące więzienia za zaniechanie działań zapobiegających przestępstwu oraz próbę oszustwa.

Również niejaki Franz Platzer, który w październiku 1929 roku zgłosił się najpierw jako świadek niewinności Halsmanna, a następnie utrzymywał, że do tych fałszywych zeznań skłonili go nieznajomi mężczyźni, nie uniknął kary. Podlegający jurysdykcji w Stilfs w południowym Tyrolu, wielokrotnie wcześniej karany Platzer otrzymał w Innsbrucku wyrok osiemnastu miesięcy więzienia o zaostrzonym rygorze.

Największą sensację wzbudził jednak proces przeciw wiedeńskiej gazecie „Der Morgen" z powodu karykatury, która obraziła najwyższych sędziów. Odpowiedzialny za to redaktor Josef Koller został oskarżony o bluźnierstwo, czyli przestępstwo przeciw religii, oraz o wykroczenie w postaci obrazy czci członków Sądu Najwyższego. Po dłuższych roztrząsaniach prawniczych, czy kompetentne w sprawie jest gremium ławników, czy też sąd przysięgłych, ostatecznie uwolniono Kollera od zarzutu bluźnierstwa, natomiast za drwiny z Sądu Najwyższego skazano go na grzywnę w wysokości tysiąca pięciuset szylingów.

30 września 1930 roku prezydent Austrii Wilhelm Miklas ułaskawił Filipa Halsmanna. Ułaskawienie nastąpiło w ramach okresowego aktu obejmującego sto dwadzieścia dziewięć osób, z których każdej darowano połowę kary. Był to rutynowy akt administracyjny. Ponieważ Halsmann na własne życzenie cały okres odsiadywania wyroku w Stein spędził w pojedynczej celi, a dwa miesiące pojedynczej celi liczyły się za trzy miesiące, w istocie odsiedział przewidzianą wyrokiem połowę kary, czyli dwa lata. Matka Halsmanna, która 30 września, nie pierwszy już raz, odwiedziła Ministerstwo Sprawiedliwości, by się dowiedzieć, kiedy może liczyć na zwolnienie syna, dowiedziała się o akcie łaski dopiero wieczorem z radia.

Następnego ranka naczelnik zakładu karnego dla mężczyzn w Stein, radca rządowy Adamek, kazał przyprowadzić więźnia Halsmanna i powiadomił go o ułaskawieniu. Matka i siostra Halsmanna, a także jego przyjaciółka Ruth Römer, przyjechały tymczasem do Stein autem, które oddał im do dyspozycji wiedeński znajomy. Niedługo później przybył do zakładu karnego również adwokat Erich Saxl, wiedeński zastępca doktora Paula Mahlera. O piątej po południu, po wydaniu Halsmannowi prywatnej garderoby i załatwieniu wszelkich niezbędnych formalności, zaprowadzono go do tylnego wyjścia z budynku, przed którym czekał samochód z dwoma funkcjonariuszami policji kryminalnej. Pojechali z nim do starostwa w Krems, gdzie Halsmann mógł wreszcie przywitać się z bliskimi. Matka i siostra chciały od razu zabrać go do Wiednia; zatrzymały się tam w Hotel de France. Jednak starosta poinformował je, że Filip Halsmann został wydalony z Austrii i w ciągu dwudziestu czterech godzin musi zostać przewieziony do jednej z granic kraju; może sobie wybrać, do której. Adwokat wiedeński natychmiast złożył odwołanie od tej decyzji, co pozwoliło odwlec procedurę. Jeszcze w ostatniej fazie całej sprawy władze wykazały się biurokratyczną, wręcz nieludzką małostkowością. Po całej serii rozmów telefonicznych doktorowi Saxlowi udało się uzyskać zgodę na to, żeby Halsmann mógł zaczekać na rozpatrzenie odwołania w pokoju hotelowym w Krems, gdzie pozostawał pod dozorem policyjnym. Eks więzień i jego bliscy zakwaterowali się w hotelu Róża, którego personel został zobowiązany przez policję do nieudzielania żadnych informacji na temat gościa. Oczywiście również wszyscy odwiedzający podlegali surowej kontroli. Chciano uniknąć wszelkiej sensacji. Ostatni akt sprawy miał się rozegrać możliwie potajemnie, niezauważalnie dla opinii publicznej — potem spektakl miał zniknąć z afisza.

Kilka dni później Filip Halsmann w towarzystwie matki, siostry i Ruth Römer opuścił Austrię.

EPILOG

Po wypuszczeniu z więzienia Halsmann zatrzymał się na jakiś czas w Meranie, dokąd zaprosił go pewien hotelarz, który śledził proces w gazetach i zawsze wierzył w niewinność oskarżonego. Dwudziestoczterolatek bezwzględnie potrzebował wypoczynku, bo długie miesiące spędzone w więzieniu zszarpały mu zdrowie. Halsmann wychudł, miał nadwerężone płuca i często cierpiał na nerwicowe bóle głowy. Z Meranu pojechał do Paryża na ślub siostry, która wreszcie mogła wyjść za mąż. Halsmann wydoskonalił w więzieniu swój francuski i postanowił zostać w Paryżu. Kontynuacja studiów w Dreźnie, gdzie do dyplomu brakowało mu tylko dwóch semestrów, nie wchodziła w rachubę, gdyż był osobą prawomocnie skazaną za ciężką zbrodnię.

W czerwcu 1931 roku Filip Halsmann ostatni raz spróbował jednak szukać sprawiedliwości w Austrii. Przez swojego adwokata w Innsbrucku, doktora Franza Pesslera, przekazał wiedeńskiemu Ministerstwu Sprawiedliwości prośbę, aby zleciło prokuraturze w Innsbrucku przesłuchanie nowych świadków w jego sprawie. Przede wszystkim należało raz jeszcze przepytać rzeczoznawcę, profesora Antona Werkgartnera, na okoliczność jego sprzecznych wywodów dotyczących braku śladów krwi. Halsmann ponownie przytoczył znane od dawna argumenty, które miały dowodzić jego niewinności. Uderzał rzekomo kamieniem trzymanym w gołej ręce; mimo to żadnego śladu krwi nie znaleziono pod jego paznokciami ani na jasnoszarych spodniach. „Dla każdej osoby bezstronnej — pisał — musi to być nieomylny dowód mojej niewinności". Jako adres zamieszkania podał na datowanej 15 czerwca 1931 roku petycji: Paryż VIII, 18, Rue d'Édimbourg. Zawód określił słowem „student".

Już po zwolnieniu Halsmanna ktoś niezaangażowany w sprawę podjął jeszcze jedną próbę nadania jej biegu. Josef Hupka, profesor prawa handlowego i wekslowego na Uniwersytecie w Wiedniu, opublikował w „Neue Freie Presse" obszerny artykuł pod tytułem „Fiat iustitia. *W obronie honoru Filipa Halsmanna*", gdzie wskazywał na liczne niedorzeczności w postępowaniu dowodowym i domagał się rehabilitacji skazanego. Honorową powinnością państwa — pisał jurysta, w latach 1926–27 dziekan wydziału prawa na Uniwersytecie Wiedeńskim — jest usunięcie krzywdy polegającej na tym, że bezpodstawnie skazany nadal uchodzi w życiu publicznym za sprawcę haniebnej zbrodni. Hupka osobiście interweniował w tej sprawie u ministra sprawiedliwości — bez skutku.

Pismo Halsmanna zostało przekazane z Wiednia do Innsbrucku, z dołączonym wezwaniem pod adresem prokuratury, aby zajęła stanowisko. Prokuratura zwróciła się do profesora Werkgartnera, ażeby raz jeszcze wypowiedział się na temat swojej ekspertyzy. Biegły oznajmił jednak tylko, że nie widzi powodu odstępować od swojego orzeczenia przedstawionego na rozprawie głównej. Tę odpowiedź prokuratura generalna w Innsbrucku przekazała Ministerstwu Sprawiedliwości. Prokurator generalny zakończył sprawozdanie uwagą, że nie widzi powodu, by wszczynać dalsze kroki śledcze.

Prośba Halsmanna została rozpatrzona negatywnie.

Również adwokat Ernst Ruzicka nie chciał się poddać i złożył w Sądzie Krajowym w Innsbrucku wniosek o ponowne wszczęcie postępowania karnego przeciw Filipowi Halsmannowi. Jednocześnie zawiadomił o popełnieniu przestępstwa przez Johanna Schneidera, domniemanego sprawcę zbrodni na Morduchu Halsmannie. Zarówno wniosek, jak i zawiadomienie zostały odrzucone. Tym samym austriacki wymiar sprawiedliwości uznał sprawę za ostatecznie zakończoną. Sprawa Halsmanna była zamknięta.

Władze akademickie w Paryżu okazały się mniej surowe niż w Dreźnie, dzięki czemu Halsmann mógł kontynuować studia. Stracił jednak zainteresowanie dla elektrotechniki; wymuszona przerwa i straszne przeżycia w Austrii wytrąciły go z utartych kolein i bardzo zmieniły. Już przedtem w wolnych chwilach chętnie zajmował się fotografią, także podczas nieszczęsnej podróży latem 1928 roku stale miał przy sobie aparat, żeby robić zdjęcia z urlopu. Jednak to przypadek zaważył na jego decyzji, że zostanie fotografem. Pomagał w pracach zdjęciowych przyjaciółce, która uczęszczała na kurs fotograficzny — wspominał Halsmann po latach — i przy tej okazji zakochał się po uszy w tym zajęciu. Mimo że matka z początku nie była zachwycona jego decyzją, zawiesił studia na kołku i zaczął pracować jako fotograf. Jako studio służył mu w pierwszym okresie pokój w małym, zamieszkiwanym głównie przez studentów hotelu, a czasem też salon zamężnej siostry. „Ponieważ w moich oczach najciekawszym obiektem fotograficznym była ludzka twarz, miałem nadzieję, że potrafię ją tak zgłębić, jak moi ulubieni autorzy, Tołstoj i Dostojewski, zgłębili naturę ludzką — rzetelnie i z psychologiczną wnikliwością", pisał w szkicu autobiograficznym. „Chciałem pokazać, że fotografia może być realistyczna, mocna, prosta i bardzo ostra". Tymi walorami wyróżniają się też jego zdjęcia. Ponieważ jego zdaniem w Paryżu nie było nikogo, kto mógłby go czegoś nauczyć, wszystko przyswajał sobie sam — samouk z przekonania.

Już w 1932 roku mógł wynająć pierwsze własne studio; przy rue Delambre, zaledwie kilka kroków od słynnej na Montparnasse Café du Dôme. W gablocie przed studiem wyłożył kilka zdjęć, które co tydzień wymieniał. To budziło ludzką ciekawość i zwracało uwagę na młodego fotografa, który w Paryżu zmienił nazwisko na Philippe Halsman. Zawsze interesował się sztuką i literaturą, teraz więc zaczął fotografować znanych artystów: André Gide'a, André Malraux, Jeana Giraudoux, Marca Chagalla i Le Corbusiera. Wkrótce też posypały się zlecenia od wielkich magazynów jak „Voilà", „Vogue" czy „Vu". W połowie lat trzydziestych Halsman uchodził już za jednego z najlepszych francuskich fotografów portrecistów. W 1937 roku ożenił się z koleżanką po fachu, Yvonne Moser, która zaczynała u niego jako asystentka.

Jakoś na początku lat trzydziestych rozpadł się związek Halsmana z młodą adeptką tańca, Ruth Römer, która tak dzielnie wspierała go w najtrudniejszym okresie. W 1930 roku, jeszcze przed ułaskawieniem skazańca, opublikowała jego listy z więzienia; pragnęła w tej książce pokazać ludziom, którzy znali jej przyjaciela tylko ze sprawozdań prasowych, jaki jest naprawdę. Ruth Römer wróciła do Berlina, gdzie mieszkała po przenosinach z Drezna, i kontynuowała swoje studia taneczne u Mary Wigman, która również w stolicy Rzeszy prowadziła własną szkołę.

Na początku lipca 1934 roku, trzy tygodnie przed próbą puczu narodowych socjalistów, którego ofiarą miał paść kanclerz Engelbert Dollfuß, nazwisko Halsmann raz jeszcze obiegło szpalty austriackiej prasy. Gazety wiedeńskie doniosły, że grób Morducha Maksa Halsmanna w żydowskiej części cmentarza zachodniego w Innsbrucku został zbezczeszczony przez nieznanych sprawców. Prasa w Innsbrucku przeprowadziła swoje śledztwo i sprostowała: istotnie wokół grobu rozrzucono swastyki z papieru czy kartonu, sama mogiła jednak nie doznała uszczerbku. Nieprawdziwa była też podawana w tym kontekście wiadomość, że niedługo przedtem syn odwiedził grób zamordowanego ojca. Filip Halsmann jako cudzoziemiec został po ułaskawieniu wydalony z Austrii, toteż jego powrót nie byłby możliwy — jeśliby w ogóle o taki powrót zabiegał, co nie jest prawdopodobne.

Kiedy wiosną 1940 roku zarysowała się perspektywa zwycięstwa Niemiec hitlerowskich nad Francją, rodzina Halsmana — jego żona wraz z urodzoną w 1939 roku córką oraz matka i siostra z dziećmi — wyjechała do Stanów Zjednoczonych. Wszyscy posiadali paszporty francuskie. Tylko Philippe Halsman nadal był obywatelem łotewskim, a limit Łotyszów przyjmowanych przez Stany — osiemnaście osób rocznie — został wyczerpany na lata naprzód. Krótko przed upadkiem Paryża Philippe, podobnie jak tysiące zagrożonych obcokrajowców, uciekł na południe, do Marsylii, by ratować się przed nazistami. Jego żona i siostra zwróciły się w Stanach o pomoc do Alberta Einsteina, który już w 1929 roku stawał w obronie skazanego; Einstein niezwłocznie interweniował u Eleanor Roosevelt. Za pośrednictwem zorganizowanego przez żonę prezydenta Emergency Rescue Committee, który pomagał w ucieczce do Stanów narażonym na niebezpieczeństwo artystom i naukowcom z Europy, Halsman dostał wreszcie, w ostatniej chwili, ratującą mu życie wizę. Na początku listopada 1940 roku przybył do Nowego Jorku, mając przy sobie niewielką sumę pieniędzy, samodzielnie zaprojektowany aparat i kilka odbitek swoich najbardziej znanych zdjęć. Einstein w liście do Halsmana wyraził radość, że po raz drugi udało mu się ujść z rąk bandytów, i życzył mu szczęścia oraz sukcesów w Ameryce.

Obrońca Halsmanna, Franz Pessler, po przejęciu władzy przez narodowych socjalistów został aresztowany i postawiony przed sądem; to samo spotkało radcę Wyższego Sądu Krajowego, doktora Josefa Zieglera, który przewodniczył w drugim procesie Halsmanna i niejeden raz ostro się z Presslerem ścierał. Jednak to nie rola obu prawników w sprawie Halsmanna obciążyła ich w oczach nowej władzy. Podczas narodowosocjalistycznej próby puczu w 1934 roku pewien nazista zamordował komendanta straży miejskiej w Innsbrucku i został za to skazany na śmierć przez trybunał wojskowy, a następnie zgodnie z regułami prawa doraźnego stracony. Rozprawę prowadził radca Wyższego Sądu Krajowego Ziegler, obrońca z urzędu nazywał się Franz Pessler. Po przewrocie naziści uznali tę okoliczność za powód do osądzenia uczestników procesu, ponieważ nadużywając swojego urzędu, dopuścili oni do egzekucji esesmana, którego podobno sponiewierano przedtem w areszcie. Radcę Wyższego Sądu Krajowego Zieglera pozbawiono stanowiska i przeniesiono na emeryturę, dr Pessler trafił do obozu koncentracyjnego w Dachau. Najwyraźniej naziści nie zapomnieli niezmordowanej aktywności Pesslera w obronie Halsmanna. Po wojnie Franz Pessler nie wrócił już do Innsbrucku, lecz osiadł w Eggenburgu (Dolna Austria), gdzie znów podjął działalność adwokacką. Zmarł w 1979 roku.

Pierwszy obrońca Halsmanna, Richard Preßburger, zmarł w 1938 roku w Wiedniu, jeszcze przed „anszlusem" Austrii.

Richard Glaser, który przez cały czas aż do ułaskawienia Halsmanna odważnie i ofiarnie troszczył się o więźnia i jego bliskich, został w 1933 roku generalnym przedstawicielem produkującej „zdrowe pieczywo" firmy Steinmetz, toteż zrezygnował z handlu zbożem i paszą w Innsbrucku, przeprowadził się wraz z rodziną do Wiednia i tam zmarł we wrześniu 1939 roku.

Mecenas Ernst Ruzicka, który wytrwale walczył o wznowienie postępowania, został jako Żyd deportowany do obozu koncentracyjnego w Buchenwaldzie, gdzie zmarł lub zginął w grudniu 1941 roku. Profesor Josef Hupka stracił życie w kwietniu 1944 roku w obozie koncentracyjnym w Terezinie.

Obszernych akt z obu prowadzonych przed Sądem Krajowym w Innsbrucku procesów Filipa Halsmanna zażądał w 1944 roku Wilhelm Ihde, dyrektor Izby Piśmiennictwa Rzeszy w Berlinie. Najwidoczniej istniały plany wykorzystania sensacyjnej sprawy w duchu propagandy nazistowskiej, do czego jednak nie doszło. Akta przepadły w Berlinie.

W Stanach Zjednoczonych Halsman musiał zaczynać raz jeszcze od początku. We Francji zdobył sobie sławę wziętego fotografa portrecisty, w Ameryce był nieznany. Opanował pięć języków, ale umiał tylko parę słów po angielsku. Podpisał kontrakt z agencją fotograficzną, nie mógł jednak z otrzymywanych zleceń wyżywić siebie i rodziny (w 1940 roku przyszła na świat jego druga córka), a zatem sam musiał szukać klienteli. Robił to z wielkim zaangażowaniem. W 1941 roku sfotografował nieznaną osiemnastoletnią modelkę na tle amerykańskiej flagi. Zdjęcie trafiło do rąk Elisabeth Arden, aktualnie panującej królowej przemysłu piękności, która wybrała je jako motyw w kampanii reklamowej nowej szminki: to natychmiast wprowadziło Halsmana do branży i przyniosło mu nowe zlecenia. W 1942 roku jedno z jego zdjęć, portret młodej kobiety w wyzywającym kapeluszu, trafiło na okładkę czasopisma „Life". To oznaczało dla Halsmana kolejny przełom.

Ważnego wsparcia udzielała mu rodzina, również na polu zawodowym. Od 1942 roku żona Yvonne znów pracowała jako jego asystentka, w 1943 roku siostra Ljuba zaczęła kierować sekretariatem w atelier Halsmana przy ulicy sześćdziesiątej siódmej zachodniej na Manhattanie.

W lutym 1943 roku Tomasz Mann raz jeszcze uznał, że powinien wstawić się za Philippe'em Halsmanem. Jak pisze w dzienniku, sporządził po angielsku *statement* dla władz amerykańskich w sprawie „skazanego za ojcobójstwo, a następnie ułaskawionego Halsmanna". Być może Halsman starając się o zbawienną wizę amerykańską, przemilczał prawomocny wyrok wydany nań w Austrii i ta okoliczność dotarła teraz do wiadomości władz?

Interwencja pisarza najwyraźniej się powiodła i nic nie powstrzymywało dalszej kariery Halsmana w Ameryce. W ślad za pierwszą okładką magazynu „Life", do chwili, gdy w 1972 roku zaprzestano wydawać ten ilustrowany tygodnik, poszło dokładnie sto następnych — był to rekord nieosiągalny dla żadnego innego fotografa. W kolejnych latach Halsman stał się również w Stanach wziętym portrecistą, a pozujący mu poczytywali sobie za honor, że mogą widnieć na jego zdjęciach. Każde z nich było starannie przygotowanym studium osoby pozującej; wczuwając się w swoje *vis-à-vis*, fotograf próbował uchwycić okiem obiektywu coś, co kryło się za fasadą. Z niektórymi spośród modeli łączyły go bliskie stosunki, na przykład z Salvadorem Dalí, którego po raz pierwszy fotografował w 1941 roku. Z przyjaźni wynikła wieloletnia współpraca, w której ramach Halsman, wychodząc daleko poza rolę fotografa, urzeczywistniał własne idee. Tak powstały znane portrety Dalego, seria *tableaux* i książka, fotograficzna „rozmowa" ze słynnym wąsem, w której Halsman dowodził swego skrytego poczucia humoru, odbieranego w Stanach jako typowo europejskie. Dowcipne były też zdjęcia, na których Halsman utrwalał skoki pozujących mu słynnych aktorów, pisarzy, artystów, filozofów, bonzów gospodarczych i polityków, aby w tej niezwykłej pozie pokazać ich bez maski. Powstała z tego jedna z jego najsłynniejszych książek, która nosiła przekorny tytuł *Jumpology*, skoczkologia, i zawierała najważniejsze zdjęcia kicających na polecenie artysty: Marylin Monroe, Audrey Hepburn, Brigitte Bardot, Grace Kelly, fizyka atomowego Jacoba Roberta Oppenheimera, Marca Chagalla, Richarda Nixona, a także księcia i księżnej Windsoru.

Ze względu na swoje pochodzenie, wykształcenie, a również akcent Halsman był Europejczykiem, który czerpał ważne inspiracje z surrealizmu i z teorii Freuda, a zarazem fotografując znane osobistości, stworzył wspaniałe ikony odnoszącego sukcesy, optymistycznego, witalnego społeczeństwa amerykańskiego po drugiej wojnie światowej. W 1945 roku wybrano Halsmana na prezesa American Society of Magazine Photographers, mimo że on sam jeszcze nie był Amerykaninem. W 1948 roku otrzymał obywatelstwo amerykańskie. W 1958 roku w ankiecie czasopisma „Popular

Photography" został wybrany — obok takich sław jak Irving Penn, Henri Cartier-Bresson, Ansel Adams czy Alfred Eisenstaedt — do „dziesiątki najlepszych fotografów świata". Jego prace znajdują się w najważniejszych światowych galeriach.

O swoich dwóch latach w Austrii, śmierci ojca, obydwóch procesach i wyroku skazującym Philippe Halsman nigdy już publicznie nie mówił. Najwyraźniej chciał zapomnieć o tym epizodzie, a może nawet wyprzeć go z pamięci. Umarł 25 czerwca 1979 roku w Nowym Jorku. Jego siostra Ljuba zmarła rok wcześniej.

8 sierpnia 1991 roku został zamknięty ostatni jak dotąd rozdział sprawy Halsmanna. Tego dnia w części żydowskiej cmentarza zachodniego w Innsbrucku zebrała się niewielka grupa żałobników, ażeby połączyć głowę Morducha Maksa Halsmanna z pogrzebanymi w 1928 roku szczątkami i w ten sposób uszanować prawo żydowskie. Od 1928 roku zanurzona w cieczy konserwującej czaszka ofiary morderstwa była przechowywana w Instytucie Medycyny Sądowej Uniwersytetu w Innsbrucku, najpierw jako ważny dowód, później już raczej jako eksponat. Pochówek odbył się nie bez przeszkód. Szef instytutu nie palił się do wydobywania na światło dzienne makabrycznego reliktu afery Halsmanna, która także w Austrii w znacznym stopniu została zapomniana czy też wyparta ze świadomości. Uniwersytet zwrócił się do Wyższego Sądu Krajowego w Innsbrucku, który włączył do sprawy prokuraturę, gdyż to ona wydała we wrześniu 1928 roku oficjalny nakaz, aby głowa ofiary morderstwa została zabezpieczona jako środek

dowodowy. Prokuratura udzieliła wreszcie zgody na pogrzebanie głowy. Jeszcze na cmentarzu podczas rytualnej ceremonii pogrzebowej doszło do groteskowego incydentu. Kiedy ekshumacja szczątków i ich ponowny pochówek wraz z głową dobiegły końca, a rabin odmówił kadysz za Morducha Maksa Halsmanna, na cmentarzu pojawił się szef Instytutu Medycyny Sądowej w Innsbrucku i zażądał wydobycia głowy z grobu, aby mógł ją osobiście zidentyfikować i pozwolić na złożenie jej do mogiły. Jego woli musiało stać się zadość. Głowę raz jeszcze ekshumowano, urzędowo zidentyfikowano, a następnie wolno ją było pochować.

POSŁOWIE

Zaczęło się od notatki prasowej o dziwnym pogrzebie. To ona zwróciła moją uwagę na historię, którą próbuję tu zrekonstruować.

Spóźniony pogrzeb w Innsbrucku był ostatnim punktem afery, która w latach 1928–30 budziła sensację także daleko poza granicami Austrii. Przyczynę tego należy z pewnością upatrywać w fakcie, że ofiara i jej domniemany morderca byli Żydami. W materiałach dotyczących obydwu procesów poszlakowych w Innsbrucku — pierwszego, z 1928 roku, w którym oskarżony Filip Halsmann został skazany za morderstwo ojca na dziesięć lat więzienia, i drugiego, rok później, zakończonego wyrokiem czterech lat za zabójstwo — znalazłem liczne świadectwa skrajnie antyżydowskiego klimatu, jaki panował wtedy w Tyrolu (i nie tylko tam). Żydowski oskarżony, który na dodatek pochodził ze Wschodu, musiał oczywiście odczuć to na własnej skórze. Niektórzy sprawozdawcy pisali nawet o „tyrolskiej aferze Dreyfusa". Czy ta ocena była uprawniona, czy może przesadna? Odpowiedź starałem się znaleźć w doniesieniach prasowych, dokumentacji procesowej i innych źródłach.

Kim był młody człowiek oskarżony w Innsbrucku o ojcobójstwo? Z zachowanych dokumentów, jego zeznań przed sądem i listów do przyjaciółki wyłania się obraz siłą rzeczy fragmentaryczny, ukazujący człowieka trudnego, jeszcze niedojrzałego, osobliwą mieszankę dziecka i mężczyzny, jak opisuje Filipa Halsmanna jeden z jego obrońców.

Przebieg morderstwa w Dolinie Ziller, które zajmowało fantazję tak wielu ludzi, można dziś odtworzyć już tylko do pewnego stopnia, jak puzzle, gdzie brakuje głównych części: żaden ze świadków nie żyje, ważne materiały przepadły, wydaje się, że ówczesne śledztwo prowadzono na wielu etapach niezręcznie lub niedbale, i nawet miejsce zdarzenia zmieniło się od tamtej pory wskutek budowy drogi.

Gdy przegląda się historyczne źródła, jasno widać, że proces Halsmanna był czymś więcej niż tylko sensacyjną sprawą o morderstwo. W gorących dyskusjach nad winą bądź niewinnością oskarżonego ujawniały się fronty, które w okresie pierwszej republiki dzieliły społeczeństwo austriackie na dwa obozy. Kiedy liberalne gazety wiedeńskie poddawały krytyce przewód sądowy w Innsbrucku, przez Tyrol przetaczały się fale oburzenia. „Czarna prowincja", chłopsko-katolicki Tyrol, stawała przeciwko „czerwonemu Wiedniowi"; klerykalni antysemici chcieli wykorzystać tę sprawę do swoich celów tak samo jak volkistowscy studenci i narodowi socjaliści; żydowscy autorzy, asymilanci i syjoniści, reagowali na to krytyką, która często wykraczała poza ramy samej sprawy. Naturalnie oskarżony z Rygi stawał się w ogniu tych sporów chłopcem do bicia, kozłem ofiarnym lub bohaterem.

To, co zaczęło się jako budzący sensację przypadek kryminalny, szybko się rozwinęło do rozmiarów jednej z największych afer okresu międzywojennego. Głos zabierali intelektualiści, pisarze, prawnicy, psychiatrzy i psychologowie, wśród nich Jakob Wassermann, Albert Einstein, Erich Fromm, Zygmunt Freud, nauczyciel prawa karnego Carl Stooß i szwajcarski psychiatra Eugen Bleuler. Mimo to sprawa generalnie popadła dziś w zapomnienie lub może została wyparta z pamięci zbiorowej.

Philippe Halsman nigdy potem nie wypowiedział się publicznie o swoich przeżyciach w Austrii. Czy on również chciał zapomnieć? W każdym razie jego milczenie przyczyniło się do tego, że tragiczny epizod austriacki albo jest całkowicie pomijany w literaturze dotyczącej fotografa Halsmana, albo też niedopuszczalnie się ową historię upraszcza, by nie powiedzieć fałszuje. W opublikowanym w 1998 roku reprezentatywnym tomie *Philippe Halsman. Eine Retrospektive* kuratorka działu fotografii renomowanej amerykańskiej Smithsonian Institution pisze we wstępie: ojciec Philippe'a spadł ze szlaku podczas górskiej wędrówki i zmarł wskutek obrażeń. Pogrążona w żałobie rodzina zadbała o szybki pogrzeb, zgodnie z zasadami prawa żydowskiego. I dalej: „Ich pośpiech wzbudził podejrzenia (tyrolskie ceremonie pogrzebowe były znane ze swej wystawności i długiego trwania)".

Owo podejrzenie wystarczyło jakoby, aby oskarżyć syna, a potem go skazać.

W rzeczywistości Filip Halsmann został aresztowany w związku z podejrzeniem o morderstwo — w niemałej mierze na podstawie swoich własnych zeznań — jeszcze w dniu śmierci ojca. Kiedy ojca grzebano, syn od dawna siedział w areszcie śledczym w Innsbrucku.

Podczas wstępnych prac badawczych często napotykałem pogłoski i mity, które nie wytrzymywały nawet pobieżnej weryfikacji. W Tyrolu na przykład niejeden raz słyszałem, że Philippe Halsman jednak przyznał się do czynu: na łożu śmierci, tak jak być powinno. Czysty wytwór katolickiej fantazji. W Dolinie Ziller podsunięto mi nawet motyw krwawego czynu — motyw, którego w czasie procesu nadaremnie szukali przedstawiciele wymiaru sprawiedliwości, władze i dziennikarze, co dla wielu obserwatorów było poważnym argumentem świadczącym o niewinności oskarżonego. Jak mi doniesiono, syn miał rzekomo romans z macochą i z tego powodu „sprzątnął" ojca. Ojcobójstwo z miłości do pięknej macochy: jest to dobrze znany w krajach alpejskich topos trywialnej literatury, w którym pobrzmiewa dalekim, zniekształconym echem Freudowska teoria kompleksu Edypa — w istocie podczas procesu wymieniano kompleks Edypa jako ewentualny motyw (przeciwko czemu dobitnie wypowiedział się sam Zygmunt Freud). Filip Halsmann nie miał macochy, a jego prawdziwa matka z trudem przeżyła śmierć własnego męża i oskarżenie wysunięte przeciwko synowi.

Jest to opowieść o morderstwie: o śledztwie i badaniach, które miały ów czyn wyjaśnić; o sądzie nad domniemanym sprawcą i próbach udowodnienia jego niewinności. Wszelako pytanie, kto we wrześniu 1928 roku rzeczywiście popełnił morderstwo w Dolinie Ziller, musi pozostać bez odpowiedzi.

PODZIĘKOWANIA

Podczas pracy nad tą książką otrzymywałem wsparcie i odbierałem słowa zachęty z wielu stron. Najważniejsze materiały dotyczące obu procesów Filipa Halsmanna znajdują się w Tyrolskim Archiwum Krajowym w Innsbrucku, gdzie cennych wskazówek i porad udzielał mi dr Manfred Rupert. Ze szczególnie serdecznym przyjęciem spotkałem się u doktora Lukasa Morschera, dyrektora Archiwum Miejskiego w Innsbrucku, który z nieskończoną cierpliwością objaśniał mi specyficzne problemy tyrolskie. Wiele czasu spędziłem w bibliotece Tyrolskiego Muzeum Krajowego Ferdinandeum, gdzie znalazłem bogaty zbiór wydawnictw periodycznych — i spotkałem grono nadzwyczaj sympatycznych pracowników. Dr Gerald Colledani, wiceprezes Wyższego Sądu Krajowego w Innsbrucku, zechciał odbyć ze mną rozmowę o sądownictwie tyrolskim i zaopatrzył mnie w stosowne materiały. Opisując sytuację historyczną, mogłem sięgnąć do licznych znakomitych tekstów młodych tyrolskich historyków współczesności. Gdyby nie te niezbędne prace przygotowawcze, nie odważyłbym się napisać niniejszej książki. Wśród osób z Tyrolu, które pomogły w jej powstaniu, pragnę jeszcze wymienić Paula Lechnera, archiwistę w gminie Mayrhofen.

Istotne wskazówki i materiały otrzymałem od doktora Kurta Glasera w Stanach Zjednoczonych i Gottfrieda Oesterhelta w Szwajcarii — obaj są potomkami osób, które w opisanej tu historii odegrały chwalebną rolę. Wiedeński filmowiec Kurt Mayer dostarczył mi cennych informacji o swoim ojcu, Rudim Mayerze, autorze dokumentu filmowego na temat afery, który przypuszczalnie zaginął. W Rydze moim nieocenionym doradcą był Vilnis Auzinš, dyrektor Łotewskiego Muzeum Fotografii.

Moi przyjaciele, Brigitte Hilzensauer i Christoph Ransmayr, cierpliwie czytali różne wersje manuskryptu, fachowo doradzali i dodawali otuchy, gdy jej potrzebowałem, czyli — nierzadko.

Rady prawniczej mogłem zasięgnąć u doktora Michaela Neidera i mojego brata, doktora Andreasa Pollacka. Moja żona Ingrid Schemel energicznie wspierała mnie w pracach badawczych. Na koniec pragnę też wymienić pracowników wydawnictwa, przede wszystkim Bettinę Wörgötter, zawsze gotową wielkodusznie przymknąć oko na moje kłopoty z nowoczesną techniką, i Herberta Ohrlingera, który towarzyszył książce od pierwszej idei do ostatniej fazy produkcji. Wszystkim tym osobom pragnę w tym miejscu podziękować.

Na zakończenie wśród tych, którym należą się podziękowania — nie zdoławszy, rzecz jasna, wyliczyć ich wszystkich, prosząc zatem o wyrozumiałość — pragnę wymienić jeszcze moją przyjaciółkę Metę Hočevar, która udostępniła mi swój dom w Nadrožicy, w słoweńskim Krasie, gdzie znalazłem niezbędny spokój, by dokończyć książkę.

Błędy, których, mam nadzieję, nie przytrafiło się w tekście zbyt wiele, obciążają oczywiście wyłącznie moje konto.

M.P.

LITERATURA PRZEDMIOTU I ŹRÓDŁA
(wybór)

Philip Halsmann. Briefe aus der Haft an eine Freundin, Karl Blanck (ed.), J. Engelhorns Nachf., Stuttgart 1930

Theodor Erismann, *Zum Prozeß Halsmann, mit einer Erwiderung von Eduard Gamper,* w: „Beiträge zur Gerichtlichen Medizin", prof. dr Albin Haberda (ed.), t. 11, Franz Deuticke, Wien 1931

Das Gutachten der medizinischen Fakultät Innsbruck in der Strafsache gegen Philipp Halsmann, mitgeteilt von Prof. Dr. Eduard Gamper, w: „Beiträge zur Gerichtlichen Medizin", prof. dr Albin Haberda (ed.), t. 10, Franz Deuticke, Wien 1930

Willi Gutmann, *Das Fakultätsgutachten im Fall Halsmann (Möglichkeit und Wahrscheinlichkeit). Eine Kritik, mit einer Meinungsäußerung von Professor E. Bleuler,* Drei Masken Verlag, Berlin 1931

Hans Haider, *Der Fall Philipp Halsmann,* w: „Das jüdische Echo" 38 (1989), s. 75–81

Der Fall Halsmann. Schriften der Österreichischen Liga für Menschenrechte III, Verlag Gilhofer & Ranschburg, Wien 1931

Philippe Halsman. Eine Retrospektive. Fotografien aus der Halsman Family Collection, Jane Halsman Bello, Steve Bello (ed.), Edition Stemmle, Zürich 1998

Philippe Halsman. Portraits, selected and edited by Yvonne Halsman, McGraw-Hill, New York 1983

Karl Marbe, *Der Strafprozess gegen Philipp Halsmann. Aktenmäßige Darstellung und kriminalpsychologische Würdigung*, C.L. Hirschfeld Verlag, Leipzig 1932

Karl Meixner, *Lehren des Halsmannprozesses*, w: „Beiträge zur Gerichtlichen Medizin", prof. dr Albin Haberda (ed.), t.10, Franz Deuticke, Wien 1930

Ernst Ruzicka, *Max Halsmanns Ermordung. Der Schlüssel zur Wahrheit*, Krystall Verlag, Wien 1930

Günther Störring, *Gutachten in dem Halsmann-Prozeß*, w: „Archiv für die gesamte Psychologie", W. Wirth (ed.), t. 84, Akademische Verlagsgesellschaft, Leipzig 1932

Wir lebten wie sie. Jüdische Lebensgeschichten aus Tirol und Vorarlberg, Thomas Albrich (ed.), Haymon Verlag, Innsbruck 1999

Michael Gehler, *Studenten und Politik. Der Kampf um die Vorherrschaft an der Universität Innsbruck*, Haymon Verlag, Innsbruck 1990

Niko Hofinger, *„Unsere Losung ist: Tirol den Tirolern!" Antisemitismus in Tirol 1918–1938*, w: „Zeitgeschichte", 21, Wien, IV 1994

Franz-Heinz Hye, *Innsbruck im Spannungsfeld der Politik 1918–1938*, Veröffentlichungen des Innsbrucker Stadtarchivs, t.16–17, Innsbruck 1991

Mario Laich, *Zwei Jahrhunderte Justiz in Tirol und Vorarlberg*, Tyrolia Verlag, Innsbruck 1990

Horst Schreiber, *Die Machtübernahme. Die Nationalsozialisten in Tirol 1938/39*, Haymon Verlag, Innsbruck 1994

Gad Hugo Sella, *Die Juden Tirols*, Japhet Press, Tel Aviv 1979

Helmuth Zebhauser, *Alpinismus im Hitlerstaat*, Bergverlag Rother, München 1998

Bertha Zuckerkandl, *Österreich intim. Erinnerungen 1892–1942*, Amalthea Verlag, Wien 1970

Tiroler Landesarchiv TLA 13 VR 1380/28

Österreichisches Staatsarchiv — Verwaltungsarchiv

Justizministerium 33901/1931 VI, karton 3402

WYDAWNICTWO CZARNE S.C.

www.czarne.com.pl

SEKRETARIAT: ul. Łukasiewicza 8, II p., 38-300 Gorlice
tel./fax +48 18 353 58 93, e-mail: lukasz@czarne.com.pl

REDAKCJA: Wołowiec 11, 38-307 Sękowa
tel./fax +48 18 351 02 78, tel. +48 18 351 00 70
e-mail: redakcja@czarne.com.pl

DZIAŁ PROMOCJI: ul. Jaracza 6/5, 00-378 Warszawa
tel./fax +48 22 621 10 48
e-mail: katarzyna@czarne.com.pl, krystyna@czarne.com.pl

DZIAŁ SPRZEDAŻY: Beata Motyl, MTM Firma
ul. Zwrotnicza 6, 01-219 Warszawa, tel./fax +48 22 632 83 74
e-mail: mtm-motyl@wp.pl

Skład komputerowy: ROBERT OLEŚ — DESIGN PLUS
31-029 Kraków, ul. Morsztynowska 4/7, tel. 012 432 08 52

Druk i oprawa: OPOLGRAF SA
48-085 Opole, ul. Niedziałkowskiego 8/12, tel. 077 454 52 44

Wołowiec 2005
Wydanie I
Ark. wyd. 12; ark. druk. 21,5